Die Entstehungsgeschichte des Familiengesetzbuches der DDR von 1965

Rechtshistorische Reihe

Band 347

Peter Lang
Frankfurt am Main · Berlin · Bern · Bruxelles · New York · Oxford · Wien

Petra Fischer-Langosch

Die Entstehungsgeschichte des Familiengesetzbuches der DDR von 1965

Peter Lang
Europäischer Verlag der Wissenschaften

Bibliografische Information der Deutschen Nationalbibliothek
Die Deutsche Nationalbibliothek verzeichnet diese Publikation in der Deutschen Nationalbibliografie; detaillierte bibliografische Daten sind im Internet über <http://www.d-nb.de> abrufbar.

Zugl.: Kiel, Univ., Diss., 2006

Diese Arbeit wurde von
Herrn Prof. Dr. Werner Schubert
zur Aufnahme in diese Reihe empfohlen.

Umschlagabbildung:
Justitia – Sinnbild der Gerechtigkeit.
Dieser Bildausschnitt wurde einem Buch
aus dem 17. Jahrhundert entnommen.

D 8
ISSN 0344-290X
ISBN-13: 978-3-631-56154-6

www.peterlang.de

Meinem Opa gewidmet

Vorwort

Die vorliegende Arbeit wurde von der Rechtswissenschaftlichen Fakultät der Christian-Albrechts-Universität zu Kiel als Dissertation angenommen.

Die Anregung zu diesem interessanten Thema gab mir mein Doktorvater, Herr Professor Doktor Jörn Eckert, der im März 2006 leider viel zu früh verstarb. Er begleitete die Arbeit bis kurz vor ihrer Fertigstellung. Hierfür bin ich ihm sehr dankbar.

Herrn Professor Doktor Werner Schubert gilt mein Dank für die kurzfristige Übernahme des Erstgutachtens sowie Herrn Professor Dr. Rudolf Meyer-Pritzl für die Erstellung des Zweitgutachtens. Beiden habe ich es zu verdanken, dass die Arbeit ohne Verzögerungen beendet werden konnte.

Ich bedanke mich bei Herrn Rudolf Kirchner und Herrn Sascha Ott für ihre Unterstützung bei der Entstehung dieser Arbeit sowie Herrn Johann-Peter Bischoff für das unermüdliche Korrekturlesen.

Rostock, im November 2006 *Petra Fischer-Langosch*

Inhaltsverzeichnis

Abkürzungsverzeichnis

a.a.O.	am angegebenen Ort
Abs.	Absatz
Az.	Aktenzeichen
BArch	Bundesarchiv
BGB	Bürgerliches Gesetzbuch
BGBl.	Bundesgesetzblatt
DASR	Deutsche Akademie für Staats- und Rechtswissenschaft „Walter Ulbricht“
DFD	Demokratischer Frauenbund Deutschlands
DJV	Deutsche Zentralverwaltung für Justiz
EheVerfO	Anordnung zur Anpassung der Vorschriften über das Verfahren in Ehesachen an die Verordnung über Eheschließung und Eheauflösung – Eheverfahrensordnung – vom 07.02.1956
FamRZ	Ehe und Familie im privaten und öffentlichen Recht, Zeitschrift für das gesamte Familienrecht
FDGB	Freier Deutscher Gewerkschaftsbund
FGB	Familiengesetzbuch
FVO	Verordnung zur Anpassung der Bestimmungen über das gerichtliche Verfahren in Familiensachen an das Familiengesetzbuch der Deutschen Demokratischen Republik vom 17.02.1966
Fn.	Fußnote
GBl.	Gesetzblatt der DDR
GzVwK	Gesellschaft zur Verbreitung wissenschaftlicher Kenntnisse
HA	Hauptabteilung
KPdSU	Kommunistische Partei der Sowjetunion

MdJ	Ministerium der Justiz
MKSchG	Gesetz über den Mutter- und Kinderschutz und die Rechte der Frau
ND	Neues Deutschland (Zeitung)
NDPD	Nationaldemokratische Partei Deutschlands
NJ	Neue Justiz (Zeitschrift)
OG	Oberstes Gericht
RGBl.	Reichsgesetzblatt
SED	Sozialistische Einheitspartei Deutschlands
SMAD	Sowjetische Militäradministration in Deutschland
StuR	Staat und Recht (Zeitschrift)
VdJD	Vereinigung der demokratischen Juristen Deutschlands
Vgl.	vergleiche
ZK	Zentralkomitee der SED
ZPO	Zivilprozessordnung
ZVOBl.	Zentralverordnungsblatt

Einführung

Am 01.04.1966 trat das von der Volkskammer am 20.12.1965 verabschiedete „Familiengesetzbuch der Deutschen Demokratischen Republik“ (FGB) in Kraft. Der Verabschiedung war eine fast zwanzigjährige Entwicklungsgeschichte des Familienrechts vorausgegangen. Gegenstand der vorliegenden Arbeit ist die Darstellung der Entstehungsgeschichte des Familiengesetzbuches der DDR. Die Ausarbeitung basiert großenteils auf den Originalunterlagen des ehemaligen Ministeriums der Justiz der DDR, die im Bundesarchiv in Berlin-Lichterfelde archiviert sind. Des Weiteren wurden Unterlagen des Obersten Gerichts, der Abteilung für Staats- und Rechtsfragen beim ZK der SED, der Volkskammer, des DFD sowie des FDGB ausgewertet.

Die Entstehungsgeschichte des Familiengesetzbuches der DDR war bereits Thema zahlreicher Publikationen. Unter anderem haben Götz Schlicht[1] und Gottfried Zieger[2] die Rechtsentwicklung dargestellt. Eine umfassende Darstellung unter Zugrundelegung der Originalquellen erfolgte jedoch bislang nicht. Bernhard Klose beschränkte sich in seinem Werk auf die Entwicklung des Ehescheidungsrechts in der DDR.[3]

Die vorliegende Arbeit ist im Hauptteil den einzelnen Entstehungsphasen folgend in vier Abschnitte untergliedert. Ein zweiter Teil gibt einen Überblick über die Entwicklung des Verfahrensrechts und abschließend folgt eine Würdigung des FGB.

Da das alliierte Kontrollratsgesetz Nr. 16 „Über die Ehe“ vom 20.02.1946 die Eheschließungen und Ehescheidungen in der DDR – modifiziert durch die Rechtsprechung – bis zur staatsrechtlichen Unabhängigkeit der DDR formal regelte, beginnt die Arbeit mit einer kurzen Darstellung dieses Gesetzes. Bereits 1947 wurde in der sowjetischen Besatzungszone mit ersten Arbeiten an einem

---

1 Vgl. Schlicht, Das Familien- und Familienverfahrensrecht der DDR, 1970.

2 Vgl. Zieger, Das Familienrecht in beiden deutschen Staaten – Rechtsentwicklung, Rechtsvergleich, Kollisionsprobleme, 1983.

3 Vgl. Klose, Ehescheidung und Ehescheidungsrecht in der DDR – ein ostdeutscher Sonderweg?, 1996.

neuen Familienrecht durch den Demokratischen Frauenbund Deutschlands[4] (DFD) begonnen. Unmittelbar danach wandte sich auch die Deutsche Zentralverwaltung für Justiz[5] (DJV) dieser Aufgabe zu. Im Mittelpunkt standen die Gleichberechtigung der Frau sowie die Gleichstellung von ehelichen und nichtehelichen Kindern.

Die zweite Entwicklungsphase erstreckte sich von der Gründung der DDR am 07.10.1949 bis zu ihrer staatsrechtlichen Souveränität im Jahre 1955. Diese Phase war geprägt durch Richterrecht, das sich auf der Grundlage der Verfassung von 1949 entwickelte. Weitere Zielvorgaben für das Familienrecht waren im Gesetz über den Mutter- und Kinderschutz und die Rechte der Frau vom 27.09.1950 formuliert. 1954 wurde ein FGB-Entwurf fertig gestellt und öffentlich diskutiert. Zu einer Verabschiedung als Gesetz kam es jedoch nicht. Teile des Entwurfs wurden aber durch die Verordnung über Eheschließung und Eheauflösung vom 24.11.1955 geltendes Recht. Die Arbeiten von 1954 bildeten die Grundlage für die endgültige Fassung des Familiengesetzbuches.

Die dritte Phase, die 1955 mit der Souveränität begann und mit der Überarbeitung des Entwurfs anlässlich des XXII. Parteitages der KPdSU im Jahre 1961 endete, war gekennzeichnet durch eine erste eigene Regelung der Eheschließung und Ehescheidung in der Eheverfahrensordnung. Auch während dieser Phase wurde kontinuierlich an einem FGB-Entwurf weitergearbeitet.

Ausgangspunkt für den Beginn der letzten Phase war der VI. Parteitag der SED vom 15. – 21.01.1963. Der Ministerrat wurde vom Staatsrat beauftragt, bis Sep-

---

4 Auf dem Frauenkongress vom 07. bis 09.03.1947 in Berlin wurde der Demokratische Frauenbund Deutschlands gegründet als „einheitliche, überparteiliche, überkonfessionelle, demokratische" Frauenorganisation. Die Ziele des DFD waren die Sicherung des Friedens, die Gleichberechtigung der Frauen, die Einheit Deutschlands und die Zusammenarbeit mit den Frauen aller Länder. Vgl. hierzu Gerda Weber, Demokratischer Frauenbund Deutschlands, im SBZ-Handbuch, S. 691 ff.

5 Die Errichtung der Deutschen Zentralverwaltung für Justiz, im allgemeinen Sprachgebrauch meist als „Deutsche Justizverwaltung" (DJV) bezeichnet, wurde mit SMAD-Befehl Nr. 17 am 27.07.1945 angeordnet. Der Aufbau war nach etwa drei Monaten im November 1945 abgeschlossen. Neben der Aufgabe des Wiederaufbaus der Justiz, kam ihr die Aufgabe zu, die Rechtsstimmigkeit der Anordnungen und Befehle der SMAD zu gewährleisten. Die DJV arbeitete eng mit der SMAD zusammen. Vgl. hierzu Helga A. Welsh, Deutsche Zentralverwaltung für Justiz, im SBZ-Handbuch, S. 218 ff.

tember 1964 den Entwurf eines Familiengesetzbuches vorzulegen. Die Arbeiten endeten am 20.12.1965 mit der Verabschiedung des FGB.

Auch wenn sich die ersten Entwürfe um die Gleichberechtigung der Frau und die rechtliche Gleichstellung des nichtehelichen Kindes bemühten, war das vorrangige Ziel doch die Schaffung einer sozialistischen Ehe und Familie. Den ideologischen Ansatz boten die Standardwerke von Friedrich Engels („Der Ursprung der Familie, des Privateigentums und des Staates") und August Bebel („Die Frau und der Sozialismus"), wonach die sozialistische Ehe auf dem Gedanken der Gleichberechtigung beider Ehepartner in allen Lebensbereichen beruht. Sie soll frei von wirtschaftlichen Zwängen oder Abhängigkeiten allein auf der gegenseitigen Liebe der Ehepartner basieren und anders als die bürgerliche Ehe nicht den Charakter einer „Versorgungsanstalt"[6] haben. Die Ehefrau soll vielmehr wirtschaftlich unabhängig von ihrem Ehemann sein.
Hinter dieser offiziellen dogmatischen Begründung versteckten sich wirtschaftliche Zwänge. Aufgrund des damaligen Mangels an Arbeitskräften bestand die Notwendigkeit, alle erwerbsfähigen Bürger in den Produktionsprozess einzubeziehen.
Auch das Verhältnis der Familie zur Gesellschaft wurde neu definiert. Die Ehe sollte nicht mehr eine individuelle Angelegenheit der Eheleute sein, sondern unmittelbar der Gesellschaft dienen. Die Ehe wurde zu einer staatlichen Institution. Auch die Erziehung der Kinder sollte in enger Zusammenarbeit von Familie und Gesellschaft geschehen. Die Familie wurde als „kleinste Zelle der Gesellschaft"[7] gesehen. Der Ausbau der sozialistischen Familie wurde zur tragenden Säule des Ausbaus der sozialistischen Gesellschaft.[8]
Das Familiengesetzbuch sollte dabei als staatliches Leitungsinstrument dienen und die Gesellschaft zu einer neuen Moral erziehen. Diese Moral war im Wesentlichen gekennzeichnet durch Solidarität, kollektives Handeln, Liebe zur Arbeit, Opferbereitschaft sowie die kämpferische Aktivität für den Sozialismus. 1958 verkündete Walter Ulbricht auf dem V. Parteitag der SED diese neuen so-

---

6 Schlicht, a.a.O. (Fn. 1), S. 34; in der Rechtsprechung ebenfalls häufig benutzt, z. B. in der Entscheidung des OG vom 04.09.1952, abgedruckt in NJ 1952, S. 451.

7 Präambel des FGB.

8 Vgl. Klose, a.a.O. (Fn. 3), S.112.

zialistischen Moralvorstellungen als die „Zehn Grundsätze der sozialistischen Moral und Ethik“[9].

Es gestaltete sich allerdings problematisch, die neuen Moralvorstellungen im Wege der gesetzlichen Normierung auf die Gesellschaft zu übertragen. Unter anderem ist dies ein Grund dafür, dass der Verabschiedung des FGB im Jahre 1965 eine etwa zwanzigjährige Entwicklungsgeschichte vorausging. So wurde das Scheitern des Entwurfs von 1954 unter anderem damit begründet, dass die Gesellschaft noch nicht weit genug gewesen sei, die neuen Moralvorstellungen mitzutragen. Erst 1965 ging man davon aus, dieses Ziel erreicht zu haben.

Das Familienrecht entwickelte sich eigenständig und unabhängig vom übrigen Zivilrecht. Dies ist darin begründet, dass nach marxistisch-leninistischer Auffassung das Familienrecht nicht zum Zivilrecht im herkömmlichen Sinne gehöre, weil dem Familienrecht keine Ware-Geld-Beziehungen zugrunde lägen; sich also die Familienbeziehungen nicht mit den dem Zivilrecht zugrunde liegenden Vermögensbeziehungen – von Ausnahmen abgesehen – vergleichen ließen.[10]

Entsprechend der marxistisch-leninistischen Auffassung, die dem Recht keinen Eigenwert beimisst, sondern es instrumentalisiert, vollzog sich auch die inhaltliche Entwicklung des Familienrechts. Der Gesetzgeber der DDR machte aus dieser Instrumentalisierung auch keinen Hehl. So führte Walter Ulbricht einige Jahre nach der Verabschiedung des FGB auf der Festveranstaltung anlässlich des 20. Jahrestages der Gründung der Deutschen Akademie für Staats- und Rechtswissenschaft „Walter Ulbricht“ am 12.10.1968 aus: „Das Recht des sozialistischen Staates deutscher Nation ist der Willensausdruck der Werktätigen in Stadt und Land, die gemeinsam unter der Führung der Arbeiterklasse und ihrer marxistisch-leninistischen Partei den Sozialismus verwirklichen. Es ist ein wichtiger Hebel zur Gestaltung des entwickelten Systems des Sozialismus und

---

9 Vgl. hierzu Ulbricht, Der Kampf um den Frieden, für den Sieg des Sozialismus, für die nationale Wiedergeburt Deutschlands als friedliebender demokratischer Staat, 1958, S. 125 ff.

10 Vgl. Schlicht, a.a.O. (Fn. 1), S. 30; Steiniger, Zur Systematik des Rechts der antifaschistisch-demokratischen Ordnung, in NJ 1951, S. 158 (161).

für die Entfaltung und Aktivierung der schöpferischen Kräfte des werktätigen Volkes.“[11]

---

[11] Ulbricht, Die Rolle des sozialistischen Staates bei der Gestaltung des entwickelten gesellschaftlichen Systems des Sozialismus, in StuR 1968, S. 1730 (1755).

A. Die Entstehungsgeschichte des materiellen Familienrechts der DDR

I. 1945 – 07.10.1949

Nach dem Zweiten Weltkrieg gab es zunächst eine kurze Phase der gemeinsamen Entwicklung des Familienrechts in allen Besatzungszonen. Ein Anliegen der Besatzungsmächte war es, die nationalsozialistischen Modifikationen, die das Recht seit dem 30.01.1933 erfahren hatte, unverzüglich zu beseitigen. Es galt, das Gesetz zur Vereinheitlichung des Rechts der Eheschließung und Ehescheidung im Lande Österreich und im übrigen Reichsgebiet vom 08.07.1938[12] zu überarbeiten, wobei für die Besatzungsmächte der Gedanke der Rechtseinheit in allen Besatzungszonen einschließlich Berlin maßgebend war.[13]

1. Ehegesetz von 1946

Die gemeinsame Entwicklungsphase beschränkte sich auf das am 20.02.1946 vom Alliierten Kontrollrat verabschiedete Gesetz Nr. 16 „Über die Ehe"[14], das so genannte „Ehegesetz"[15], welches am 01.03.1946 in Kraft trat. Dieses Gesetz galt in der DDR formal bis zum Abschluss des so genannten Souveränitätsvertrages mit der UdSSR am 20.09.1955.[16]
Weil nach der Verfassung der DDR von 1949 alle Bestimmungen, die die Gleichberechtigung von Mann und Frau in der Familie beeinträchtigten, aufgehoben waren, wurde das Ehegesetz insbesondere hinsichtlich der Vorschriften

---

12 RGBl. I, S. 807; im Folgenden EheG 1938.

13 Vgl. Zieger, a.a.O. (Fn. 2), S. 42.

14 Gesetz Nr.16, aus BArch, DP 1 VA Nr. 7463.

15 im Folgenden EheG 1946.

16 Am 20.09.1955 schlossen die UdSSR und die DDR in Moskau den 1. Staatsvertrag. In diesem „Vertrag über die Beziehungen zwischen der Deutschen Demokratischen Republik und der Union der Sozialistischen Sowjetrepubliken" bekräftigten sie, dass die Beziehungen zwischen ihnen „auf völliger Gleichberechtigung, gegenseitiger Achtung der Souveränität und der Nichteinmischung in die inneren Angelegenheiten" beruhen. Die sowjetischen Truppen blieben noch stationiert. Aufgelöst wurde das Amt des Hohen Kommissars.

über die Scheidung und den Unterhalt durch Richterrecht modifiziert. Die Tatsache, dass erst nach dem Abschluss des Souveränitätsvertrages mit der UdSSR ein sofortiger Regelungsbedarf für den Komplex der Eheschließung und Ehescheidung gesehen wurde, zeigt jedoch, dass die alliierte Kontrollratsgesetzgebung von der DDR-Regierung bis zu diesem Zeitpunkt akzeptiert worden war.
Das Ehegesetz war in vier Abschnitte unterteilt:

1. Abschnitt: Recht der Eheschließung
2. Abschnitt: Recht der Ehescheidung
3. Abschnitt: Härtemilderungsklage
4. Abschnitt: zusätzliche Bestimmungen.

Mit diesem Gesetz wurden das EheG 1938 sowie alle zu seiner Durchführung erforderlichen Gesetze, Verordnungen und Erlasse und die Gesetze, die mit diesem Gesetz in Widerspruch standen, aufgehoben, § 79 EheG 1946.
Der überwiegende Teil der bisherigen Regelungen wurde allerdings ohne Veränderungen in das Ehegesetz übernommen. Aufgehoben wurden lediglich die Normen, die auf nationalsozialistischen Rechtsanschauungen basierten.

a) Recht der Eheschließung

In dem Abschnitt „Recht der Eheschließung“ wurde das Eheverbot aufgrund von Blutsverschiedenheit (§ 4 EheG 1938) und das Eheverbot wegen Mangel an Ehetauglichkeit aus Gründen der Volksgesundheit (§ 5 EheG 1938) aufgehoben. Das Kapitel über die Eheschließung blieb ansonsten weitgehend unverändert. Im Kapitel über die Nichtigkeit der Ehe wurden die Regelungen der Nichtigkeit wegen Verstoßes gegen das Ehegesundheitsgesetz (§ 20 EheG 1938) und über die Staatsangehörigkeitsehe (§ 23 Abs. 1 2. Alt. EheG 1938) aufgehoben.

b) Recht der Ehescheidung

Auch der zweite Abschnitt über das „Recht der Ehescheidung“ wurde weitgehend unverändert übernommen. Im Kapitel über die Scheidungsgründe fielen lediglich die objektiven Scheidungsgründe wegen Verweigerung der Fortpflanzung (§ 48 EheG 1938) und wegen Unfruchtbarkeit (§ 53 EheG 1938) weg. Demnach konnte nach wie vor die Scheidung begehrt werden, wenn ein Ehepartner die Ehe gebrochen oder sich einer anderen Eheverfehlung schuldig gemacht hatte. Es blieben auch die objektiven Scheidungsgründe, mithin Schei-

dungsgründe, die unabhängig vom Verschulden eines Ehepartners waren, bestehen (§ 44 EheG 1938: Auf geistiger Störung beruhendes Verhalten, § 45 EheG 1938: Geisteskrankheit, § 46 EheG 1938: Ansteckende oder ekelerregende Krankheiten). Darüber hinaus konnte eine „tiefgreifende unheilbare Zerrüttung des ehelichen Verhältnisses" eine Scheidung begründen (§ 48 EheG 1946). Die Ehe galt als zerrüttet, wenn objektiv die Wiederherstellung der Ehe nicht zu erwarten war. Auch insoweit hatte aber das Verschuldensprinzip einen gewissen Einfluss. So hatte ein Ehepartner das Recht, der Scheidung zu widersprechen, wenn derjenige Ehepartner, der die Scheidung begehrte, die Zerrüttung ganz oder überwiegend verschuldet hatte.
Neu hinzugekommen ist § 48 Abs. 3 EheG 1946, wonach einem Scheidungsbegehren dann nicht stattzugeben war, wenn das wohlverstandene Interesse eines oder mehrer minderjähriger Kinder, die aus der Ehe hervorgegangen sind, die Aufrechterhaltung der Ehe erforderten.

c) Härtemilderungsklausel

Mit der Härtemilderungsklausel (§ 77 EheG 1946) wurde den Ehegatten, den aus der Ehe hervorgegangenen Kindern sowie dem Staatsanwalt ein Anfechtungsrecht gegen gerichtliche Entscheidungen familienrechtlichen Inhalts, die aufgrund der Vorschriften des EheG 1938 ergangen waren, die weder im BGB noch im EheG 1946 enthalten waren, sowie gegen gerichtliche Entscheidungen, die ganz oder vorwiegend auf rassemäßigen, politischen oder religiösen Gründen beruhten, gewährt. Die Härtemilderungsklage war innerhalb von zwei Jahren nach Inkrafttreten des EheG 1946 zu erheben. Ein Antrag auf Wiederherstellung einer für nichtig erklärten, aufgehobenen oder geschiedenen Ehe konnte nicht gestellt werden.

d) Zusätzliche Bestimmungen

Abschließend wurde in § 78 EheG 1946, der inhaltlich mit § 84 EheG 1938 übereinstimmte, unter anderem klargestellt, dass folgende BGB-Normen weiterhin aufgehoben blieben:

- §§ 1303 – 1352: Eingehung der Ehe und Nichtigkeit und Anfechtbarkeit der Ehe, Wiederverheiratung im Falle des Todeserklärung,
- § 1564 – 1587: Scheidung der Ehe,

- § 1608 Abs. 2: Unterhaltspflicht des geschiedenen Ehegatten,
- §§ 1635 – 1637: Recht der Personensorge für das Kind nach einer Scheidung,
- §§ 1699 – 1704: Rechtliche Stellung der Kinder aus nichtigen Ehen,
- § 1771 Abs. 2 S. 2: Eheschließung zwischen Personen, die durch Annahme an Kindes statt miteinander verbunden waren.

Die Durchführungsverordnungen zum EheG 1938 wurden nunmehr auf das EheG 1946 angewandt und erst mit § 27 des Einführungsgesetzes zum Familiengesetzbuch der Deutschen Demokratischen Republik vom 20.12.1965[17] außer Kraft gesetzt.
Das EheG 1946 wurde in der DDR am 24.11.1955 durch die Verordnung über Eheschließung und Eheauflösung[18], die so genannte Eheverordnung, abgelöst. In der Bundesrepublik wurden die Vorschriften des EheG 1946 erst durch das Erste Gesetz zur Reform des Ehe- und Familienrechts vom 14.06.1976[19], welches am 01.07.1977 in Kraft trat, wieder in das BGB eingegliedert. Somit wurde in beiden Teilen Deutschlands bis 1955 das Eherecht bezogen auf die Eheschließung und Ehescheidung einheitlich durch das EheG 1946 geregelt, wobei es in der DDR aufgrund der Verfassung zu den bereits oben erwähnten Modifikationen kam.

2. Gesetzgebungsakte der Länder

Die Sowjetische Militäradministration übertrug schon frühzeitig am 22.10.1945 mit Befehl Nr. 110[20] die Legislativgewalt auf die Provinzialverwaltungen und

---

17 GBl. I, S. 19. Insgesamt handelte es sich um sechs Durchführungsverordnungen aus den Jahren 1938 bis 1944, die im Einzelnen in § 27 Ziff. 9 - 14 EGFGB aufgeführt sind.

18 GBl. I, S. 849.

19 BGBl. I, S. 1421.

20 SMAD-Befehl Nr. 110, aus BArch, DX 1 Nr. 110/45.

Verwaltungen der Länder.[21] Die Legislativgewalt der Länder wurde jedoch dahingehend beschränkt, dass die Landesgesetze nicht der Gesetzgebung des Kontrollrates widersprechen durften. Nach damals ganz herrschender Meinung waren damit die Rechtsgebiete, auf denen der Kontrollrat tätig geworden war, der deutschen Gesetzgebung entzogen. Die Länder machten von der ihnen eingeräumten Rechtsetzungsbefugnis dahingehend Gebrauch, dass sie 1948 weitgehend übereinstimmende Gesetze zur Regelung des Adoptionsrechts erließen. Da als Folge von Krieg und Vertreibung eine große Zahl von Waisen unterzubringen war, wurde die Annahme an Kindes statt dahingehend vereinfacht, dass in Abwandlung des § 1741 BGB, nicht mehr ausschließlich Eltern ohne eigene Kinder ein Kind adoptieren durften.[22] In den Ende 1946/Anfang 1947 erlassenen Verfassungen der fünf Länder der DDR wurden übereinstimmend der Grundsatz der Gleichberechtigung von Mann und Frau sowie das Gebot, diesem Grundsatz entgegenstehende Normen aufzuheben, aufgenommen. Ferner wurde die Gleichstellung von unehelichen und ehelichen Kindern Verfassungsbestandteil. Obwohl die Verfassungen in ihren Schlussbestimmungen als unmittelbar geltendes Recht proklamiert wurden, wurde die Gesetzgebung des Kontrollrates nach wie vor als vorrangig akzeptiert. Die Verfassungsbestimmungen besaßen damit eher theoretischen Charakter.[23]

Eine erste gesetzliche Grundlage für die Gleichberechtigung der Frau im Berufsalltag wurde in der Sowjetischen Besatzungszone (SBZ) bereits im Jahre 1946 mit dem Befehl Nr. 253 der Sowjetischen Militäradministration in Deutschland[24] (SMAD) vom 17.08.1946 geschaffen. Es wurde die „gleiche Entlohnung für gleiche Arbeit der Arbeiter und Angestellten, unabhängig von Geschlecht und Alter“ angeordnet.

---

21 Nach den Wahlen zu den fünf neuen Landtagen in der SBZ am 20.10.1946 wurden die Präsidenten der Länder und Provinzen mit SMAD-Befehl Nr. 332 vom 27.11.1946, aus BArch, DX 1 Nr. 332/46, aufgefordert, die Gesetzgebungskompetenz an die Landtage zu übergeben.

22 Vgl. Zieger, a.a.O. (Fn. 2), S. 44 f.; die einzelnen Ländervorschriften sind in § 19 Abs. 2 lit. e) – i) der Verordnung über die Annahme an Kindes Statt vom 29.11.1956, GBl. I, S. 1326, aufgeführt.

23 Vgl. Zieger, a.a.O. (Fn. 2), S. 43 ff.; Schlicht, a.a.O. (Fn. 1), S. 35.

24 SMAD-Befehl Nr. 253, aus BArch, DX 1 Nr. 253/46.

Aus den Ländern wurden Forderungen laut, die Paragraphen des BGB, die der Gleichberechtigung entgegenstanden, zentral von der Deutschen Zentralverwaltung für Justiz entsprechend abzuändern. Dies sollte für ganz Deutschland, zumindest aber einheitlich in der SBZ geschehen.[25] Bereits im August 1948 wurde den Justizministern der fünf Länder vom Chef der Deutschen Zentralverwaltung für Justiz mitgeteilt, dass ein Referentenentwurf ausgearbeitet und ihnen zur Stellungnahme vorgelegt werde. [26]

3. Erste Ausarbeitungen für ein Änderungsgesetz zum BGB

Unmittelbar nach seiner Gründung im März 1947 begann der DFD mit ersten Arbeiten zur Neugestaltung des Familienrechts. Von der zentral gebildeten Rechtskommission des DFD wurden Thesen erarbeitet, die dann in den einzelnen Rechtskommissionen der Länder zur Diskussion gestellt wurden. In den Ländern wurden die Diskussionen sowohl mit Juristen als auch mit an diesen Themen interessierten Frauen geführt. Zunächst wurde zur Frage des unehelichen Kindes Stellung genommen, da diese Thematik mit der Gleichberechtigung der Frau in engem Zusammenhang stand. Des Weiteren wurde das Eherecht, untergliedert in die drei Hauptthemen Allgemeinwirkungen der Ehe, eheliches Güterrecht und Vormundschaftsrecht, überarbeitet.[27] Aufgrund der Regelungen im EheG 1946 wurde das Scheidungsrecht zunächst außer Betracht gelassen.
Neben dem DFD arbeitete auch die Deutsche Zentralverwaltung für Justiz an einer Neugestaltung des Familienrechts. Es wurde eine Referentenkommission bestehend aus Hans Nathan,[28] Wolfgang Abendroth, Wolfgang Weiß sowie den

---

25 Vgl. Schreiben der Landesregierung Sachsen vom 10. 07.1947 an die Zentrale Justizverwaltung der Sowjetischen Besatzungszone in Deutschland, aus BArch, DP 1 VA Nr. 8002, fol. 3.

26 Vgl. Schreiben des Chefs der Deutschen Justizverwaltung an sämtliche Landes- und Provinzialregierungen – Justizministerien – vom 04.08.1947, aus BArch, DP 1 VA Nr. 8002, fol. 6.

27 Vgl. Benjamin, Ausschuss für Recht und Rechtspflege, 7. Sitzung am 01.10.1948, aus BArch, DP 1 VA Nr. 7894, fol. 422.

28 Nathan, Hans; Dr. jur.; Prof. (02.12.1900 – 12.09.1971); Jurist; Mitglied der SED; Leiter der HA Gesetzgebung im Ministerium der Justiz (1948 bis 1952); Chefredakteur der Zeitschrift „Neue Justiz“ (1952/53); Dekan der Juristischen Fakultät der HU in Berlin (1954 – 1962); Mitglied u. a. des Kollegiums des Ministeriums der Justiz und der Ge-

Mitgliedern des DFD Hilde Benjamin,[29] Hilde Neumann und Frau Schulte-Langforth gebildet.[30]
Es war von Anfang an beabsichtigt, die Bevölkerung mit in den Gesetzgebungsprozess einzubeziehen, um ihr nicht nur ein fertiges Gesetz zu präsentieren. Gesetze, die „einschneidend in das Leben aller eingreifen, müssen von unten diskutiert werden und in ihren Auswirkungen jedem Einzelnen bekannt sein."[31] Benjamin erarbeitete „Vorschläge zum neuen Deutschen Familienrecht",[32] die als Broschüre veröffentlicht wurden. Nathan ließ die von der Deutschen Zentralverwaltung für Justiz in Zusammenarbeit mit dem DFD ausgearbeiteten Thesen verbunden mit einer kurzen Kommentierung und der Aufforderung zur Diskussion in der Neuen Justiz abdrucken.[33] Er wies deutlich darauf hin, dass sich die Diskussion nicht auf die Ostzone beschränken, sondern ebenfalls in den westlichen Zonen erfolgen solle, da ein beiderseitiges Interesse an der „Erhaltung der deutschen Rechtseinheit"[34] bestehe. Diese Haltung sowie das Prinzip der formalisierten Beteiligung der Bevölkerung im Wege öffentlich inszenierter Diskussionen wurden auch später nicht aufgegeben. So wurden sowohl zu dem Entwurf von 1954 wie auch zu der endgültigen Fassung des Familiengesetzbuches der DDR von 1965 öffentliche Diskussionsveranstaltungen durchgeführt und die gesamtdeutsche Bedeutung dieses Gesetzeswerkes betont.[35]

---

setzgebungskommission der Regierung; aus: Breithaupt, Rechtswissenschaftliche Biographie DDR, 1993, S. 398 f.

29 Benjamin, Hilde; Dr. sc. Dr. h.c.; ord. Prof. (05.02.1902 – 18.04.1989); geb. Lange; Juristin; Personalreferentin der Deutschen Zentralverwaltung für Justiz (1947); Vizepräsidentin des Obersten Gerichts (1949 – 1953); Minister der Justiz (1953 – 1967); Mitglied des ZK der SED (seit 1954); aus: Breithaupt, a.a.O. (Fn. 28), S. 191 f.

30 Vgl. Ausschuss für Recht und Rechtspflege, 7. Sitzung am 01.10.1948, a.a.O. (Fn. 27), fol. 422.

31 Benjamin, Ausschuss für Recht und Rechtspflege, 7. Sitzung am 01.10.1948, a.a.O. (Fn. 27), fol. 423.

32 Vgl. Benjamin, Vorschläge zum neuen Deutschen Familienrecht, aus BArch, DP 1 VA Nr. 7892, fol. 269 ff.

33 Vgl. Nathan, Zur Neugestaltung des Familienrechts, in NJ 1949, S. 102 (103).

34 Nathan, Zur Neugestaltung des Familienrechts, a.a.O. (Fn. 33), S. 103.

35 Vgl. Kapitel II, 7. b) Öffentliche Diskussion und Kapitel IV, 10. Öffentliche Diskussion des Entwurfs.

Die Entwürfe und Thesen des DFD und der Deutschen Zentralverwaltung für Justiz wurden im Ausschuss des Deutschen Volksrates für Recht und Rechtspflege[36] diskutiert und dort, soweit dies noch nicht erfolgt war, unter Mithilfe von Unterausschüssen in Paragraphenform gebracht. Die Ausarbeitungen waren im Wesentlichen beschränkt auf die Verwirklichung der Gleichberechtigung der Frau sowie auf die Neuregelung der Rechtsstellung des nichtehelichen Kindes. Der Ausschuss für Recht und Rechtspflege befasste sich auf seiner 7. Sitzung am 01.10.1948 erstmalig mit Fragen des Familienrechts, die bis zur 12. Sitzung am 24.06.1949 zum Teil neben anderen Themen Gegenstand der Beratungen blieben.[37]

Der Vorsitzende des Ausschusses war Wilhelm von Stoltzenberg. Weitere Mitglieder waren unter anderem Benjamin und Nathan. Die Ausarbeitungen stellten erste gesetzgeberische Versuche im Bereich des Familienrechts dar, wobei man zunächst noch von einer entsprechenden Änderung des BGB ausging. Erst mit dem Entwurf für ein Gesetz zur Neuordnung des Familienrechts aus dem Jahr 1950[38] wurde das Familienrecht aus dem BGB herausgelöst und Gegenstand eines eigenständigen Gesetzes.

Ziel der Reformen war es zunächst, die Gleichberechtigung der Frau in den familienrechtlichen Vorschriften des BGB zu verankern und die diesem Grundsatz widersprechenden Vorschriften zu beseitigen.

---

36 Der zweite Volkskongress wählte 18.03.1948 den Deutschen Volksrat als beratendes und beschließendes Organ mit 400 Abgeordneten (darunter 100 aus den Westzonen). Dieser tagte insgesamt sechsmal unter dem Vorsitz von Wilhelm Pieck, Wilhelm Külz und Otto Nuschke. Beim Volksrat wurden verschiedene Fachausschüsse gebildet, unter anderem ein Verfassungsausschuss, der mit der Ausarbeitung einer Verfassung beauftragt worden war, und ein Justizausschuss. Vgl. hierzu Manfred Koch, Volkskongreßbewegung und Volksrat, im SBZ-Handbuch, 1993, S. 349 ff.

37 Vgl. Protokolle der Sitzungen vom 01.10.1948, 07.01.1949, 11.03.1949 und vom 24.06.1949, aus BArch, DP 1 VA Nr. 7894, fol. 224 ff. Die Protokolle der 9. Sitzung am 04.02.1949 und der 11. Sitzung am 08.04.1949 befinden sich nicht in der Akte.

38 Entwurf für ein Gesetz zur Neuordnung des Familienrechts, HA: Gesetzgebung 3450/2 – I –901/50, aus BArch, DP 1 VA Nr. 135.

a) Wirkungen der Ehe im Allgemeinen

Am 07.01.1949 diskutierte der Ausschuss des Deutschen Volksrates für Recht und Rechtspflege in seiner 8. Sitzung[39] die Thesen über die Wirkungen der Ehe im Allgemeinen, die der DFD im Zusammenarbeit mit der Deutschen Zentralverwaltung für Justiz ausgearbeitet und in Paragraphenform gebracht hat und stimmte ihnen dann weitgehend zu.[40] Die Regelungen der §§ 1353 – 1362 BGB wurden unter Berücksichtigung des Gleichberechtigungsgrundsatzes wie folgt überarbeitet:

aa) Verpflichtung zur ehelichen Lebensgemeinschaft

Als Folge des mit der Gleichberechtigung der Frau verbundenen Rechts der Frau auf Arbeit wurde betont, dass die Eheleute zur Ausübung ihrer Berufs- oder Erwerbstätigkeit getrennte Wohnsitze haben könnten.[41] Demnach sollten § 10 Abs. 1 Satz 1 BGB, wonach die Frau den Wohnsitz des Mannes teilte, und § 1354 Abs. 1 BGB, wonach der Mann den Wohnort und die Wohnung bestimmte, keine Anwendung mehr finden.

bb) Gemeinsames Entscheidungsrecht

Aufgrund des offensichtlichen Widerspruchs zum Grundsatz der Gleichberechtigung der Frau wurde die Bestimmung des § 1354 Abs. 1 BGB, wonach dem Ehemann die Befugnis zustand, die das gemeinschaftliche Leben betreffenden Entscheidungen zu treffen, dahingehend geändert, dass die Ehegatten dieses „in beiderseitigem Einverständnis" regeln sollten. In diesem Zusammenhang wurde die Frage diskutiert, ob eine Schiedsstelle, zum Beispiel das Vormundschaftsgericht, für die Eheleute entscheiden sollte, wenn diese sich nicht einigen könnten. Dies wurde bereits vom DFD mit der Begründung abgelehnt, dass „das höchst

---

[39] Vgl. Sitzungsschlussbericht der 8. Sitzung des Ausschusses für Recht und Rechtspflege am 07.01.1949, aus BArch, DP 1 VA Nr. 7894, fol. 342 ff.

[40] Vgl. Ausschuss für Recht und Rechtspflege, 10. Sitzung, 11. 03.1949, aus BArch, DP 1 VA Nr. 7894, fol. 325.

[41] Vgl. Sitzungsschlussbericht der 8. Sitzung des Ausschusses für Recht und Rechtspflege am 07. 01.1949, a.a.O. (Fn. 39), fol. 342 ff.; Thesen des Ausschusses für Recht und Rechtsfragen des Deutschen Volksrates über die Wirkung der Ehe im Allgemeinen, aus BArch, DP 1 VA Nr. 7894, fol. 339.

persönliche Wesen der Ehe" die „Einmischung staatlicher Instanzen unerwünscht" mache und „für die Fortführung der ehelichen Lebensgemeinschaft eher schädlich als fördernd" wäre.[42]
Ein Ausfluss des Rechts der Frau auf Arbeit war darüber hinaus die Abkehr von § 1356 Abs. 2 BGB, wonach die Frau zu Arbeiten im Hauswesen und im Geschäft des Mannes verpflichtet war. Da diese Pflicht eine Arbeitsaufnahme hemmen könnte, sollte der Frau lediglich das Recht zur Führung des Haushalts bleiben, nicht aber mehr die Pflicht.[43]

cc) Familienname

Bereits zu diesem Zeitpunkt war die Regelung über den Familiennamen Gegenstand zahlreicher Diskussionen.[44] Sie sollte es bis zur Verabschiedung des FGB 1965 auch bleiben. Neu war zunächst die Feststellung, dass die Frau, auch wenn sie den Namen des Mannes als Familiennamen führte, diesen aus eigenem Recht und als eigenen Namen führte, der ihr nicht durch eine Verfügung des Mannes wieder abgenommen werden dürfte.[45]
Befürwortet wurde aus Gründen der Rechtssicherheit, dass beide Eheleute den gleichen Namen tragen sollten. Sie sollten wählen können zwischen dem Namen des Mannes, dem der Frau oder einem Doppelnamen, wobei dieser aus nicht mehr als zwei Einzelnamen bestehen sollte.[46]

---

42 Ausgearbeitete Thesen des DFD über die Wirkung der Ehe im allgemeinen, aus BArch, DP 1 VA Nr. 7894, fol. 471.

43 Vgl. Sitzungsschlussbericht der 8. Sitzung des Ausschusses für Recht und Rechtspflege am 07.01.1949, a.a.O. (Fn. 39), fol. 344.

44 Der Familienname war Gegenstand dreier Sitzungen, vgl. Protokolle der Sitzungen vom 07.01.1949, vom 11.03.1949 und vom 24.06.1949, aus BArch, DP 1 VA Nr. 7894, fol. 345, 327 ff. und 245.

45 Vgl. Sitzungsschlussbericht der 8. Sitzung des Ausschusses für Recht und Rechtspflege am 07.01.1949, a.a.O. (Fn. 39), fol. 345.

46 Vgl. Ausschuss für Recht und Rechtspflege, 12. Sitzung am 24. 06.1949, aus BArch, DP 1 VA Nr. 7894, fol. 243 ff.

dd) Unterhalt

Die Reformbedürftigkeit des Unterhaltsrechts ergab sich aus drei Gesichtpunkten.

Die Gleichberechtigung der Frau und das damit verbundene Recht der freien Berufsausübung erforderte, dass die Frau auch in gleicher Weise wie der Mann unterhaltsverpflichtet wurde. Ferner wurde bislang im BGB die Tätigkeit der Frau im Haushalt nicht als ein Beitrag der Frau zum Unterhalt der Familie angesehen. Mit der überarbeiteten Regelung wurde klargestellt, dass diese Tätigkeit ebenso wie eine außerhäusliche Berufstätigkeit als Beitrag zum Familienunterhalt anzusehen war.[47] Letztlich sollte die neue Formulierung der Hausfrau einen Anspruch auf Bargeldleistung gegen ihren Mann im Rahmen der Unterhaltspflicht sichern, da die Unterhaltszahlung häufig lediglich in der Gewährung von Wohnung und Nahrung lag.[48]

ee) Unterhalt bei Getrenntlebenden

Der Grundsatz der primären Unterhaltspflicht des Mannes wurde aufgegeben. Nunmehr ging man von der grundsätzlichen Verpflichtung beider Ehegatten aus, ihren Unterhalt selbst zu verdienen. Für den Fall, dass der Ehefrau aufgrund der Sorge für kleine Kinder oder aufgrund ihres bereits höheren Alters die Berufsausübung erschwert wäre, sollte ausnahmsweise ein den Verhältnissen beider Ehegatten entsprechender Unterhaltszuschuss oder ein voller Unterhalt gezahlt werden.[49]

---

47 § 1360: „Die Ehegatten haben nach ihren Kräften durch Tätigkeit im Hause oder außerhalb des Hauses nach ihrem Einkommen und Vermögen zu dem gemeinsamen Unterhalt beizutragen. Der Unterhalt umfaßt die Ausgaben für das Hauswesen und die persönlichen Bedürfnisse der Ehegatten.“ In dieser Fassung entspricht der Paragraph den ausgearbeiteten Thesen des Ausschusses für Recht und Rechtspflege, vgl. Thesen des Ausschusses für Recht und Rechtsfragen des Deutschen Volksrates über die Wirkung der Ehe im Allgemeinen, a.a.O. (Fn. 41).

48 Vgl. Ausgearbeitete Thesen des DFD über die Wirkung der Ehe im Allgemeinen, a.a.O. (Fn. 42), fol. 473 f.

49 Vgl. Ausgearbeitete Thesen des DFD über die Wirkung der Ehe im Allgemeinen, a.a.O., (Fn. 42), fol. 474.

ff) Haushaltsgegenstände

Auch hinsichtlich der Verteilung der bisher im gemeinschaftlichen Haushalt gemeinsam genutzten Sachen wurde eine Benachteilung der Frau darin gesehen, dass der Mann nach den Vorschriften des BGB im Besitz der Sachen blieb und die Frau gegen ihn lediglich in gewissem Umfang Herausgabeansprüche geltend machen konnte. Unter dem Gesichtspunkt der Gleichberechtigung wurde daher der § 1361 a BGB formuliert, wonach jeder ohne Rücksicht auf die Eigentumsverhältnisse aus dem gemeinschaftlichen Haushalt die Gegenstände beanspruchen konnte, die zur Führung eines abgesonderten Haushalts erforderlich waren. Soweit die vorhandenen Haushaltsgegenstände zur Führung eines gesonderten Haushalts nicht ausreichten, sollte die Benutzung dieser Gegenstände dem Ehegatten zustehen, dem unter Berücksichtigung aller Umstände nicht zugemutet werden konnte, sie zu entbehren.[50]

gg) Schlüsselgewalt

In § 1357 BGB war die beschränkte Vertretungsbefugnis der Ehefrau im Rahmen ihres häuslichen Wirkungskreises geregelt. Sie war demnach berechtigt, innerhalb dieses Wirkungskreises die Geschäfte des Mannes für ihn zu besorgen und ihn zu vertreten. Dies wurde als Schlüsselgewalt bezeichnet. Nach Auffassung des Unterausschusses entsprach es dem „natürlichen Rechtsbewußtsein des Volkes“[51] die Schlüsselgewalt auch auf den Mann auszudehnen. Damit wurde beiden Ehegatten die Möglichkeit gegeben, derartige Geschäfte auch für den anderen Ehegatten oder für beide Ehegatten gemeinsam abzuschließen.

Eine von den Vorschlägen des DFD und der Deutschen Justizverwaltung abweichende, neue Regelung fand sich in Absatz 3, wonach eine Vertretung in Fällen „dringender Notwendigkeit“ auch bei Geschäften möglich sein sollte, die über den häuslichen Wirkungskreis hinausgingen.[52] Wegen des Krieges und der kriegsbedingten Abwesenheit vieler Ehemänner erachtete man eine derartige Regelung für notwendig.

---

50 Vgl. Ausgearbeitete Thesen des DFD über die Wirkung der Ehe im Allgemeinen, a.a.O., (Fn. 42), fol. 474.

51 Nathan, Ausschuss für Recht und Rechtspflege, 12. Sitzung am 24.06.1949, a.a.O. (Fn. 46), fol.234.

52 Vgl. Gesetzentwurf des Unterausschusses, aus BArch, DP 1 VA Nr. 8002, fol. 77 f.

hh) Mitgewahrsam der Ehegatten

Die neue rechtliche Stellung der Frau hatte den Mitgewahrsam der Eheleute an den sich innerhalb der Wohnung befindenden Gegenständen zur Konsequenz. Die im BGB geregelte Stellung der Ehefrau als Besitzdienerin des Mannes war mit dem Gleichberechtigungsgrundsatz unvereinbar.

b) Güterrecht

Der DFD empfahl als gesetzlichen Güterstand die „Zugewinnstgemeinschaft“[53]. Dieser Güterstand sollte nicht nur die Gleichberechtigung beider Ehepartner gewährleisten, sondern gleichzeitig zwei wesentliche Forderungen erfüllen, nämlich die „wirtschaftliche Sicherheit der im Haushalt tätigen Frau und letzten Endes Entlohnung ihrer Haushaltsarbeit auf der einen Seite, ungeschmälertes Verfügungsrecht der im Berufsleben stehenden Frau über das durch eigene Arbeitsanspannung Erworbene andererseits.“[54]

Der Güterstand der Errungenschaftsgemeinschaft[55] galt als zu „schwülstig und kompliziert“[56], weil drei Gütermassen auseinander gehalten werden mussten: das

---

53 Das Modell dieses neuen Güterstandes, wonach während der Ehe Gütertrennung und bei der Auflösung der Ehe die Errungenschaft (Zugewinnst) unter den Gatten aufgeteilt wird, stammt aus der Weimarer Zeit. Bis zum Ende der Weimarer Republik gab es hierzu keine amtlichen Gesetzentwürfe. Eine Abänderung des ehelichen Güterrechts erschien allerdings erforderlich und wurde 1924 auf dem 33. Deutschen Juristentag erstmalig diskutiert, vgl. hierzu Schubert, Die Projekte der Weimarer Republik zur Reform des Nichtehelichen-, des Adoptions- und des Ehescheidungsrechts, 1986, S. 92 ff.; später Zugewinngemeinschaft genannt: Jeder Ehegatte bleibt nach Eintritt des Güterstandes alleiniger Inhaber seines Vermögens. Jeder Ehegatte verwaltet sein Vermögen selbst. Erst bei Auflösung der Ehe wird die gegenseitige Teilhabe am Zuerwerb realisiert. In der Bundesrepublik aufgrund des Gleichberechtigungsgesetzes vom 18.06.1957 als gesetzlicher Güterstand in das BGB eingeführt (§§ 1363 – 1390), vgl. Schwab, Familienrecht, S. 92 f.

54 Vgl. Ausgearbeitete Thesen des DFD über die Wirkungen der Ehe im allgemeinen vom 05.10.1948, a.a.O. (Fn. 42); Vorschläge des DFD zum ehelichen Güterrecht von Frau Dr. Neumann, aus BArch, DP 1 VA Nr. 7894, fol. 483.

55 Die Errungenschaftsgemeinschaft ist eine Sonderform der Gütertrennung. Das nach der Eheschließung Erworbene gehört grundsätzlich zum gemeinschaftlichen Vermögen. Die Errungenschaftsgemeinschaft war als vertraglicher Güterstand in §§1519 – 1548 BGB geregelt und aufgrund des Gleichberechtigungsgesetzes vom 18.06.1957 entfallen, da

Sondergut des Ehemannes, das Sondergut der Ehefrau und das Gesamtgut. Die gemeinsame Verfügungsbefugnis über das Gesamtgut wurde als nicht praktikabel angesehen, weil die von dem gemeinsamen Verfügungsrecht vorgesehenen Ausnahmen im täglichen Leben die Regel bildeten, nämlich:

> 1. „die mit der Führung des gemeinsamen Hauswesens regelmäßig verbundenen Geschäfte,
> 2. die zur Befriedigung der angemessenen persönlichen Bedürfnisse der Ehegatten notwendigen Geschäfte,
> 3. die zur ordnungsgemäßen Verwaltung des Gesamtguts regelmäßig erforderlichen Geschäfte, einschließlich der Erfüllung der dem Gesamtgut zur Last fallenden Verbindlichkeiten."[57]

Man hielt die Regeln für „lebensfern, ja lebensfremd"[58]. Es sollte deshalb nach „neueren, lebensnäheren Rechtsprinzipien"[59] gesucht werden. Diese meinte man im Güterstand der Zugewinnstgemeinschaft gefunden zu haben. So sollte jeder Ehegatte bei Eheschließung Eigentümer seines Vermögens bleiben. Hinsichtlich des nach der Ehe erworbenen Vermögens, damals noch als Zugewinnst bezeichnet, sollte beiden Ehegatten ein Ausgleichanspruch zustehen, der in der Hälfte des Wertes des Zugewinns bestand. Als Alternative war vorgesehen, die Höhe des Anspruch in das Ermessen des Richters zu stellen, der diese „unter Berücksichtigung der Verhältnisse beider Ehegatten oder ihrer Rechtsnachfolger und aller Umstände, die den Zugewinnst ermöglicht haben",[60] festsetzen sollte. In

---

die Regelungen im BGB die Verwaltung des gemeinsamen Vermögens durch den Mann vorsahen.

56 Vorschläge des DFD zum ehelichen Güterrecht von Frau Dr. Neumann, a.a.O. (Fn. 54), fol. 480.

57 Vorschläge des DFD zum ehelichen Güterrecht von Frau Dr. Neumann, a.a.O. (Fn. 54), fol. 479.

58 Vorschläge des DFD zum ehelichen Güterrecht von Frau Dr. Neumann, a.a.O. (Fn. 54), fol. 480.

59 Vorschläge des DFD zum ehelichen Güterrecht von Frau Dr. Neumann, a.a.O. (Fn. 54), fol. 480.

60 Leitsätze betreffend Ausgestaltung der Zugewinnstgemeinschaft, aus BArch, DP 1 VA Nr. 8002, fol. 27 f.

der Zugewinnstgemeinschaft wurde eine „minimale Verquickung" der familienrechtlichen und vermögensrechtlichen Tatbestände gesehen.[61] Der Ausschuss für Recht und Rechtspflege ging entsprechend der Empfehlung des DFD ebenfalls von dem gesetzlichen Güterstand der Zugewinnstgemeinschaft aus und diskutierte, ob neben dem gesetzlichen Güterstand noch ein vertraglicher Güterstand der Gütergemeinschaft ausgearbeitet werden sollte, da die Zugewinnstgemeinschaft für die bäuerlichen Verhältnisse nicht geeignet erschien. Dies wurde damit begründet, dass in der Regel weder ein Zugewinn in Geld noch in anderen Sachwerten vorhanden sei.[62] Um einen Überblick über die tatsächlichen Verhältnisse und etwaigen Wünsche und Auffassungen zu bekommen, wurden „sachverständige Kreise" befragt und die Ausarbeitungen zum Güterrecht ruhten zunächst.[63]

c) Eheliche Kinder

Der Begriff der elterlichen Gewalt wurde ersetzt durch den Begriff der elterlichen Sorge, die nunmehr den Eltern gemeinsam zustehen sollte.[64] Die elterliche Sorge umfasste die Personen- und Vermögenssorge sowie die gesetzliche Vertretung des Kindes. Damit war erstmalig die gesetzliche Vertretung des Kindes auch durch die Mutter vorgesehen. Bei Meinungsverschiedenheiten sollte nicht mehr, wie es das BGB vorsah, der Vater entscheiden dürfen, sondern jeder Elternteil sollte berechtigt sein, das Vormundschaftsgericht anzurufen. Während die im BGB geregelte elterliche Gewalt noch die Nutznießung am Vermögen des Kindes vorsah,[65] sollte den Eltern ein solches Recht nun nicht mehr zustehen. Erträgnisse aus dem Vermögen des Kindes sollten nur im Interesse des

---

61 Verfügungsrecht am Gesamtgut, von Frau Dr. Neumann, 12.12.1947, aus BArch, DP 1 VA Nr. 8002, fol. 42.

62 Vgl. Deutscher Volksrat, Ausschuss für Recht und Rechtspflege, Rundschreiben vom 02.09.1949, aus BArch, DP 1 VA Nr. 8002, fol. 102 f.

63 Vgl. Deutscher Volksrat, Ausschuss für Recht und Rechtspflege, Rundschreiben vom 02.09.1949, a.a.O. (Fn. 62).

64 Vgl. Thesen über die Neuregelung des Eltern-Kind-Verhältnisses, aus BArch, DP 1 VA Nr. 8002, fol. 113 ff.

65 Das BGB regelte in § 1649, dass dem Vater grundsätzlich kraft der elterlichen Gewalt die Nutznießung an dem Vermögen des Kindes zustand.

Kindes verwertet werden dürfen.[66] Von einer Überarbeitung der Ausgestaltung der elterlichen Sorge nach der Scheidung wurde abgesehen, da diese im EheG 1946 geregelt war. Die Regelungen wurden nicht als „dringend reformbedürftig" angesehen, da sie der Gleichberechtigung der Frau zumindest im höheren Maße Rechnung trügen als das BGB.[67]

Während in den Vorschlägen des DFD noch die religiöse Erziehung des Kindes gleichberechtigt neben den anderen Inhalten der elterlichen Sorge genannt worden war,[68] fand diese im Entwurf des Unterausschusses keine Erwähnung mehr.[69]

d) Nichteheliche Kinder

Bereits im August 1948, bevor der Ausschuss für Recht und Rechtspflege des Deutschen Volksrates seine Arbeit zur Reform des Familienrechts aufnahm, erarbeiteten Benjamin und Nathan einen ersten Entwurf für die Neuregelung des Rechts des nichtehelichen Kindes als Änderungsgesetz zum BGB.[70]

Das Änderungsgesetz ging vom Grundsatz der Gleichstellung des nichtehelichen und des ehelichen Kindes aus. Einzelne Unterschiede ergaben sich lediglich daraus, dass die Eltern nicht durch Heirat verbunden waren. So bedurfte es einer besonderen Feststellung der Vaterschaft, während beim ehelichen Kind die gesetzliche Vermutung der Vaterschaft gelten sollte.[71] Die Mehrverkehrseinrede, die dazu führte, dass das nichteheliche Kind keine Unterhaltsansprüche hatte, wenn die Mutter während der Empfängniszeit nachgewiesen mit mehreren Männern geschlechtlich verkehrt hatte, wurde mit der Begründung der Unbillig-

---

66 Vgl. Thesen über die Neuregelung des Eltern-Kind-Verhältnisses, a.a.O. (Fn. 64), fol. 113 ff.

67 Vgl. Grundsätze für eine Reform der elterlichen Gewalt vom 24.10.1947, aus BArch, DP 1 VA Nr. 8002, fol. 30 ff.

68 Vgl. Grundsätze für eine Reform der elterlichen Gewalt vom 24.10.1947, a.a.O. (Fn. 67), fol. 33.

69 Vgl. Thesen über die Neuregelung des Eltern-Kind-Verhältnisses, a.a.O. (Fn. 64).

70 Vgl. Originalmanuskript des ersten Entwurfs für eine Neuregelung des Rechts des nichtehelichen Kindes, aus BArch, DP 1 VA Nr. 6633, fol. 167.

71 Vgl. Originalmanuskript des ersten Entwurfs für eine Neuregelung des Rechts des nichtehelichen Kindes, a.a.O. (Fn. 70).

keit für das Kind nicht übernommen. Vielmehr sah der Entwurf vor, dass Vater sein sollte, wer während der Empfängniszeit mit der Mutter geschlechtlich verkehrt hatte.[72] Die Vaterschaft sollte, wie bereits im BGB geregelt war, nicht nur durch gerichtliches Urteil festgestellt werden können, sondern auch durch eine in einer öffentlichen Urkunde erklärte Anerkennung, diese sollte allerdings nur noch mit Zustimmung der Mutter möglich sein.[73] Die nichteheliche Vaterschaft sollte nicht mehr eine bloße „Zahlvaterschaft" sein, sondern es sollte eine Vater-Kind-Beziehung geschaffen werden, wobei dem Vater jedoch kein eigenes Sorge- und Umgangsrecht zugebilligt wurde. Es bestand aber die Möglichkeit, dem Vater die elterliche Sorge zu übertragen, wenn dies im Interesse des Kindes war und die Mutter zustimmte, die Mutter verstorben war oder ihr die Sorge nicht mehr zustand.[74] Auch die Stellung der Mutter zu ihrem nichtehelichen Kind sollte maßgeblich verändert werden. Nachdem der Mutter nach dem BGB lediglich die Sorge für das Kind zustand, sie aber weder die elterliche Gewalt noch die Vertretungsbefugnis hatte, sollte die Mutter nach dem Entwurf die umfassende elterliche Sorge haben, die auch die Vertretungsbefugnis einschloss.[75] Die Regelungen über die Unterhaltspflicht wurden von neun auf zwei Paragraphen reduziert. Erstmalig sollte nicht nur der Vater zum Unterhalt verpflichtet sein, sondern grundsätzlich auch die Mutter. Die Höhe des Unterhaltes, den der Vater zu leisten hatte, sollte sich nicht mehr wie im BGB an den Lebensverhältnissen der Mutter orientieren, sondern an „Lebensstellung, Einkommen und Vermögen" der Eltern.[76] Der Unterhalt sollte bis zur wirtschaftlichen Selbstständigkeit des Kindes gezahlt werden und nicht mehr nur bis zum 16. Lebensjahr.

---

72 Vgl. § 1706 des ersten Entwurfs für eine Neuregelung des Rechts des nichtehelichen Kindes, a.a.O. (Fn. 70).

73 Vgl. § 1706 des ersten Entwurfs für eine Neuregelung des Rechts des nichtehelichen Kindes, a.a.O. (Fn. 70).

74 Vgl. § 1714 des ersten Entwurfs für eine Neuregelung des Rechts des nichtehelichen Kindes, a.a.O. (Fn. 70).

75 Vgl. § 1709 des ersten Entwurfs für eine Neuregelung des Rechts des nichtehelichen Kindes, a.a.O. (Fn. 70).

76 Vgl. § 1711 des ersten Entwurfs für eine Neuregelung des Rechts des nichtehelichen Kindes, a.a.O. (Fn. 70).

Diese Vorschläge entsprachen den später im Ausschuss für Recht und Rechtspflege diskutierten Änderungen.[77] Der Auftrag für die Änderung der Vorschriften über das nichteheliche Kind sollte sich aus Art. 33 des Verfassungsentwurfs[78] ergeben.[79] Die Änderungen verfolgten insbesondere zwei Ziele. Zum einen sollte „die Mutter aus ihrer minderberechtigten Stellung" herausgehoben werden und zum anderen sollte dem Kind „eine gesicherte Stellung, insbesondere eine wirtschaftlich gesicherte Stellung" gegeben werden.[80] Die Notwendigkeit der Schaffung einer Vater-Kind-Beziehung basierte zum einen auf der angestrebten Gleichstellung des nichtehelichen Kindes mit dem ehelichen Kind und zum anderen auf dem Verfassungsentwurf, der erstmalig im Zusammenhang mit dem nichtehelichen Kind nicht die Mutter, sondern die Eltern erwähnte.[81]
Hinsichtlich eines Erbrechts des nichtehelichen Kindes nach seinem Vater schlug die Unterkommission vor, dem nichtehelichen Kind beim Tode des Vaters im Falle des Vorhandenseins weiterer Abkömmlinge einen Pflichtteilsanspruch und im anderen Falle ein volles Erbrecht zu geben. Dieser Vorschlag wurde im Ausschuss für Recht und Rechtspflege heftig diskutiert und letztlich angenommen.[82] Benjamin stellte abschließend fest, dass dieses Thema Anlass noch vieler Diskussionen sein werde und dass in diesen Diskussionen noch ein

---

77 Vgl. Sitzungsprotokoll, Ausschuss für Recht und Rechtspflege, 12. Sitzung am 24. 06.1949, a.a.O. (Fn. 46), fol. 256 ff.

78 „Außereheliche Geburt darf weder dem Kinde noch seinen Eltern zum Nachteil gereichen. Entgegenstehende Gesetze und Bestimmungen sind aufgehoben." Aus: Sitzungsprotokoll, Ausschuss für Recht und Rechtspflege, 12. Sitzung am 24. 06.1949, a.a.O. (Fn. 46), fol. 256. Der Text wurde ohne Änderungen in die Verfassung übernommen, vgl. Art. 33 der Verfassung der Deutschen Demokratischen Republik vom 07.10.1949, GBl. S. 5 ff.

79 Vgl. Sitzungsprotokoll, Ausschuss für Recht und Rechtspflege, 12. Sitzung am 24.06.1949, a.a.O. (Fn. 46), fol. 256.

80 Sitzungsprotokoll, Ausschuss für Recht und Rechtspflege, 12. Sitzung am 24.06.1949, a.a.O. (Fn. 46), fol. 257.

81 Vgl. Sitzungsprotokoll, Ausschuss für Recht und Rechtspflege, 12. Sitzung am 24.06.1949, a.a.O. (Fn. 46), fol. 258.

82 Vgl. Sitzungsprotokoll, Ausschuss für Recht und Rechtspflege, 12. Sitzung am 24.06.1949, a.a.O. (Fn. 46), fol. 262 ff.

„ganz gehöriges Stück Arbeit zur Erziehung und Entwicklung des Bewußtseins zu leisten“ sei.[83]

4. Zwischenergebnis

Die Regelungen des EheG 1946 bildeten in der SBZ neben den Vorschriften des BGB zunächst die gesetzlichen Grundlagen für das Familienrecht, die durch einzelne länderrechtliche Regelungen modifiziert wurden. Die bereits 1947 begonnenen ersten Arbeiten an einer Reform des Familienrechts waren darauf gerichtet, die Gleichberechtigung der Frau in die familienrechtlichen Vorschriften einzuarbeiten und das nichteheliche Kind dem ehelichen Kind rechtlich gleichzustellen. Sie wurden zunächst noch als Änderungsgesetz zum BGB formuliert. Regelungskomplexe des Kontrollratsgesetzes blieben unberücksichtigt. Die BGB-Vorschriften wurden dahingehend überarbeitet, dass die Vormachtstellung des Mannes ersetzt wurde durch ein gleichberechtigtes Mitbestimmungsrecht der Frau. Der Mann sollte demnach Wohnort und Wohnung nicht mehr alleine bestimmen dürfen, ein gemeinsames Entscheidungsrecht war vorgesehen sowie die Möglichkeit, dass auch der Name der Frau Familienname werden konnte. Aber auch die Pflichten der Frau sollten denen des Mannes gleichgestellt werden. So sollte die Frau ebenso wie der Mann unterhaltspflichtig und damit die primäre Unterhaltspflicht des Mannes aufgehoben sein. Hinsichtlich des Güterrechts wurde der gesetzliche Güterstand der „Zugewinnstgemeinschaft“ favorisiert. Aufgrund bestehender Unsicherheiten hinsichtlich der tatsächlichen Verhältnisse ruhten weitere Arbeiten zum Güterstand zunächst.
Die neuen Regelungen über das nichteheliche Kind verfolgten das Ziel, weder Mutter noch Kind aufgrund der nichtehelichen Geburt zu diskriminieren. So sollte insbesondere eine Vater-Kind-Beziehung geschaffen werden mit der Folge, dass dem Vater in besonderen Fällen das Sorgerecht übertragen werden konnte und die Höhe des zu zahlenden Unterhalts sich nicht mehr nur an den wirtschaftlichen Verhältnissen der Mutter, sondern an denen beider Elternteile orientieren sollte. Dem nichtehelichen Kind sollte abhängig von dem Vorhandensein weiterer Kinder des Vaters entweder ein beschränktes oder ein volles

---

[83] Benjamin, Sitzungsprotokoll, Ausschuss für Recht und Rechtspflege, 12. Sitzung am 24.06.1949, a.a.O. (Fn. 46), fol. 273.

Erbrecht zustehen. Die Mehrverkehrseinrede wurde als unbillige Benachteiligung für das Kind gesehen und daher abgelehnt.

II. 07.10.1949 – 1955

Mit dem Inkrafttreten der Verfassung der Deutschen Demokratischen Republik[84] am 07.10.1949 begann die zweite Phase der Entstehungsgeschichte des Familiengesetzbuches. Diese Phase war zunächst geprägt durch das sich auf Grundlage der Verfassung entwickelnde Richterrecht. Bis zur Verkündung des Familiengesetzbuches wurde das Recht mangels ausreichender einfachgesetzlicher Vorgaben unter Zugrundelegung der Verfassungsgrundsätze weiterentwickelt. Nur einzelne Teilbereiche wurden entweder durch Verordnung oder Gesetz geregelt. Des Weiteren wurde umfassend an einem Gesetzentwurf zum Familienrecht gearbeitet, der 1954 zur öffentlichen Diskussion gestellt wurde, aber letztlich nicht zur Verabschiedung kam.

1. Verfassung der Deutschen Demokratischen Republik vom 07.10.1949

Die Gleichberechtigung von Mann und Frau wurde in Art. 7 der Verfassung der DDR vom 07.10.1949 gesetzlich fixiert:

> *„(1) Mann und Frau sind gleichberechtigt.*
> *(2) Alle Gesetze und Bestimmungen, die der Gleichberechtigung der Frau entgegenstehen, sind aufgehoben.“*[85]

Konkretisierend zu Art. 7 wurde im dritten Kapitel der Verfassung mit der Überschrift „Familie und Mutterschaft“ die Gleichberechtigung von Mann und Frau im familiären Bereich geregelt. Gesetze und Bestimmungen, die die Gleichberechtigung von Mann und Frau in der Familie beeinträchtigten, waren aufgehoben.[86] In diesem Kapitel war darüber hinaus der Auftrag des Staates enthalten, ein Mutterschutzgesetz zu erlassen und Einrichtungen zum Schutz für Mutter und Kind zu schaffen.[87]

---

84 GBl. S. 1.

85 Art. 7 der Verfassung der DDR von 1949, a.a.O. (Fn. 84).

86 Vgl. Art. 30 Abs. 2 der Verfassung der DDR von 1949, a.a.O. (Fn. 84).

87 Vgl. Art. 32 der Verfassung der DDR von 1949, a.a.O. (Fn. 84).

In die Verfassung wurde ebenfalls der Grundsatz der Gleichberechtigung des unehelichen Kindes aufgenommen:

> *„(1) Außereheliche Geburt darf weder dem Kinde noch seinen Eltern zum Nachteil gereichen.*
> *(2) Entgegenstehende Gesetze und Bestimmungen sind aufgehoben.“*[88]

Richtungsweisend war Art. 31 der Verfassung, der die Erziehung der Kinder „zu geistig und körperlich tüchtigen Menschen im Geiste der Demokratie“ als das natürliche Recht der Eltern bezeichnete, aber auch zugleich als deren oberste Pflicht gegenüber der Gesellschaft.[89] Diese Außenwirkung der elterlichen Erziehung war neu und wurde in den einzelnen FGB-Entwürfen weiter ausgestaltet. Das Erziehungsziel „im Geiste der Demokratie“ war vage formuliert und ließ entsprechende Anpassungen an die einzelnen Entwicklungsphasen zu.[90]
Art. 144 der Verfassung erklärte alle Bestimmungen der Verfassung zu unmittelbar geltendem Recht.[91] Entgegenstehende Bestimmungen waren aufgehoben und weiter geltende im Sinne der Verfassung auszulegen. Insbesondere der letzte Satz bot den Richtern die Grundlage, das Recht abweichend von den Normen des BGB auszulegen. Die Regelung, dass entgegenstehende Bestimmungen aufgehoben waren, führte dazu, dass von einem Tag auf den anderen zahlreiche familienrechtliche Bestimmungen ihre Gültigkeit verloren. Bis zum Inkrafttreten des Familiengesetzbuches am 01.04.1966 wurde diese Lücke, wie bereits ausgeführt, mit Hilfe der Rechtsprechung sowie durch Verordnungen und Gesetze für einzelne Teilbereiche geschlossen.

2. Richterrecht

Vor der Darstellung einzelner wesentlicher Entscheidungen, ist zunächst kurz auf die umfassende Umgestaltung der Justiz in der sowjetischen Besatzungszone einzugehen. Auf diesem Gebiet vollzog sich eine Entwicklung, die sich deutlich

---

88 Art. 33 der Verfassung der DDR von 1949, a.a.O. (Fn. 84).

89 Vgl. Art. 31 der Verfassung der DDR von 1949, a.a.O. (Fn. 84).

90 Vgl. Brümmer, Die Entwicklung des elterlichen Sorge- und Erziehungsrechts in der DDR, 1980, S. 23.

91 Vgl. Art. 144 der Verfassung der DDR von 1949, a.a.O. (Fn. 84).

von der in den Westzonen unterschied. Durch die so genannte Entnazifizierung der Justiz entstanden erhebliche personelle Lücken. Entlassen wurden auch die Juristen, die lediglich einer Unterorganisation, nicht aber der NSDAP selbst angehört hatten. Diese personellen Lücken versuchte man mit in Schnellkursen zu Juristen ausgebildeten Genossen, den so genannten Volksrichtern,[92] zu schließen. So ordnete die SMAD mit Beschluss vom 17.12.1945 an, dass „beständige Kurse mit einem Kontingent von je 30 bis 40 Lernenden und einen Lehrgang von 6 Monaten" organisiert werden sollten.[93] Der Beginn der Kurse war auf den 01.02.1946 festgelegt. Die Personalauswahl sollte reine Parteisache sein. Bewerber aus der Arbeiterklasse mit einem eindeutigen Bekenntnis zur Freundschaft mit der Sowjetunion und einem klaren Klassenstandpunkt wurden bevorzugt. Die Mehrzahl der Absolventen rekrutierte sich mithin aus Arbeitern und Angestellten. Damit sollte offiziell eine Demokratisierung der Justiz erreicht werden.[94] Tatsächlich diente der Austausch des Justizpersonals wohl dazu, die frei gewordenen Stellen mit politisch zuverlässigen neuen Kadern zu besetzen.[95]

Die Rechtsprechung wurde als Instrument eingesetzt, um das gesellschaftspolitische Ziel der Schaffung einer sozialistischen Familie und Ehe durchzusetzen. In der offiziellen Literatur der DDR heißt es dazu, dass die Rechtsprechung des Obersten Gerichts wesentlich zur Durchsetzung der Verfassungsbestimmungen beigetragen und so geholfen habe „kleinbürgerliche Denk- und Lebensgewohnheiten, die besonders hartnäckig im Familienleben der Bürger angesiedelt" gewesen seien, „zu überwinden".[96]
Obwohl in Artikel 127 der Verfassung der DDR die Unabhängigkeit der Richter normiert war, waren diese in ihren Entscheidungen abhängig von der Partei. Man sprach von der „Parteilichkeit" der Rechtsprechung.[97] Hilde Benjamin

---

92 Zum Volksrichtertum: Hattenhauer, Über Volksrichterkarrieren, 1995.

93 Vgl. Hattenhauer, a.a.O. (Fn. 92), S. 6 f.

94 Vgl. Kleßmann, Die doppelte Staatsgründung, Deutsche Geschichte 1945 bis 1955, 1991, S. 98 f.

95 Vgl. Hattenhauer, a.a.O. (Fn. 92), S. 3.

96 Vgl. Broschüre: „Ehe und Familie in der DDR", S. 8, aus BArch, DP 1 VA Nr. 1930.

97 Vgl. Rosenthal, Aufgaben, Methoden und Aufbau der sowjetzonalen Justiz, 1959, S. 16 ff.

verstand unter diesem Begriff die richtige Anwendung der Gesetze im Sinne von Partei und Regierung.[98] Die richtige Anwendung der Gesetze sowie ein im Übrigen tadelloses Verhalten der Richter wurde von der SED sorgsam überwacht. Richter, die den Auflagen nicht genügten, konnten aus dem Justizdienst entlassen werden.[99]
Im Gerichtsverfassungsgesetz vom 02.10.1952,[100] welches am 15.10.1952 in Kraft trat, wurde die Wahrnehmung politischer Aufgaben durch die Rechtsprechung gesetzlich festgelegt: „Die Rechtsprechung der Gerichte der Deutschen Demokratischen Republik dient dem Aufbau des Sozialismus, der Einheit Deutschlands und dem Frieden."[101] Hinsichtlich des Familienrechts wurde insbesondere dem Obersten Gericht die Aufgabe zuteil, „vorausschauend die Lebensverhältnisse zu gestalten und in die Zukunft weisend an der Umgestaltung des Rechtsbewußtseins" der „Bevölkerung mitzuwirken."[102]

Im Folgenden werden die wesentlichen Entscheidungen kurz dargestellt:

a) Namensrecht

Bereits 1950 wurde die grundsätzliche Feststellung getroffen, dass die Frau den Namen des Mannes als eigenen Namen führt.[103] So konnte der Mann ihr die Weiterführung des Namens nach der Scheidung unter bestimmten Umständen nicht mehr untersagen.[104] Die Anwendung des Grundsatzes führte in den folgen-

---

98 Vgl. Diskussionsrede von Minister Dr. Hilde Benjamin auf dem IV. Parteitag der Sozialistischen Einheitspartei Deutschlands, in NJ 1954, S. 223 f.

99 Vgl. Hattenhauer, a.a.O. (Fn. 92), S. 27 f.

100 Gesetz über die Verfassung der Gerichte der Deutschen Demokratischen Republik vom 02.10.1952, GBl. II, S. 983 ff.

101 § 2 GVG.

102 Heinrich/ Klar, Die Rechtsprechung des Obersten Gerichts auf dem Gebiete des Familienrechts, in NJ 1953, S. 537.

103 Vgl. OLG Erfurt, Beschluss vom 07.11.1950 – 4 W 234/50, in NJ 1950, S. 501 f.

104 Gemäß § 57 EheG 1946 konnte der Mann die Untersagung der Weiterführung seines Namens beim Vormundschaftsgericht beantragen, wenn die Frau sich nach der Scheidung einer schweren Verfehlung gegen den Mann schuldig machte oder sie gegen seinen Willen einen ehrlosen oder unsittlichen Lebenswandel führte.

den Jahren dazu, dass ein Adoptivkind oder nichteheliches Kind den Namen der Frau oder Mutter, den diese im Zeitpunkt der Annahme oder der Geburt des Kindes führte, erhielt.[105] Bis dahin erhielt das Kind den Mädchenamen der Frau oder Mutter.[106]

b) Scheidungsrecht

Im Dezember 1950 traf das Oberste Gericht in einer grundlegenden Entscheidung[107] Feststellungen zum Wesen der Ehe. Diese Feststellungen dienten der Auslegung des § 48 EheG 1946, in dem geregelt war, dass auch eine „tiefgreifende unheilbare Zerrüttung des ehelichen Verhältnisses" eine Scheidung begründen konnte. Das Oberste Gericht entwickelte Grundsätze, nach denen „die Scheidung oder Aufrechterhaltung der Ehe und die etwaige Beachtung eines Widerspruchs des Verklagten gegen die Scheidung zu beurteilen"[108] seien. Die Auslegungsbedürftigkeit des § 48 EheG 1946 wurde mit einem festgestellten Widerspruch innerhalb dieser Regelung begründet. Nachdem die Ehe ausweislich des ersten Absatzes zu scheiden war, wenn die häusliche Gemeinschaft seit drei Jahren aufgehoben und infolge einer tiefgehenden unheilbaren Zerrüttung die Wiederherstellung einer dem Wesen der Ehe entsprechenden Lebensgemeinschaft nicht zu erwarten war, gab der zweite Absatz dem beklagten Ehegatten ein Widerspruchsrecht, wenn die Zerrüttung der Ehe vom Kläger ganz oder überwiegend verschuldet war. Dieser Widerspruch sollte nur dann unbeachtlich sein, wenn die Aufrechterhaltung der Ehe bei richtiger Würdigung des Wesens der Ehe und des gesamten Verhaltens der Ehepartner sittlich nicht zu rechtfertigen war. Das Widersprüchliche dieser Regelung wurde darin gesehen, dass zum einen die tiefe und unheilbare Zerrüttung der Ehe festgestellt werden musste und

---

105 Vgl. LG Meinigen, Beschluss vom 18.12.1951 – 1 T 326/51, in NJ 1952, S. 135 f.; Bezirksgericht Chemnitz, Beschluss vom 12.09.1952 – 5 c T 6/52, in NJ 1952, S. 584.

106 Vgl. § 1706 Abs. 2 BGB: „Führt die Mutter infolge ihrer Verheiratung einen anderen Namen, so erhält das Kind den Familiennamen, den die Mutter vor ihrer Verheiratung geführt hat." Eine entsprechende Regelung für das Adoptivkind beinhaltete § 1758 BGB.

107 OG, Urteil vom 01.12.1950 – 1 Zz 52/50, in NJ 1951, S. 222 ff.

108 OG, Urteil vom 01.12.1950 – 1 Zz 52/50, a.a.O. (Fn. 107), S. 224.

zum anderen ihre Aufrechterhaltung dennoch in der Regel sittlich gerechtfertigt sein sollte.

Nach den Feststellungen des Obersten Gerichts gehörte es zum Wesen der Ehe, dass „sie nicht nur individuelle Angelegenheit der Eheleute“ sei, sondern auch „gesellschaftliche Ziele und Ideale“ zu fördern habe.[109] Da diese Ziele in einer zerrütteten Ehe aber nicht mehr zu erreichen seien, sei diese Ehe grundsätzlich zu scheiden. Ein Widerspruch sollte nur ausnahmsweise beachtlich sein, wenn besondere Gründe vorlägen, die „nicht nur nach den individuellen Bedürfnissen der Eheleute festzustellen“[110] seien, sondern unter Zugrundelegung der neuen Auffassungen vom Wesen der Ehe. Von einer Scheidung musste demnach abgesehen werden, wenn „durch die Scheidung die rechtliche Stellung der Frau, die [...] auf dem Grundsatz der Gleichberechtigung aufgebaut“ war, „verletzt würde“.[111] Dies sollte unter anderem dann der Fall sein, wenn die Frau aufgrund ihrer wirtschaftlichen „Schwäche und Abhängigkeit“ „bei einer Scheidung in wirtschaftliche Not oder [...] wirtschaftlich wesentlich schlechtere Lage gegenüber ihren bisherigen Verhältnissen gestellt werden würde“.[112] Als Beispiel hierfür wurde die Situation einer Frau angeführt, die „in einer seit Jahren bestehenden Ehe [...] durch langjährige Mitarbeit im Geschäft des Mannes oder beim Aufziehen der Kinder ihre Kräfte verbraucht und der Mann sich erst zu einem Zeitpunkt von ihr abgewandt hat, wo sie infolge hohen Alters nicht mehr in der Lage ist, allein ihren Lebensunterhalt zu verdienen“.[113] Einschränkend wurde ausgeführt, dass eine Unterhaltsverpflichtung des Mannes im Einzelfall diese Unbilligkeit lösen könne mit der Folge, dass eine Scheidung möglich sei. Das Regel-Ausnahme-Verhältnis hinsichtlich der Beachtlichkeit eines Widerspruchs wurde damit umgekehrt.

In seiner Entscheidung betonte das Oberste Gericht entsprechend des neuen gesellschaftlichen Wertes der Ehe darüber hinaus, dass eine leichtfertige Einstel-

---

109 OG, Urteil vom 01.12.1950 – 1 Zz 52/50, a.a.O. (Fn. 107), S. 223.

110 OG, Urteil vom 01.12.1950 – 1 Zz 52/50, a.a.O. (Fn. 107), S. 223.

111 OG, Urteil vom 01.12.1950 – 1 Zz 52/50, a.a.O. (Fn. 107), S. 223.

112 OG, Urteil vom 01.12.1950 – 1 Zz 52/50, a.a.O. (Fn. 107), S. 224.

113 OG, Urteil vom 01.12.1950 – 1 Zz 52/50, a.a.O. (Fn. 107), S. 224.

lung zur Ehe grundsätzlich verurteilt werde und eine Scheidung nicht begründen könne.[114]

Die Regelungen über die Scheidung wegen Verschuldens (§§ 42, 43 EheG 1946) fanden daneben weiterhin Anwendung. So stellte das Oberste Gericht in einer Entscheidung aus dem Jahre 1951 fest, dass der Schuldspruch mit in die Urteilsformel aufgenommen werden müsse, da die Feststellung der Schuld in den Entscheidungsgründen nicht den Anforderungen des Ehegesetzes entspreche.[115] Im Oktober 1952 urteilte das Oberste Gericht, dass auch die schuldlos geschiedene Ehefrau grundsätzlich zum Unterhalt verpflichtet sei.[116] In der Neuen Justiz wurde in der Septemberausgabe aus dem Jahre 1953 unter der Rubrik „Aus der Praxis – für die Praxis" diskutiert, unter welchen Voraussetzungen der unschuldig geschiedenen Ehefrau ein Unterhaltsanspruch gegen den früheren Ehemann zustand.[117]

Obwohl das Verschuldensprinzip auch weiterhin galt, wurde die Zerrüttung der Ehe jedoch immer weiter in den Vordergrund gestellt und thematisiert. Dies folgte aus der neuen Inhaltsbestimmung der Ehe als „Grundlage des Gemeinschaftslebens" und der sich daraus ergebenden „erstrangige(n) gesellschaftliche(n) Bedeutung [...] im neuen Staat".[118]

Das Ziel war es, die Ehe nur dann zu scheiden, wenn sie ihren Zweck für die Gesellschaft nicht mehr zu erfüllen in der Lage war.

c) Güterrecht

Hinsichtlich des Güterstandes stellte die Rechtsprechung bereits knapp einen Monat nach Inkrafttreten der Verfassung der DDR 1949 fest, dass das Verwal-

---

114 Vgl. OG, Urteil vom 01.12.1950 – 1 Zz 52/50, a.a.O. (Fn. 107), S. 224.

115 Vgl. OG, Urteil vom 07.11.1951 – 1a Zz 17/51, in NJ 1952, S. 124.

116 Vgl. OG, Urteil vom 16.10.1952 – 1a Zz 29/52, in NJ 1952, S. 580.

117 Vgl. Neumann, Unter welchen Voraussetzungen steht der unschuldig geschiedenen Ehefrau ein Unterhaltsanspruch gegen den früheren Ehemann zu?, in NJ 1953, S. 555.

118 Heinrich/Klar, Die Rechtsprechung des Obersten Gerichts auf dem Gebiete des Familienrechts, a.a.O. (Fn. 102), S. 541.

tungs- und Nutzungsrecht des Mannes[119] dem Grundsatz der Gleichberechtigung der Frau widerspreche und damit nicht mehr anwendbar sei. Bis zu einer anderweitigen gesetzlichen Regelung wurde als gesetzlicher Güterstand die Gütertrennung angenommen.[120] Da man in allen anderen Güterständen eine wirtschaftliche Bevorrechtigung des Mannes sah, waren die entsprechenden BGB-Vorschriften außer Kraft gesetzt. Eheverträge, die vor dem 07.10.1949 auf Grundlage solcher BGB-Vorschriften geschlossen worden waren, wurden als gegenstandslos angesehen.[121] Die Auseinandersetzung der Ehepartner in diesem Fall wurde nicht geregelt, dies sei vielmehr „ihre Sache".[122]

d) Unterhaltsrecht

Das Oberste Gericht entwickelte 1950 Grundsätze zum Unterhaltsrecht, wonach die Frau nach einer Scheidung ihren Unterhalt selbst verdienen musste.[123] Es wurde betont, dass die „Forderung, in einem Beruf zu arbeiten, nicht schematisch erhoben werden"[124] dürfe. Es seien die besonderen Umstände, wie etwa die Erziehung kleiner Kinder oder die Unzumutbarkeit der Arbeitsaufnahme durch eine bereits ältere Frau, deren Tätigkeit sich während der Ehe auf die Führung des Haushalts beschränkt hatte, zu berücksichtigen.[125]

Hinsichtlich der Ersparnisse wurde im Jahre 1952 vom Obersten Gericht entschieden, dass diese im Falle einer Scheidung grundsätzlich beiden Ehepartnern zu gleichen Teilen zustünden, auch wenn der Ehemann allein durch Ausübung

---

119 Vgl. § 1363 BGB: „Das Vermögen der Frau wird durch die Eheschließung der Verwaltung und Nutznießung des Mannes unterworfen (eingebrachtes Gut). Zum eingebrachten Gute gehört auch das Vermögen, das die Frau während der Ehe erwirbt."

120 Vgl. OLG Dresden, Beschluss vom 04.11.1949 – 4 W 183/49, in NJ 1950, S. 21.

121 Vgl. Schreiben des Hauptabteilungsleiters Artzt an die Regierung der Deutschen Demokratischen Republik vom 05.10.1953 über die Gültigkeit der Bestimmungen des ehelichen Güterrechts und Wirksamkeit von vor dem 07.10.1949 abgeschlossenen Eheverträgen nach Inkrafttreten der Verfassung, aus BArch, DP 1 VA Nr. 7198, fol. 50.

122 Vgl. Schreiben des Hauptabteilungsleiters Artzt an die Regierung der Deutschen Demokratischen Republik vom 05.10.1953, a.a.O. (Fn. 121).

123 Vgl. OG, Urteil vom 01.12.1950 – 1 Zz 36/50, in NJ 1951, S. 128 f.

124 OG, Urteil vom 01.12.1950 – 1 Zz 36/50, a.a.O. (Fn. 123), S. 129.

125 Vgl. OG, Urteil vom 01.12.1950 – 1 Zz 36/50, a.a.O. (Fn. 123), S. 129.

eines Berufes Einkommen erzielt habe.[126] Dies wurde damit begründet, dass die Ehefrau, der die Führung des Haushalts und die Erziehung der Kinder oblag, durch ihre Tätigkeit erst die Möglichkeit zu Ersparnissen geschaffen habe.[127] So sollte die Tätigkeit der Frau im Haushalt mit der beruflichen Tätigkeit des Mannes gleichgesetzt werden.
Die grundsätzliche wirtschaftliche Trennung der Ehepartner nach der Scheidung auch bei Bestehen eines Unterhaltsanspruchs kam in der Entscheidung des Obersten Gerichts vom 21.08.1952 zum Ausdruck, wonach eine „geschiedene Ehefrau keinen Anspruch darauf hat, an der wirtschaftlichen Besserstellung des Mannes, die zum Zeitpunkt der Scheidung nicht vorhersehbar war und an deren Entwicklung die Frau keinerlei Anteil hatte, teilzunehmen".[128] In dem Fall, in dem einer Frau aufgrund ihrer wirtschaftlichen Unabhängigkeit zum Zeitpunkt der Scheidung kein Unterhaltsanspruch zustand, solle dieser, wenn die Frau später unterhaltsbedürftig wurde, nicht wieder aufleben können.[129]

Einen weiteren Verstoß gegen den Gleichberechtigungsgrundsatz sah das Oberste Gericht in der Regelung über das so genannte „Kranzgeld".[130] Mit Urteil vom 04.09.1952 stellte es fest, dass diese Regelung gegen die Verfassung verstoße, da „offensichtlich eine Wertminderung der Frau gegenüber zum Ausdruck" gebracht werde und sie damit „den Grundsatz der Gleichberechtigung der Geschlechter" verletze.[131]

e) Elterliche Sorge

Entsprechend Art. 30 der Verfassung, wonach Gesetze und Bestimmungen, die die Gleichberechtigung von Mann und Frau in der Familie beeinträchtigten, auf-

---

126 Vgl. OG, Urteil vom 11.09.1952 – 1 a Zz 20/52, in NJ 1952, S. 489.

127 Vgl. OG, Urteil vom 11.09.1952 – 1 a Zz 20/52, a.a.O. (Fn. 126), S. 489.

128 OG, Urteil vom 21.08.952 – 1a Zz 16/52, in NJ 1952, S. 550.

129 Vgl. OG, Urteil vom 16.10.1952 – 1a Zz 29/52, in NJ 1952, S. 580.

130 Gemäß § 1300 BGB konnte die unbescholtene Verlobte, wenn sie ihrem Verlobten im Hinblick auf das Eheversprechen die Beiwohnung gestattet hat, bei dessen unberechtigtem Rücktritt vom Verlöbnis auch für den hierdurch erlittenen Nichtvermögensschaden, z.B. wegen verminderter Heiratsaussichten, eine Entschädigung in Geld verlangen.

131 OG, Urteil vom 04.09.1952 – 1a Zz 19/52, in NJ 1952, S. 451.

gehoben waren, wurde bereits 1950 festgestellt, dass die Ausübung des Sorge- und Erziehungsrechts den Eltern gemeinsam zustehe und damit unter anderem der Vater nicht mehr das Recht habe, von der Mutter die Herausgabe des Kindes zu verlangen.[132] Damit verbunden war auch, dass statt der primären Unterhaltspflicht des Vaters nunmehr beide Elternteile gleichermaßen zum Unterhalt des Kindes verpflichtet waren.[133]
1958 entschied das Oberste Gericht, dass die elterliche Sorge keinem Elternteil übertragen werden dürfe, welcher die DDR ohne Genehmigung verließ und in die Bundesrepublik zog. Dies wurde damit begründet, dass dieser Elternteil durch „dieses gesellschaftswidrige Verhalten“ „in gröblichstem Maß“ die „Pflicht, das Kind zu einem verantwortungsbewußten Bürger“ der DDR zu erziehen, verletzt habe.[134] Diese Pflicht der Personensorge konnte damit in der Regel nur noch von dem Elternteil ausgeübt werden, welcher in der DDR blieb. Mit dem Verlassen der DDR erlosch auch die Unterhaltsverpflichtung des in der DDR lebenden Unterhaltsverpflichteten. Dabei war es unerheblich, ob es sich bei dem Unterhaltsberechtigten um ein Kind oder einen Volljährigen handelte. Dies wurde damit begründet, dass keinem in der DDR lebenden Bürger, „der pflichtbewußt seine Arbeit für den Aufbau des Sozialismus“ verrichtete, zugemutet werden könne, „einem an sich Unterhaltsberechtigten, der sich außerhalb dieser [...] sozialistischen Rechtsordnung stellt, Unterhalt zu gewähren, wenn dieser den Staat, an dessen ständiger Festigung auch der Unterhaltsverpflichtete arbeitet, durch sein illegales Verhalten verrät“.[135]

f) Nichteheliche Kinder

Was die Rechtsstellung der nichtehelichen Kinder betraf, war die Rechtsprechung zurückhaltend. Dies mag damit zusammenhängen, dass die Erfüllung des auf Gleichstellung mit dem ehelichen Kind gerichteten Verfassungsauftrags nicht durch Auslegung bestehender Vorschriften, sondern nur durch Schaffung neuer gesetzlicher Grundlagen möglich war. Eine bedeutsame Entscheidung war

---

132 Vgl. OLG Dresden, Beschluss vom 04.07.1950 – 3 W 215/50, in NJ 1950, S. 503.

133 Vgl. Kreisgericht Halle, Urteil vom 10.10.952 – (3) C 88/52, in NJ 1952, S. 618.

134 OG, Urteil vom 25.08.1958 – 1 ZzF 35/58, in NJ 1958, S. 684.

135 OG, Urteil vom 21.08.1958 – 1 ZzF 34/58, in NJ 1958, S. 683.

das Urteil des Obersten Gerichts vom 25.09.1952,[136] wonach sich die Höhe des Unterhaltsanspruchs eines nichtehelichen Kindes entsprechend der Zielvorgabe im Gesetz über den Mutter- und Kinderschutz und die Rechte der Frau vom 29.09.1950 nicht mehr alleine nach den Lebensverhältnissen der Mutter, sondern nach der wirtschaftlichen Situation beider Elternteile richtete.[137] Die Mutter leiste ihren Beitrag zum Unterhalt in der Regel durch die Erziehung und Pflege des Kindes.[138]

g) Rechtsgrundsätze für die Behandlung von Familienrechtsstreitigkeiten in Auslegung der Verfassung der DDR und des MKSchG

Im Anschluss an eine Arbeitstagung, die am 09. und am 10.03.1951 im Ministerium der Justiz stattfand, erarbeitete eine Kommission aus Vertretern des Ministeriums der Justiz, des Obersten Gerichts und der Obersten Staatsanwaltschaft Rechtsgrundsätze für die Behandlung von Rechtsstreitigkeiten. Mit Hilfe dieser Rechtsgrundsätze, die eine Auslegung der Verfassung und des MKSchG vorgaben, sollte die Rechtsprechung vereinheitlicht werden.[139] Sie waren in fünf Abschnitte unterteilt: I. Die Wirkungen der Ehe im Allgemeinen, II. Eheliches Güterrecht, III. Eheliche Abstammung, IV. Rechtsverhältnisse zwischen Eltern und Kindern und V. Rechtsverhältnisse des nichtehelichen Kindes.

Im Wesentlichen wurde Folgendes festgestellt:

- Hinsichtlich der Namensregelung sollte aufgrund der Unsicherheiten bezüglich einer späteren Regelung an der bisherigen Regelung festgehalten werden. Das heißt, dass die Ehefrau weiterhin den Familiennamen des Mannes erhielt (§ 1355 BGB), den sie allerdings

---

136 Vgl. OG, Urteil vom 25.09.1952 – 1a Zz 21/52, in NJ 1952, S. 551.

137 Vgl. § 17 Abs. 2 MKSchG.

138 Vgl. OG, Urteil vom 24.08.1953 – 1 Zz 100/53, in NJ 1953, S. 620.

139 Vgl. Rechtsgrundsätze für die Behandlung von Familienrechtsstreitigkeiten in Auslegung der Verfassung der Deutschen Demokratischen Republik und des Gesetzes über den Mutter- und Kinderschutz und die Rechte der Frau vom 27.9.50, aus BArch, DP 1 VA Nr. 8035, fol. 172 ff.

abweichend von dem patriarchalischen Gedanken des BGB als eigenen Namen führte.

- Jeder Ehegatte hatte nach seinen Kräften und Fähigkeiten zum Unterhalt beizutragen. Im Falle des Getrenntlebens oder der Scheidung musste sich grundsätzlich jeder Ehegatte durch eigene Arbeit selbst unterhalten. Im Falle der Scheidung sollte ein Ehegatte, der nicht in der Lage war, sich zu unterhalten, einen Unterhaltsanspruch gegen den anderen Ehegatten haben, wenn dieser die Scheidung allein oder überwiegend verschuldet hatte.
- Die Gütertrennung war nunmehr der gesetzliche Güterstand.
- Die Ausübung der elterlichen Sorge stand beiden Elternteilen zu. Sie umfasste nicht mehr die Nutznießung am Vermögen des Kindes.
- Das nichteheliche Kind war mit seinem Vater und dessen Verwandten ebenso verwandt wie mit der Mutter. Dem Vater stand kein Mitwirkungs- oder Verkehrsrecht zu.
- Die Mehrverkehrseinrede war noch zulässig.[140]

Einige dieser Rechtsgrundsätze wurden später im Wege von Rundverfügungen wiederholt. Insbesondere wurde der neue gesetzliche Güterstand der Gütertrennung in der Praxis häufig noch ignoriert und an den Amtsgerichten weiterhin das Recht des Ehemannes zur Verwaltung und Nutzung des eingebrachten Gutes der Frau ins Güterrechtsregister eingetragen.[141] In der Rundverfügung Nr. 104/51[142] vom 04.08.1951 betonte das Ministerium der Justiz nochmals, dass der Güterstand der Verwaltung und Nutznießung des Ehemannes an dem von der Frau

140 Vgl. Rechtsgrundsätze, a.a.O., (Fn. 139).

141 Vgl. Rundverfügung Nr. 104/51 vom 04.08.1951 des Ministeriums der Justiz, betr.: Güterrechtsregister, aus BArch, DP 1 VA Nr. 7198, fol. 215 f.

142 Ministerium der Justiz, Rundverfügung Nr. 104/51 vom 04.08.1951, a.a.O. (Fn. 141).

eingebrachten Gut dem Gleichheitsgrundsatz widerspreche und damit unzulässig sei. Derartige Eintragungen seien von Amts wegen zu löschen.[143]
Auch zwei Jahre später wies das Ministerium der Justiz nochmals darauf hin, dass alle Güterstände, bis auf den der Gütertrennung, dem Mann eine wirtschaftliche Bevorrechtigung sicherten und damit den Verfassungsbestimmungen zuwiderliefen.[144] Es wurde darauf aufmerksam gemacht, dass alle Eheverträge, die vor dem 07.10.1949 geschlossen worden waren, insoweit nunmehr gegenstandslos seien, „als die in ihnen getroffenen Vereinbarungen gegen die Verfassungsgrundsätze“ verstießen.[145]

3. Gesetz über die Herabsetzung des Volljährigkeitsalters vom 17.05.1950

Eine erste gesetzliche Regelung im familienrechtlichen Bereich war das Gesetz über die Herabsetzung des Volljährigkeitsalters, das der Präsident der Provisorischen Volkskammer am 17.05.1950 verkündete.[146] Das Volljährigkeitsalter wurde von 21 auf 18 Jahre herabgesetzt. Es wurde ausdrücklich geregelt, dass die Erlangung der Volljährigkeit die Erlangung der Ehemündigkeit zur Folge hatte, soweit diese aufgrund anderer gesetzlicher Bestimmungen nicht bereits früher eintrat. Das Ehemündigkeitsalter der Frau verblieb damit zunächst entsprechend der Regelung des EheG 1946 bei 16 Jahren.[147] Erst mit der Verordnung über Eheschließung und Eheauflösung des Ministerrates vom 24.11.1955[148] wurde das Ehemündigkeitsalter für Mann und Frau einheitlich auf 18 Jahre festgesetzt.[149]

---

143 Vgl. Ministerium der Justiz, Rundverfügung Nr. 104/51 vom 04.08.1951, a.a.O. (Fn. 141).

144 Vgl. Rundverfügung der HA Gesetzgebung vom 05.10.1953, aus BArch, DP 1 VA Nr. 7198, fol. 51.

145 Vgl. Rundverfügung der HA Gesetzgebung vom 05.10.1953, a.a.O. (Fn. 144).

146 GBl. I, S. 437.

147 Vgl. § 1 Abs. 1 EheG 1946.

148 GBl. I, S. 849.

149 Vgl. § 1 Ehemündigkeit: „Die Eheschließung ist nur dann zulässig, wenn Mann und Frau das 18. Lebensjahr vollendet haben.“

Das Ehemündigkeitsalter bot in der folgenden Zeit Anlass für zahlreiche Diskussionen.

4. Gesetz über den Mutter- und Kinderschutz und die Rechte der Frau vom 27.09.1950

a) Entwurf eines Gesetzes über die gesellschaftliche Gleichstellung der Frau

Dem Gesetz über den Mutter- und Kinderschutz und die Rechte der Frau (MKSchG) ging der Entwurf des Justizministeriums für ein Gesetz über die gesellschaftliche Gleichstellung der Frau vom 20.05.1950[150] voraus. Dieser Gesetzentwurf war in die folgenden Abschnitte gegliedert:

Abschnitt I	
Die Stellung der Frau im gesellschaftlichen Leben	
Grundsätzliches	§§ 1 - 3
In der Industrie	§§ 4 - 9
In der Landwirtschaft	§§ 10 - 12
In Regierungen und Verwaltungen	§§ 13 - 16
Abschnitt II	
Arbeits- und Gesundheitsschutz der Frau	§§ 17 - 23
Abschnitt III	
Die Stellung der Frau in der Familie	§§ 24 – 30
Abschnitt IV	
Schlussbestimmungen	§ 31

Tragend für den Gesetzentwurf war der Grundgedanke von August Bebel und Friedrich Engels, wonach die Gleichberechtigung der Frau im Wesentlichen ihre

---

150 Entwurf für ein Gesetz über die gesellschaftliche Gleichstellung der Frau vom 20.05.1950, aus BArch, DP 1 VA Nr. 8031, fol. 24 ff.

Eingliederung in den Arbeitsprozess voraussetze. Dies wird bereits durch die Gliederung des Gesetzentwurfs deutlich, der in einem ersten Abschnitt die Stellung der Frau in einzelnen gesellschaftlichen Bereichen und damit in einzelnen beruflichen Bereichen regelte und sich erst in einem dritten Abschnitt mit der Stellung der Frau innerhalb der Familie befasste. Auch in der Begründung des Gesetzentwurfs wurde die Verwirklichung der Gleichberechtigung der Frau durch ihre Eingliederung in den Arbeitsprozess herausgestellt: „Die Verwirklichung der Gleichberechtigung der Frau ist entscheidend abhängig von der Anteilnahme der Frau an der produktiven Arbeit.“[151]
Der Entwurf enthielt nur wenige konkrete Regelungen, vielmehr verbargen sich hinter den einzelnen Paragraphen Programmsätze und Zielvorgaben.[152] Zumindest hinsichtlich der familienrechtlichen Bestimmungen hatte der Gesetzentwurf auch gar nicht den Anspruch, endgültige Regelungen zu treffen. So heißt es unter anderem: „Dementsprechend ist das Familienrecht unter Berücksichtigung der nachstehenden, in der Verfassung vorgesehenen Grundsätze, umzugestalten.“[153]

b) Scheitern des Entwurfs

Am 08.06.1950 teilte Otto Grotewohl, zu diesem Zeitpunkt Ministerpräsident der DDR, mit, dass der vorgelegte Entwurf vom 20.05.1950 bei der sowjeti-

---

151 Entwurf für ein Gesetz über die gesellschaftliche Stellung der Frau vom 20.05.1950, a.a.O. (Fn. 150), fol. 25.

152 Vgl. z.B.:
§ 2: „Bei den Frauen ist das Interesse und Verständnis für bisher von ihnen noch nicht oder wenig ausgeübte Berufe zu wecken.“
§ 5: „In den volkseigenen Betrieben sind Maßnahmen für die planmäßige Anlernung von Frauen zu Facharbeiterinnen zu treffen.“
§ 15: „Die Zahl der weiblichen Bürgermeister, Stadträte, Landräte und Kreisräte ist in das richtige Verhältnis zur tatsächlichen gesellschaftlichen Kraft der Frau in der Deutschen Demokratischen Republik zu bringen.“
§ 20: „In der Verordnung über das Kündigungsrecht ist die werdende und stillende Mutter unter besonderen Kündigungsschutz zu stellen.“

153 Vgl. § 24 Ziff. 3 des Entwurfs für ein Gesetz über die gesellschaftliche Stellung der Frau vom 20.05.1950, a.a.O. (Fn. 150).

schen Kontrollkommission[154] (SSK) keine Zustimmung gefunden habe.[155] Es wurde insbesondere kritisiert, dass das Gesetz keine konkreten Bestimmungen enthalte und die ihm zugrunde liegenden Auffassungen veraltet seien. Die natürlichen Daseinsbedingungen der Menschen seien nicht genügend beachtet worden.[156]
Man kam überein, dass unter Berücksichtigung der vorstehenden Gesichtspunkte das Gesetz noch vor den Wahlen[157] verabschiedet werden müsse.[158]
Die Abteilung Staatliche Verwaltung sollte bis zum 16.06.1950 unter Hinzuziehung von Max Fechner, Frieda (Friedel) Malter, Hans Schaul und Käthe Selbmann den Entwurf des Gesetzes zur gesellschaftlichen Stellung der Frau überarbeiten, so dass er am 17.06.1950 den Parteivorsitzenden Wilhelm Pieck und Otto Grotewohl vorgelegt werden konnte. Otto Grotewohl sollte den Entwurf mit der SSK abstimmen. Er sollte dann am 27.06.1950 im Politbüro verabschiedet werden und am 05.07.1950 in den Ministerrat kommen, um schließlich im Juli und August in den Ausschüssen behandelt und im September in der Volkskammer verabschiedet zu werden.

c) Verkündung des Gesetzes über den Mutter- und Kinderschutz und die Rechte der Frau

Dem vorgenannten Zeitplan entsprechend verkündete die Provisorische Volkskammer am 27.09.1950 den überarbeiteten Entwurf, der nunmehr mit „Gesetz über den Mutter- und Kinderschutz und die Rechte der Frau“[159] überschrieben war. Damit wurde der Verfassungsauftrag zum Erlass eines Mutterschutzgeset-

---

[154] Die Sowjetische Kontrollkommission wurde am 28./29.05.1953 in die Hohe Kommission der Sowjetunion in Deutschland umgewandelt, vgl. Lehmann, Deutschland-Chronik 1945 bis 2000, S. 74, 87.

[155] Vgl. Niederschrift über die Besprechung des Entwurfs eines Gesetzes über die gesellschaftliche Stellung der Frau am 08.06.1950, aus BArch, DP 1 VA Nr. 8031, fol. 35 ff.

[156] Vgl. Niederschrift der Besprechung am 08.06.1950, a.a.O. (Fn. 155), fol. 35.

[157] Gemeint sind die Wahlen zur Volkskammer, den Land- und Kreistagen und Gemeindevertretungen am 15.10.1950.

[158] Vgl. Niederschrift der Besprechung vom 08.06.1950, a.a.O. (Fn. 155), fol. 35.

[159] GBl. II, S.1037.

zes erfüllt.[160] Die endgültige Fassung des Gesetzes unterschied sich inhaltlich nicht wesentlich von dem Entwurf vom 20.05.1950, war jedoch in einigen Punkten in der Umsetzung konkreter. Das Gesetz betonte neben der „Entfaltung“ der Frau „im politischen und wirtschaftlichen Leben“[161] auch die gesellschaftliche Rolle der Frau als Mutter und Ehefrau, wobei eine Schwerpunktsetzung auf den erstgenannten Bereich deutlich wurde. Um die berufliche und politische Betätigung der Frauen zu ermöglichen und zu erleichtern, wurde im ersten Abschnitt die staatliche Hilfe für Mütter und Kinder geregelt. Während der Entwurf lediglich von der Notwendigkeit der Einrichtung verschiedener staatlicher Stellen zur Unterstützung der Mütter und werdenden Mütter sprach, wurde nunmehr diese staatliche Hilfe in den ersten elf Paragraphen in Form und Umfang zahlenmäßig bestimmt. So wurden die finanzielle staatliche Unterstützung der Mütter[162] sowie die Anzahl der notwendigen medizinischen Einrichtungen,[163] Kinderkrippen und Kindertagesstätten vorgegeben.[164]

---

160 Vgl. Artikel 32 der Verfassung der DDR von 1949.

161 Präambel des MKSchG.

162 Vgl. § 2 MKSchG: „(1) Kinderreiche Mütter erhalten bei der Geburt des dritten Kindes eine einmalige Beihilfe von 100 DM, bei der Geburt des vierten Kindes eine einmalige Beihilfe von 250 DM, bei der Geburt jedes weiteren Kindes eine einmalige Beihilfe von 500 DM.
(2) Mütter mit mehr als drei Kindern erhalten eine laufende staatliche Unterstützung und zwar: für das vierte Kind in Höhe von 20 DM monatlich, für jedes weitere Kind in Höhe von 25 DM monatlich. Diese Unterstützung wird bis zum vollendeten 14. Lebensjahr des Kindes gezahlt.“

163 Vgl. § 4 MKSchG: „Zum Schutze der Kinder und zur gründlichen Verbesserung der ärztlichen Betreuung der Kinder sind in der Zeit von 1951 bis 1955 zu errichten:
1. 15 Kinderpolikliniken in Großstädten und Industriezentren,
2. Kinderabteilungen mit insgesamt 1000 Betten in den im Bau befindlichen neuen Krankenhäusern,
3. Kinderheime für Kleinkinder mit insgesamt 60 000 Plätzen.“

164 Vgl. § 5 MKSchG: „(1) Um die Heranziehung der Frauen zur gesellschaftlichen schöpferischen Arbeit, zur aktiven Arbeit in den Organen der staatlichen und kommunalen Verwaltungen, zur politischen und kulturellen Tätigkeit sowohl in der Stadt als auch auf dem Lande zu ermöglichen, sind in den nächsten fünf Jahren zu errichten:
1. Kinderkrippen mit insgesamt 40 000 Plätzen, hierfür sind 40 000 000 DM zur Verfügung zu stellen,

Der zweite Abschnitt war überschrieben mit „Ehe und Familie" und enthielt die familienrechtlichen Bestimmungen. Die neue Sicht der Familie als Grundstein für eine sozialistische Gesellschaft kam in der einleitenden Zielvorgabe deutlich zum Ausdruck: „Eine gesunde Familie ist einer der Grundpfeiler der demokratischen Gesellschaft. Ihre Festigung ist eine der wichtigsten Aufgaben der Regierung der Deutschen Demokratischen Republik."
Die Kinder wurden als „Zukunft der Nation" gesehen und die Sorge um sie zu „einer der vornehmsten Aufgaben" des Staates erklärt,[165] womit die Absicht der staatlichen Einflussnahme auf die Familienbeziehungen und die Kindererziehung deutlich zum Ausdruck gebracht wurde.
Die Bestimmungen des Entwurfs zu diesem Abschnitt wurden weitgehend übernommen, wobei die beiden Regelungen zum Unterhalts- und Güterrecht ersatzlos wegfielen. So sah der Entwurf vor, dass „die Frau die Verwaltung und Nutzung ihres Vermögens behält und darüber uneingeschränkt verfügen darf, andererseits einen gerechten Anteil an den Ersparnissen erhält, die der Mann während der Ehe nur deshalb hat machen können, weil die Frau ihm die Arbeit im Haushalt abgenommen hat".[166] Die Tatsache, dass diese schon sehr konkrete Regelung nicht übernommen wurde, zeigt, dass man sich hinsichtlich des Güterrechts noch unsicher war oder sich zumindest nicht festlegen wollte. Die Bestimmungen des Entwurfs über das gemeinsame Entscheidungsrecht der Eheleute sowie das Recht der Frau auf Berufsausübung und die damit eventuell verbundene räumliche Trennung der Eheleute wurden übernommen. Dies bedeutete eine Abkehr vom Alleinbestimmungsrecht des Mannes. Hinsichtlich der elterlichen Sorge wurde im Gegensatz zum Entwurf nunmehr ausdrücklich geregelt, dass auch das Recht, die Kinder zu vertreten, beiden Eheleuten gemeinschaftlich zustand. Man kam damit wieder auf die vom Volksrat ausgearbeitete Regelung zurück. Auch deren Regelung über den Unterhalt für das nichteheliche Kind wurde übernommen, wonach dieser sich „nach der wirtschaftlichen Lage beider

---

2. Kindertagesstätten mit insgesamt 160 000 Plätzen.

(2) Bei der Errichtung von Kindertagesstätten und Kinderkrippen sind die Bedürfnisse der werktätigen Frauen auf dem Lande besonders zu berücksichtigen".

165 Präambel des MKSchG.

166 § 28 des Entwurfs über ein Gesetz über die gesellschaftliche Stellung der Frau, a.a.O. (Fn. 150).

Eltern"[167] richten sollte. Der Mutter eines nichtehelichen Kindes sollten die vollen elterlichen Rechte zustehen, die nicht durch Einsetzung eines Vormundes für das Kind geschmälert werden durften.
Durch die allgemein gehaltenen Formulierungen wie auch durch die diesen Abschnitt abschließende Regelung, mit der dem Ministerium der Justiz aufgegeben worden war, der Regierung bis Ende des Jahres 1950 einen den Grundsätzen des Abschnitts über Ehe und Familie entsprechenden Entwurf eines Familienrechtsgesetzes vorzulegen, wird deutlich, dass den familienrechtlichen Vorschriften kein eigener abschließender Regelungsgehalt zukommen sollte. Sie wiesen vielmehr die Richtung, die es bei den Arbeiten an einem neuen Familiengesetzbuch zu berücksichtigen galt. Trotz ihres vorläufigen Charakters hatten die Regelungen allerdings unmittelbare Rechtswirkung, da in den Schlussbestimmungen geregelt war, dass mit Inkrafttreten des MKSchG am 01.10.1950 alle gesetzlichen Bestimmungen, die diesem Gesetz widersprachen, außer Kraft traten. Da die Ausarbeitung eines neuen Familiengesetzes länger dauerte, als zunächst vorgesehen war, dienten die Regelungen des MKSchG nicht nur der Anleitung für die Arbeiten an einem Familiengesetzbuch, sondern sie waren zugleich Grundlage der familienrechtlichen Rechtsprechung.[168] So betonte unter anderem das Ministerium der Justiz in seiner Rundverfügung vom 15.12.1950,[169] dass bei Rechtsstreitigkeiten über Unterhaltsansprüche nichtehelicher Kinder aufgrund der Regelung des MKSchG die wirtschaftliche Situation beider Elternteile zu berücksichtigen war.

5. Entwurf eines Gesetzes zur Neuordnung des Familienrechts von 1950

Bereits am 27.03.1950 erklärte Nathan in einem Brief an den Rat der Stadt Dresden, dass der Entwurf des Familiengesetzbuches in den nächsten Tagen zum Abschluss kommen und dann der Regierung vorgelegt werden sollte. Es

---

167 § 17 Abs. 2 MKSchG.

168 Vgl. u.a. die Entscheidung des OG vom 25.09.1952 – 1a Zz 21/52, in NJ 1952, S. 551.

169 Vgl. Rundverfügung Nr. 156/50, betr.: Unterhaltsansprüche nichtehelicher Kinder, vom 15.12.1950, aus BArch, DP 1 VA Nr. 8031, fol. 59 ff.

könne dann damit gerechnet werden, dass die Volkskammer das Gesetz im Verlauf weniger Monate verabschieden werde.[170]
Die Fertigstellung des Entwurfs eines Gesetzes zur Neuordnung des Familienrechts,[171] der ein Referentenentwurf bleiben sollte, erfolgte dann allerdings erst in der zweiten Jahreshälfte 1950.[172]

a) Inhalt des Entwurfs

Bei dem Entwurf handelte es sich um die erste Ausarbeitung des neuen Familienrechts, die nicht als Änderungsgesetz zum BGB, sondern als eigenständiges Familiengesetz formuliert war.[173]
Der Entwurf stellte jedoch keine umfassende Neuregelung des Familienrechts dar. Die Regelungen über das Verlöbnis und die Vormundschaft blieben ebenso unberührt wie die Regelungen über die Eheschließung und die Ehescheidung. Hinsichtlich der Regelungen über das Verlöbnis und das Vormundschaftsrecht wurde im Hinblick auf die Gleichstellung von Mann und Frau kein Anlass für wesentliche Änderungen gesehen.[174] Beim Verlöbnis ging man davon aus, dass dieses im Laufe der Zeit ohnehin seine Bedeutung verlieren werde. Die Neufassung des Vormundschaftsrechts sollte bis zu einer Neukodifizierung des ge-

---

170 Vgl. Schreiben Dr. Nathan, Hauptabteilungsleiter der Hauptabteilung Gesetzgebung an den Rat der Stadt Dresden vom 27.03.1950, aus BArch, DP 1 VA Nr. 8035, fol. 8.

171 Unveröffentlichter Entwurf für ein Gesetz zur Neuordnung des Familienrechts (Familienrechtsgesetz), HA - Gesetzgebung: 3450/ 2 – I – 901/50, aus BArch, DP 1 VA Nr. 135, fol. 1 ff.

172 Niethammer, Hauptabteilung Gesetzgebung, teilte dem Stellvertreter des Ministerpräsidenten Nuschke auf Anfrage am 17.08.1950 mit, dass der endgültige Wortlaut des Entwurfs zu einem neuen Familiengesetz noch nicht vollkommen feststehe, aus BArch, DP 1 VA Nr. 7198, fol. 123. Mit Schreiben vom 20.11.1950 übersandte Niehthammer den nunmehr fertig gestellten Entwurf an Nuschke, vgl. Schreiben vom 20.11.1950, aus BArch, DP 1 VA Nr. 7198, fol. 160.

173 Die Inhaltsübersicht des Gesetzentwurfs zur Neuordnung des Familienrechts (Familienrechtsgesetz) ist im Anhang abgedruckt.

174 Vgl. Einführung, Entwurf für ein Gesetz zur Neuordnung des Familienrechts (Familienrechtsgesetz), a.a.O. (Fn. 171), fol. 2.

samten bürgerlichen Rechts zurückgestellt werden.[175] Die Eheschließung und Ehescheidung waren im EheG 1946 geregelt und damit formal einer weiteren Regelung entzogen. Offiziell wurde erklärt, dass eine „grundlegende Änderung unzweckmäßig“ sei, da „gerade im Scheidungsrecht im Hinblick auf die gegenseitige Anerkennung der Urteile die Rechtseinheit zwischen der DDR und Westdeutschland erhalten bleiben“[176] müsse. Änderungen wurden nur vorgenommen, soweit sie im Hinblick auf die Verfassung unumgänglich erschienen.

Der Entwurf setzte die Vorgaben des MKSchG um und legte im Wesentlichen die vom Ausschuss für Recht und Rechtspflege des Deutschen Volksrates ausgearbeiteten Regelungen zugrunde. So wurde das Entscheidungsrecht des Mannes über die Angelegenheiten des ehelichen Lebens sowie hinsichtlich des Erziehungsrechts der Kinder ersetzt durch ein gemeinsames Entscheidungsrecht der Eheleute.[177] Hinsichtlich des Namensrechts sollten die Eheleute entweder einen gemeinsamen Namen führen oder ihre Namen behalten können. Der Entwurf sah darüber hinaus die Möglichkeit vor, einen Doppelnamen zu führen.[178] Gesetzlicher Güterstand sollte die Gütertrennung, modifiziert durch einen Ausgleichsanspruch hinsichtlich des während der Ehe erworbenen Vermögens, sein.[179] Diese Regelungen entsprachen der vom DFD vorgeschlagenen „Zugewinnstgemeinschaft“.[180] Daneben war die Möglichkeit eines vertraglichen Güterstandes vorgesehen mit der Maßgabe, dass dieser nicht gegen den Gleichheitsgrundsatz verstoßen dürfe. Ausdrücklich geregelt war die Möglichkeit des

---

175 Vgl. Einführung, Entwurf für ein Gesetz zur Neuordnung des Familienrechts (Familienrechtsgesetz), a.a.O. (Fn. 171), fol. 2.

176 Einführung, Entwurf für ein Gesetz zur Neuordnung des Familienrechts (Familienrechtsgesetz), a.a.O. (Fn. 171).

177 Vgl. § 2 und § 52 des Entwurfs für ein Gesetz zur Neuordnung des Familienrechts (Familienrechtsgesetz), a.a.O. (Fn. 171).

178 Vgl. § 3 des Entwurfs für ein Gesetz zur Neuordnung des Familienrechts (Familienrechtsgesetz), a.a.O. (Fn. 171).

179 Vgl. §§ 10 ff des Entwurfs für ein Gesetz zur Neuordnung des Familienrechts (Familienrechtsgesetz), a.a.O. (Fn. 171).

180 Vgl. Vorschläge des DFD zum ehelichen Güterrecht von Frau Dr. Neumann, a.a.O. (Fn. 54).

vertraglichen Güterstandes der Gütergemeinschaft. Der Begriff der „elterlichen Gewalt“ wurde wie bereits im MKSchG ersetzt durch den Begriff der „elterlichen Sorge“. Die elterliche Sorge wurde erstmalig nicht nur als „das natürliche Recht der Eltern“, sondern als deren „oberste Pflicht gegenüber der Gesellschaft“ begriffen. Hinsichtlich der Rechtsstellung des nichtehelichen Kindes wurde die Vorgabe aus dem MKSchG, dass die nichteheliche Geburt kein Makel sei, umgesetzt, indem man den Ausarbeitungen des Ausschusses für Recht und Rechtspflege des Deutschen Volksrates nachkam. So wurde festgestellt, dass zwischen dem Kind und seinem Vater ein verwandtschaftliches Verhältnis bestehe. Während bei ehelichen Kindern die Vermutung galt, dass der Ehemann der Mutter der Erzeuger des Kindes war, sollte die Vaterschaft bei außerhalb einer Ehe geborenen Kindern nach wie vor gerichtlich festgestellt oder mit Zustimmung der Mutter in einer öffentlichen Urkunde anerkannt werden.[181] Die Mehrverkehrseinrede sollte entfallen. Der Mutter sollte die volle elterliche Sorge zustehen.[182] Die umstrittene Frage des Erbrechts wurde zugunsten eines vollen Erbrechts des nichtehelichen Kindes nach seinem Vater gelöst, wobei die Ehefrau und die ehelichen Kinder die zum Haushalt gehörenden Gegenstände als Voraus geltend machen konnten.[183]

b) Scheitern des Entwurfs

Dieser Entwurf kam jedoch nicht zur Verabschiedung. Während das Ministerium der Justiz noch im September 1950 davon ausging, dass das Gesetz in absehbarer Zeit von der Volkskammer beraten werde,[184] wurde man im Dezember bereits etwas zurückhaltender und betonte, dass es sich lediglich um einen Referentenentwurf handele, von dem man nicht wisse, ob er Gesetzeskraft erlangen

---

181 Vgl. § 80 des Entwurfs für ein Gesetz zur Neuordnung des Familienrechts (Familienrechtsgesetz), a.a.O. (Fn. 171).

182 Vgl. § 83 des Entwurfs für ein Gesetz zur Neuordnung des Familienrechts (Familienrechtsgesetz), a.a.O. (Fn. 171).

183 Vgl. § 89 des Entwurfs für ein Gesetz zur Neuordnung des Familienrechts (Familienrechtsgesetz), a.a.O. (Fn. 171).

184 Vgl. Schreiben von Dr. Nathan, Hauptabteilungsleiter, HA Gesetzgebung vom 08.09.1950, aus BArch, DP 1 VA Nr. 7198, fol. 145.

werde.[185] Bereits im Mai 1951 verlautbarte das Ministerium der Justiz, dass es Gründe gebe, die „einer weiteren Behandlung des Entwurfs entgegenstehen".[186] Im Wesentlichen sei dies, „dass im gegebenen Zeitpunkt die Erhaltung des Friedens, die Lösung der nationalen Frage und die Wiederherstellung der Einheit Deutschlands von so überragender Wichtigkeit" seien, dass alle anderen Aufgaben davor zurückträten.[187] Es sollten „insbesondere alle Maßnahmen vermieden werden [...], die die Lösung der Hauptaufgaben irgendwie beeinträchtigen könnten".[188] Einen Monat später im Juni 1951 gab man dann offiziell zu, dass die Arbeiten zum Stillstand gekommen seien. Eine weitere Bearbeitung erfolgte „aus Gründen, die mit der allgemeinen politischen Lage eng im Zusammenhang" stünden, nicht.[189] Zum damaligen Zeitpunkt hielt man einen bewussten Alleingang auf dem Gebiet des Familienrechts für politisch nicht sinnvoll. So betonte das Ministerium der Justiz, dass es nicht beabsichtigt sei, wesentliche Änderungen am Kontrollratsgesetz über die Ehe vorzunehmen, „da das Ehegesetz aus dem Jahre 1946 stammt und daher weit fortschrittlicher ist als die familienrechtlichen Teile des zu Ende des 19. Jahrhunderts entstandenen BGBs. Es kommt noch hinzu, dass die Rechtseinheit in ganz Deutschland – soweit als irgend möglich – gewahrt werden sollte."[190] Benjamin stellte zwei Jahre später auf der ersten Sitzung der neu gebildeten Unterkommission lapidar fest, dass es mehrere Gründe gegeben habe, weshalb die in § 18 MKSchG bis Ende 1950 gesetzte Frist zur Fertigstellung eines Entwurfs eines Familienrechtsgesetzes nicht eingehalten worden war.[191]

---

185 Vgl. Schreiben Dr. Nathan, HA Gesetzgebung vom 18.12.1950, aus BArch, DP 1 VA Nr. 7198, fol. 158.

186 Schreiben HA Gesetzgebung vom 05.05.1951, aus BArch, DP 1 VA Nr. 8031, fol. 144.

187 Schreiben HA Gesetzgebung vom 05.05.1951, a.a.O. (Fn. 186).

188 Schreiben HA Gesetzgebung vom 05.05.1951, a.a.O. (Fn. 186).

189 Schreiben des Ministeriums der Justiz vom 19.06.1951, aus BArch, DP 1 VA Nr. 7198, fol. 214.

190 Schreiben des Ministeriums der Justiz vom 06.06.1951, aus BArch, DP 1 VA Nr. 7198, fol. 209.

191 Vgl. Stenographische Niederschrift, Gesetzgebungskommission der DDR am Montag, 01.12.1952, aus BArch, DP 1 VA Nr. 7893, fol. 204 ff.

Der Entwurf bildete die Grundlage für die ungefähr zwei Jahre später entsprechend den Beschlüssen der II. Parteikonferenz wieder aufgenommenen Arbeiten am Entwurf eines FGB.

6. II. Parteikonferenz der SED vom 09. – 12.07.1952

Nachdem die Arbeiten an einem neuen Familiengesetz für eine kurze Zeit ruhten, wurden sie aufgrund der Beschlüsse der II. Parteikonferenz der SED, die vom 09.07. – 12.07.1952 stattfand, wieder aufgenommen. Auf dieser Parteikonferenz proklamierte der SED-Generalsekretär Ulbricht den planmäßigen Aufbau des Sozialismus in der DDR.[192] Die SED stellte fest, dass die politischen und ökonomischen Bedingungen sowie das Bewusstsein in der DDR nunmehr so weit entwickelt seien, dass der „Aufbau des Sozialismus zur grundlegenden Aufgabe in der Deutschen Demokratischen Republik“[193] geworden sei. Es gelte, die „volksdemokratischen Grundlagen der Staatsmacht zu festigen“.[194] Man ging dabei davon aus, dass „der Aufbau des Sozialismus unter den Bedingungen des verschärften Klassenkampfes“ erfolgen werde.[195] Die Bevölkerung müsse zur „Achtung der demokratischen Gesetzlichkeit erzogen“ und die „demokratische Ordnung“ müsse „gefestigt“ werden.[196] Es wurde festgestellt, dass „die Schaffung eines sozialistischen Rechts“[197] notwendig sei. Es wurde daher beschlossen, dass, nachdem teilweise bereits ein neues Recht geschaffen wurde, nunmehr ein neues Arbeitsgesetzbuch, Zivilgesetzbuch und Strafgesetzbuch ausgearbeitet werden müssten.[198] Obwohl die Ausarbeitung eines neuen Familiengesetzbuches in dem Beschluss nicht ausdrücklich erwähnt wurde, wurde in der Rede Walter Ulbrichts deutlich, dass dies ebenfalls gewollt war und für erforderlich gehalten wurde. So führte Ulbricht beginnend mit einem Zitat Lenins („Neue Macht

---

192 Vgl. Protokoll der II. Parteikonferenz der SED, aus BArch, DY 30/IV 1/2/1 fol.63.

193 Protokoll der II. Parteikonferenz der SED, a.a.O. (Fn. 192), fol. 63.

194 Protokoll der II. Parteikonferenz der SED, a.a.O. (Fn. 192), fol. 64.

195 Protokoll der II. Parteikonferenz der SED, a.a.O. (Fn. 192), fol. 66.

196 Protokoll der II. Parteikonferenz der SED, a.a.O. (Fn. 192), fol. 73.

197 Protokoll der II. Parteikonferenz der SED, a.a.O. (Fn. 192), fol. 73.

198 Beschluss der II. Parteikonferenz der Sozialistischen Einheitspartei Deutschlands zur gegenwärtigen Lage und zu den Aufgaben im Kampf für Frieden, Einheit, Demokratie und Sozialismus, aus BArch, DY 30/IV 1/2/1 fol. 6.

schafft neue Gesetzlichkeit") aus, dass die veränderte gleichberechtigte Stellung der Frau in der Gesellschaft eine „völlige Neufassung" des Familienrechts erfordere.[199]

7. FGB-Entwurf von 1954

a) Ausarbeitung

Im September 1952 bildete das Ministerium der Justiz entsprechend den Vorgaben der II. Parteikonferenz der SED für den Bereich der Zivilgesetzgebung eine Grundkommission zur Ausarbeitung neuer Gesetze auf dem Gebiet des Arbeitsrechts, des Familienrechts, des Zivilrechts und des Zivilprozessrechts. Ständige Mitglieder der Kommission waren Heinz Such (Karl-Marx-Universität Leipzig), Hilde Benjamin (Vizepräsidentin des Obersten Gerichts), Hans Nathan (Humboldt Universität Berlin), Werner Artzt (Hauptabteilungsleiter im Ministerium der Justiz), Walter Ziegler (Oberstes Gericht) und Ernst Melsheimer (Generalstaatsanwalt).[200] Heinz Such wurde zum Vorsitzenden ernannt. Karl Hintze (Oberstes Gericht) und Herbert Kietz (Karl-Marx-Universität Leipzig) dienten der Kommission als Sekretäre.[201]

Zur Ausarbeitung der Gesetze auf den einzelnen Gebieten bildete die Grundkommission vier Unterkommissionen, deren Arbeiten von ihr koordiniert und kontrolliert wurden.[202] Dies war allerdings nur auf den Gebieten des Arbeitsrechts, Zivilrechts und Zivilprozessrechts so. Bereits auf der ersten Sitzung am 22.09.1052 wurde festgestellt, dass die Familienrechtskommission „gesondert" arbeiten könne, da „der Entwurf hier schon in einem anderen Stadium angelangt" sei und „im Dezember der Volkskammer vorgelegt werden" solle.[203]

---

199 Vgl. Protokoll der II. Parteikonferenz der SED, a.a.O. (Fn. 192); fol.73 f.

200 Vgl. Protokoll über die Sitzung der Kommission zur Vorbereitung von Zivilgesetzen vom 22.09.1952, aus BArch, DP 1 VA Nr. 7888, fol. 5 ff.

201 Vgl. Protokoll über die Sitzung der Kommission zur Vorbereitung von Zivilgesetzen vom 22.09.1952, a.a.O. (Fn. 200), fol. 1 ff.

202 Vgl. Protokoll über die Sitzung der Kommission zur Vorbereitung von Zivilgesetzen vom 22.09.1952, a.a.O. (Fn. 200).

203 Protokoll über die Sitzung der Kommission zur Vorbereitung von Zivilgesetzen vom 22.09.1952, a.a.O. (Fn. 200), fol. 7.

Die Unterkommission Familienrecht setzte sich aus Hilde Benjamin, Hans Nathan, Käthe (Katharina) Kern, Heinz Such, Werner Artzt, Elfriede Göldner, Frau Fuchs und Herbert Kietz zusammen. Sie führte allerdings nicht den Namen „Unterkommission". In den Sitzungsprotokollen gab es unterschiedliche Bezeichnungen,[204] wobei aufgrund derselben Besetzung und der teilweisen Bezugnahme auf vorangegangene Sitzungen desselben Gremiums feststeht, dass es sich um Sitzungen der Unterkommission handelte.
Die Unterkommission „Familienrecht" tagte in den Jahren 1952/53 insgesamt siebenmal.[205] Benjamin stellte auf der ersten Sitzung am 01.12.1952 einleitend fest, dass seit 1945 am Familiengesetzbuch gearbeitet worden ist, wobei unbekannt sei, wie viele Entwürfe es bislang gegeben habe.[206] Während die ersten Entwürfe das Ziel gehabt hätten, die Gleichberechtigung der Frau sowie die Gleichstellung nichtehelicher Kinder mit ehelichen Kindern zu verwirklichen, solle nunmehr der gesamte Komplex des Familienrechts behandelt werden, insbesondere auch Fragen der Scheidung und der Vormundschaft. Den Beratungen, deren Ergebnis der neue Entwurf von Juni 1954[207] war, wurde der Entwurf des Justizministeriums von 1950 zugrunde gelegt.

aa) Überschrift und Grundsätze

Nachdem der Gesetzentwurf zunächst mit „Gesetz über die Ehe und Familie in der Deutschen Demokratischen Republik (Familienrechtsgesetz)" überschrieben war, beschloss die Kommission bei der 6. Lesung am 18.05.1953 das Gesetz mit

---

204 Vgl. „Gesetzgebungskommission der DDR", Stenographische Niederschrift der Gesetzgebungskommission am 01.12.1952, aus BArch, DP 1 VA 7893, fol. 204; „Familienrechtskommission", Sitzung der Familienrechtskommission am 06.12.1952, a.a.O., fol. 386; „Grundkommission", Protokoll der Sitzung der Grundkommission vom 15.12.1952, aus BArch, DP 1 VA Nr. 6483.

205 Die Sitzungen fanden am 1.12.52, 6.12.52, 15.12.52, 22.12.52, 12.1.53, 11.5.53, 18.5.53 statt.

206 Vgl. Benjamin, Stenographische Niederschrift, Gesetzgebungskommission der DDR am Montag, 01.12.1952, a.a.O. (Fn. 191), fol. 204.

207 Veröffentlichter Entwurf in der Fassung von 1954, in NJ 1954, S. 377 ff.; die Inhaltsübersicht des Entwurfs ist im Anhang abgedruckt.

„Familiengesetzbuch der Deutschen Demokratischen Republik" zu betiteln.[208] Damit erhielt der Entwurf seinen endgültigen Namen.

Auf Anregung Nathans wurden in den ersten vier Paragraphen erstmals allgemeine Grundsätze den gesetzlichen Regelungen vorangestellt.[209] Die erzieherische und anleitende Funktion des Gesetzes wurde auf diese Weise hervorgehoben. Diese Funktion wurde auch öffentlich betont. „Ein Familiengesetzbuch der Deutschen Demokratischen Republik" habe „mittelbar und unmittelbar ein entscheidender Faktor der Erziehung der Staatsbürger zur Demokratie, zu einem neuen Staatsbewusstsein" und „zur sozialistischen Moral zu sein".[210]

Die Grundsätze sollten dazu dienen, den Bürgern den Sinn des Gesetzes auf leicht verständliche Weise zu vermitteln und gleichzeitig eine Anleitung zum Verständnis der nachfolgenden Regeln zu geben. Ranke beschrieb die Funktion dieser Grundsätze wie folgt: „Sie geben dem Richter wie jedem Bürger eine grundsätzliche, klare Anleitung über den Zweck des Gesetzes und darüber, in welchem Sinn und Geist seine Normen anzuwenden und auszulegen sind."[211] So wurde in § 2[212] das Wesen der sozialistischen Ehe beschrieben. Sie sei die von allen anzustrebende Form der Eheführung, eine für das Leben geschlossene Gemeinschaft, die sich auf gegenseitiger Liebe und Achtung gründe und deren Ziel die gemeinsame Entwicklung der Ehegatten und die Erziehung der Kinder sei. Eine Definition der Ehe hielt man deshalb für erforderlich, weil in den Bestimmungen über die Ehegemeinschaft und die Ehescheidung auf das „Wesen der Ehe" abgestellt wurde. Man war der Auffassung, dass das „Wesen der Ehe" innerhalb verschiedener Gesellschaftsordnungen unterschiedlich sei und man

---

208 Vgl. Protokoll der Sitzung der Kommission für Familienrecht, 18.05.1953, aus BArch, DP 1 VA Nr. 7185.

209 Vgl. Nathan, Stenographische Niederschrift, Gesetzgebungskommission der DDR am Montag, 01.12.1952, a.a.O. (Fn. 191).

210 Nathan, Das Familienrecht als Faktor der Erziehung zur Demokratie, in StuR 1954, S. 567, 569.

211 Ranke, Der Entwurf des neuen Familiengesetzbuches der Deutschen Demokratischen Republik – ein Dokument der demokratischen Gesetzlichkeit, in StuR 1954, S. 733.

212 „Die Ehe ist eine für das Leben geschlossene Gemeinschaft zwischen Mann und Frau, die, gegründet auf Gleichberechtigung, gegenseitiger Liebe und Achtung, der gemeinsamen Entwicklung der Ehegatten und der Erziehung der Kinder dient."

deshalb einer Definition bedürfe, die „in besonderem Maße unmittelbare Anleitung zum Verständnis und zur richtigen Anwendung des Gesetzes“[213] sein solle. Mit der Definition der „gegenseitigen Liebe und Achtung“ griff man auf die Lehre von Engels zurück, der für die Monogamie die gegenseitige Geschlechtsliebe voraussetzt.[214] Bereits aus den Grundsätzen ergab sich, dass die Berufstätigkeit der Frau der Regelfall sein solle. So wurde in § 3[215] hervorgehoben, dass die Verwirklichung der Gleichberechtigung der Frau nur durch deren Eingliederung in den Arbeitsprozess verwirklicht werden könne. Ebenso wie mit dem MKSchG solle der Frau mit Hilfe des Gesetzes die notwendige Hilfestellung gegeben werden, um ihre Berufsausübung mit ihren familiären Pflichten in Einklang bringen zu können.

Abschließend wurde die neue gesellschaftliche Bedeutung der Familie in § 4 verdeutlicht, wonach die Kindererziehung gleichzeitig eine Pflicht der Eltern gegenüber dem Staat und der Gesellschaft war, die nur in Zusammenarbeit mit staatlichen Institutionen voll erfüllt werden könne. Die Verpflichtung der Eltern gegenüber dem Staat und der Gesellschaft wurde als fundamental Neues gegenüber dem bürgerlichen Individualismus gesehen.[216]

bb) Die Ehe

Der erste Teil des Gesetzes war mit „Die Ehe“ überschrieben. Erstmalig erfolgte eine Regelung des gesamten Eherechts, die auch die Regelungen umfasste, die durch das EheG 1946 einer weiteren Kodifizierung formal entzogen waren.

---

213 Nathan, Das Familienrecht als Faktor der Erziehung zur Demokratie, a.a.O. (Fn. 210), S. 571.

214 Vgl. Engels, Der Ursprung der Familie, des Privateigentums und des Staates, 1946, S. 46.

215 „Die volle Gleichberechtigung der Geschlechter kann nur durch die Mitarbeit der Frau in Staat, Wirtschaft und auf allen anderen Gebieten des gesellschaftlichen Lebens verwirklicht werden. Deshalb gibt dieses Gesetz der Frau in der Familie eine Stellung, die ihr Recht der Berufsausübung mit ihren Pflichten als Frau und Mutter in Übereinstimmung bringt.“

216 Vgl. Nathan, Das Familienrecht als Faktor der Erziehung zur Demokratie, a.a.O. (Fn. 210), S. 576.

(1) Eheschließung

Auf Vorschlag von Artzt sollte eine Eheschließung nur noch zwischen Volljährigen möglich sein.[217] Hinsichtlich des Ehemündigkeitsalters des Mannes trat damit keine Änderung zur bereits bestehenden gesetzlichen Regelung ein. Bei der Frau trat die Volljährigkeit zwar auch erst mit Vollendung des 18. Lebensjahres ein, sie war aber nach den Regelungen im Kontrollratsgesetz bereits mit 16 Jahren ehemündig.[218] Dies hielt man für zu niedrig und befürchtete eine Störung oder einen Bruch in der Entwicklung der Frau.[219] Nathan sah den Grund der bisherigen Regelung vor allem darin, „dem Mädchen aus gutem Hause, das mit 16 Jahren oder darunter schwanger geworden war, und ihrer Familie die Schande der nichtehelichen Geburt zu ersparen." Derartige Motive könne es in der neuen Gesellschaftsordnung der DDR aber nicht mehr geben.[220]

Im Gegensatz zu den Regelungen im Kontrollratsgesetz wurde die Form der Eheschließung vereinfacht. So war weder ein Aufgebot vorgesehen noch sollten Trauzeugen erforderlich sein. Das Verlöbnis, welches nicht im Kontrollratsgesetz geregelt war, aber aufgrund der noch anwendbaren BGB-Vorschriften möglich war, war nicht vorgesehen. Obwohl man das Verlöbnis als tatsächliche Prüfungsperiode der Eheleute vor Eingehung der Ehe als sinnvoll erachtete, wurden die Rechtswirkungen und die Rechtsfolgen eines Verlöbnisses als Beeinträchtigung der Entschlussfreiheit von Mann und Frau gesehen und damit abgelehnt.[221]

Der Akt der Eheschließung, der im Kontrollratsgesetz noch in fünf Paragraphen geregelt war, war nunmehr nur noch Gegenstand eines Paragraphen (§ 6). Demnach sollte eine Ehe geschlossen werden können, indem die künftigen Ehepartner die Erklärung, die Ehe miteinander eingehen zu wollen, vor einem zuständi-

---

217 Vgl. Artzt, Stenographische Niederschrift, Gesetzgebungskommission der DDR am Montag, 01.12.1952, a.a.O. (Fn. 191).

218 Vgl. § 2 Gesetz über die Herabsetzung des Volljährigkeitsalters vom 17.05.1950

219 Vgl. Göldner und Benjamin, Stenographische Niederschrift, Gesetzgebungskommission der DDR am Montag, 01.12.1952, a.a.O. (Fn. 191), fol. 207.

220 Vgl. Nathan, Eheschließung, persönliche Rechte und Pflichten der Ehegatten, Beendigung der Ehe, in NJ 1954, S. 358.

221 Vgl. Nathan, Eheschließung, persönliche Rechte und Pflichten der Ehegatten, Beendigung der Ehe, a.a.O. (Fn. 220), S. 358.

gen Staatsorgan abgaben und, als neu hinzugekommene Wirksamkeitsvoraussetzung, die Eheschließung in das Familienbuch eingetragen wurde.[222]

(2) Ehegemeinschaft

Die Regelungen über die persönlichen Rechte und Pflichten der Eheleute entsprachen überwiegend den Thesen, die vom Ausschuss für Recht und Rechtspflege des Deutschen Volksrates ausgearbeitet worden waren und auch in dem unveröffentlichten Entwurf von 1950 ihren Ausdruck gefunden hatten. Bezüglich des gemeinsamen Entscheidungsrechts der Eheleute wurde es als notwendig erachtet, hervorzuheben, dass dies nicht die Entscheidung über das Erlernen oder die Ausübung eines Berufs oder die Ausübung einer gesellschaftlichen Tätigkeit umfasse.[223] Eine Frau, die gegen den Willen ihres Mannes eine gesellschaftliche oder berufliche Tätigkeit aufnahm, sollte nicht gegen das Gesetz handeln.

Die Regelung über den Familiennamen gab auf der Sitzung der Gesetzgebungskommission am 01.12.1952 erneut Anlass zu Diskussionen. Die Möglichkeit eines Doppelnamens wurde nicht mehr aufgenommen. Insbesondere die Vertreterin des DFD Stutzig setzte sich dafür ein, dass der Frau die Möglichkeit gegeben werden müsse, ihren Namen auch nach der Eheschließung zu behalten.[224] Somit sollte nach dem Entwurf für die Eheleute die Möglichkeit bestehen, entweder einen gemeinsamen Familiennamen zu führen, wobei das sowohl der Name des Mannes als auch der Frau sein konnte, oder ihre bisherigen Familiennamen zu behalten. Wie bereits in der Rechtsprechung betont worden war,[225] sollte die Frau den Namen ihres Mannes als eigenen Namen führen. Somit sollte sie nach der Scheidung entscheiden dürfen, ob sie den Ehenamen behalten oder ihren Geburtsnamen wieder annehmen wollte. Der geschiedene Ehepartner sollte auf diese Entscheidung keinen Einfluss mehr haben. Die Regelungen des

---

[222] Vgl. § 6 des Entwurfs eines Familiengesetzbuches der Deutschen Demokratischen Republik, a.a.O. (Fn. 207), S. 377.

[223] Vgl. § 9 des Entwurfs eines Familiengesetzbuches der Deutschen Demokratischen Republik, a.a.O. (Fn. 207), S. 378.

[224] Vgl. Stenographische Niederschrift, Gesetzgebungskommission der DDR, 01.12.1952, a.a.O. (Fn. 191), fol. 216.

[225] Vgl. Kapitel II. 2 a) Namensrecht.

EheG 1946 über die Möglichkeiten der Untersagung der Namensführung durch den Ehemann wurden nicht übernommen.
Die Möglichkeit der gegenseitigen Vertretung der Ehegatten wurde auf die Geschäfte beschränkt, die im Rahmen der ordnungsgemäßen Führung des gemeinsamen Hauswesens oder zur Befriedigung der persönlichen Bedürfnisse der Ehegatten erforderlich waren. Die Ausweitung der Vertretungsbefugnis im Falle der Abwesenheit eines Ehegatten über den Rahmen des häuslichen Wirkungskreises hinaus wurde nicht übernommen. Der Rechtsausschuss des Volksrates hatte damals eine solche Regelung aufgrund der Tatsache, dass nach dem Krieg viele Ehemänner verschollen oder in Gefangenschaft waren, vorgesehen. Hierfür wurde nun kein Bedürfnis mehr gesehen.
Die unterhaltsrechtlichen Regelungen entsprachen weitgehend den ausgearbeiteten Thesen des Rechtsausschusses des Deutschen Volksrates. Es blieb bei dem Grundsatz, dass jeder Ehegatte nach seinen Kräften, Einkommen und Vermögen zum gemeinsamen Haushalt beizutragen hatte. Zur Sicherung des Rechts der Frau auf eine Berufsausbildung war die Regelung, dass der Unterhalt auch die Kosten für eine Berufsausbildung mit umfassen sollte, die bereits im Entwurf von 1950 vorgesehen war, aufgenommen worden.[226] Bei getrennt lebenden Ehegatten musste sich jeder Ehegatte selbst unterhalten. War ein Ehegatte aufgrund seines Alters oder wegen einer Krankheit hierzu nicht in der Lage, sollte er von dem anderen Ehepartner einen entsprechenden Unterhaltszuschuss oder vollen Unterhalt bekommen.[227] Anders als in den Thesen wurde im neuen Entwurf der Zeitpunkt des Entstehens und des Erlöschens eines Unterhaltsanspruchs geregelt. Der Anspruch sollte erst mit seiner Geltendmachung entstehen und mit dem Tode des Unterhaltsverpflichteten oder mit der Wiederverheiratung des Unterhaltsberechtigten erlöschen. Die Regelung, dass für die Zukunft nicht auf Unterhalt verzichtet werden konnte, kam neu hinzu.[228]

---

226 Vgl. § 12 des Entwurfs eines Familiengesetzbuches der Deutschen Demokratischen Republik, a.a.O. (Fn. 207), S. 378.

227 Vgl. § 13 des Entwurfs eines Familiengesetzbuches der Deutschen Demokratischen Republik, a.a.O. (Fn. 207), S. 378.

228 Vgl. § 16 des Entwurfs eines Familiengesetzbuches der Deutschen Demokratischen Republik, a.a.O. (Fn. 207), S. 378.

(3) Eheliches Güterrecht

Der Titel „Das Vermögen der Ehegatten", in dem das eheliche Güterrecht in sieben Paragraphen geregelt wurde, unterschied sich bereits hinsichtlich des Regelungsumfangs deutlich von dem Titel „Eheliches Güterrecht" im BGB, welcher 201 Paragraphen umfasste. Das neue Güterrecht sollte nicht als ein Eigentums- oder Gesellschaftsrecht verstanden werden, sondern dem neuen sozialistischen Eheverständnis entsprechend „als die besondere Regelung der Beziehungen zwischen Ehegatten, die unabhängig von ökonomischen Erwägungen und Notwendigkeiten aus Liebe und Zuneigung die Ehe geschlossen haben und deren vermögensrechtliche Beziehungen nur ein Mittel sind, um dieses Eheband zu festigen".[229] Aus diesem Grund wurde der Titel „Das Vermögen der Ehegatten" in das Kapitel über die Ehegemeinschaft aufgenommen, in dem darüber hinaus die persönlichen Rechte und Pflichten der Ehegatten und der Unterhalt geregelt waren. Die Bezeichnungen „Güterrecht" und „Güterstand" wurden ersetzt durch den Begriff der „Vermögensverhältnisse".

Grundlage des neuen Güterrechts war die im Entwurf von 1950 enthaltene und durch die Rechtsprechung bestätigte Gütertrennung, die durch einen Ausgleichsanspruch modifiziert war. Während einerseits betont wurde, dass die Gütertrennung grundsätzlich der „fortschrittlichste Güterstand in den Fällen, wo die Frau selber ein Einkommen und einen Beruf"[230] hatte, sei, wurde andererseits die sowjetische Regelung diskutiert, wonach das Vermögen, welches die Ehegatten im Laufe der Zeit erworben hatten, gemeinsames Vermögen war.[231] Trotz einiger Gegenstimmen[232] und Zweifel[233] verblieb es zunächst beim Güterstand

---

229 Artzt, Das eheliche Güterrecht, in NJ 1954, S. 363, 364.

230 Vgl. Stenographische Niederschrift, Beratung des Einführungsgesetzes zum Familienrechtsgesetz, 12.01.1953, aus BArch, DP 1 VA Nr. 7893, fol. 152.

231 Vgl. Stenographische Niederschrift, Gesetzgebungskommission der DDR, 01.12.1952, a.a.O. (Fn. 191), fol. 239.

232 So u.a. Fuchs, die sich dafür aussprach, dass das, was nach der Eheschließung erworben wurde, beiden Eheleuten gehören sollte, vgl. Stenographische Niederschrift, Gesetzgebungskommission der DDR, 01.12.1952, a.a.O. (Fn. 191), fol. 241.

233 So erklärte Benjamin im Hinblick auf die sowjetische Regelung: „Wenn ich das sehe, diesen einen Artikel und dann hier diese Paragraphen, ist mir nicht recht wohl.", aus Stenographische Niederschrift, Gesetzgebungskommission der DDR, 01.12.1952, a.a.O. (Fn. 191), fol. 239.

der Gütertrennung, und die Diskussionen befassten sich in erster Linie mit Art und Umfang des Ausgleichsanspruchs.[234] Erst bei der 6. Lesung des Entwurfs wurde, geleitet vom sowjetischen Vorbild und in Abkehr von der formalen Gütertrennung, von folgendem Grundsatz ausgegangen: „Das von jedem Ehegatten nach der Eheschließung oder mit Hilfe von Arbeitseinkünften erworbene Vermögen, das gemeinsam genutzt wird oder sonst der gemeinsamen Lebensführung der Familie dient, ist gemeinsames Eigentum der Ehegatten (gemeinsames Vermögen). Bei Erwerb können die Ehegatten vereinbaren, dass ein Gegenstand nicht gemeinsames Vermögen werden soll."[235] Der Entwurf sah daneben die Möglichkeit anderer vermögensrechtlicher Vereinbarungen vor, wobei diese sich nicht wie zuvor im BGB auf bestimmte Wahlgüterstände beschränkten. Vielmehr konnten die Regelungen frei getroffen werden mit der Einschränkung, dass sie nicht gegen den Grundsatz der Gleichberechtigung verstoßen durften. Dieses barg ein gewisses Konfliktpotential in sich. So brachte Artzt deutlich zum Ausdruck, dass für die Wahl zwischen unterschiedlichen Güterständen „weder eine Notwendigkeit" bestehe, „noch neben dem im Entwurf geregelten Güterstand eine Regelung gefunden werden könnte, die die Gleichberechtigung ausreichend garantiert".[236]

Die Verwaltung des gemeinsamen Vermögens sollte den Eheleuten gemeinschaftlich zustehen und Verfügungen hierüber demzufolge nur mit Zustimmung des anderen Ehepartners erfolgen können. Man meinte, mit dieser Regelung einen Beitrag zur Festigung der ehelichen Gemeinschaft zu leisten. Eine Ausnahme ergab sich aus der gegenseitigen Vertretungsbefugnis im Rahmen der ordnungsgemäßen Führung des Haushalts.

Im Falle einer Scheidung sollte jeder Ehegatte die Hälfte des gemeinsamen Vermögens erhalten. Es handelte sich hierbei nicht um einen rechnerischen Ausgleichsanspruch nach Auflösung der ehelichen Lebensgemeinschaft, sondern um eine tatsächliche Aufteilung des während der Ehe entstandenen gemeinsamen Eigentums. Darüber hinaus war der bereits von der Rechtsprechung

---

234 Vgl. Stenographische Niederschrift, Gesetzgebungskommission der DDR, 01.12.1952, a.a.O. (Fn. 191), fol. 233 ff.

235 § 16 abgedruckt im Protokoll, Sitzung der Kommission für Familienrecht, 18.05.1953, aus BArch, DP 1 VA Nr. 7185.

236 Artzt, Das eheliche Güterrecht, a.a.O. (Fn. 229), S. 366.

entwickelte Ausgleichsanspruch für die Fälle, in denen die Frau durch Erfüllung ihrer Pflichten als Ehefrau und Mutter nicht oder nur in geringem Maße in der Lage war, durch berufliche Tätigkeit einen Arbeitsverdienst zu erzielen, in den Entwurf aufgenommen worden. Das Gericht sollte der Ehefrau in einem solchen Fall bei Beendigung der Ehe neben ihrem Anteil am gemeinsamen Vermögen auch einen Anteil an dem während der Ehe durch Arbeit oder mit Hilfe von Arbeitseinkünften erworbenen Vermögen des Mannes zusprechen, der die Hälfte dieses Vermögens jedoch nicht übersteigen durfte.

(4) Scheidung der Ehe

Im Scheidungsrecht erfolgte nunmehr eine Abkehr vom Verschuldensprinzip und der Auflistung einzelner objektiver Scheidungsgründe. Wann eine Ehe geschieden werden durfte, wurde in einer Generalklausel zusammengefasst. Die Ehe konnte demnach nur dann geschieden werden, wenn ernstliche Gründe hierfür vorlagen und wenn das Gericht durch eine eingehende Untersuchung festgestellt hatte, dass die Ehe ihren Sinn für die Eheleute, für die Kinder und für die Gesellschaft verloren hatte und bei nicht übereinstimmenden Anträgen der Eheleute die Scheidung für keinen Ehegatten eine unzumutbare Härte darstellte und das Wohl der minderjährigen Kinder nicht entgegenstand.[237] Ob eine Ehe noch erhaltenswert war oder nicht, sollten die Gerichte eingehend prüfen. Es sollte hierbei die Pflicht der Gerichte sein, „erzieherisch auf die Ehegatten zum Zwecke der Herbeiführung einer Aussöhnung einzuwirken“ und somit zur „Entwicklung und Festigung einer neuen Ehemoral“ beizutragen.[238]

Eine Konventionalscheidung, das heißt eine einvernehmliche Scheidung, war demnach nicht möglich. Der Entwurf sah zwar die Möglichkeit eines übereinstimmenden Scheidungsantrages der Eheleute vor (§ 29 Abs. 2 Nr. 1), doch hatte dieser lediglich zur Folge, dass das Gericht nicht mehr das Vorliegen einer unzumutbaren Härte, sondern nur den „Sinnverlust“ der Ehe prüfte. Tatsächlich war die Scheidung damit dem alleinigen Willen der Eheleute entzogen.

---

237 Vgl. § 29 des Entwurfs eines Familiengesetzbuches der Deutschen Demokratischen Republik, a.a.O. (Fn. 207), S. 379.

238 Begründung zum Entwurf des Familiengesetzbuches, aus BArch, DP 1 SE 2263 I, fol. 294.

Das Gericht musste im Scheidungsurteil zugleich bestimmen, welchem Elternteil die elterliche Sorge für die Kinder zu übertragen und in welcher Höhe und von wem den Kindern Unterhalt zu gewähren war. Der Rat der Stadt, Abteilung Jugendhilfe und Heimerziehung, musste vor einer Entscheidung angehört werden. Neu an dieser Regelung war, dass nicht mehr das Vormundschaftsgericht hierüber zu entscheiden hatte. Sowohl nach der alten Rechtslage wie auch nach der im Entwurf vorgesehenen Regelung sollte für die Entscheidung das Wohl des Kindes ausschlaggebend sein.
Hinsichtlich des Unterhalts der geschiedenen Ehepartner galt der Grundsatz, dass mit der Beendigung der Ehe auch eine wirtschaftliche Trennung beider Ehepartner verbunden war. Benjamin bezeichnete dies als „reinliche Scheidung“[239] und führte zur Begründung an, dass Unterhaltszahlungen an die geschiedene Frau für den Mann, insbesondere wenn er eine neue Familie gründen wollte, eine große Belastung darstellen würden. Man befürchtete, er könne das Interesse an der Arbeit verlieren und damit „seine aktive Teilnahme am Aufbau des Sozialismus“ beeinträchtigt werden.[240]
Ein Unterhaltsanspruch bestand allerdings entsprechend den in der Rechtsprechung entwickelten Grundsätzen, die nunmehr in den Regelungen des Entwurfs ihre gesetzliche Fixierung gefunden hatten, ausnahmsweise dann, wenn ein Ehepartner ganz oder teilweise außer Stande war, seinen Unterhalt selber zu finanzieren. Der Unterhaltsanspruch sollte nur für die Dauer von höchstens zwei Jahren gewährt werden. In dieser Zeit sollte der Ehepartner, in der Regel die Frau, ihre wirtschaftliche Selbstständigkeit erlangen, indem sie beispielsweise eine Berufsausbildung absolvierte.

In Ausnahmefällen konnte diese zweijährige Frist verlängert werden.[241] Die Entscheidung über einen Unterhaltsanspruch war ebenfalls bereits im Scheidungsurteil zu treffen.

---

239 Vgl. Benjamin, Wer bestimmt in der Familie?, in ND vom 01.02.1958, Beilage „Für die Frau“.

240 Vgl. Benjamin, Wer bestimmt in der Familie?, a.a.O. (Fn. 239).

241 Vgl. § 33 Abs. 1: „Stellt sich heraus, dass ausnahmsweise, die Fortdauer der Unterhaltszahlung erforderlich ist, weil der Unterhaltsberechtigte sich keinen eigenen Erwerb schaffen konnte, und ist dem anderen Teil eine weitere Unterhaltszahlung zuzumuten,

Für Unterhaltsansprüche nach der Scheidung wurde die Berücksichtigung des Verschuldens diskutiert. Artzt schlug vor, dem Ehegatten keinen Unterhaltsanspruch zu gewähren, der offensichtlich die Schuld an der Scheidung trug.[242] Da dies die Wiedereinführung des Verschuldensprinzips lediglich an einer anderen Stelle, nämlich bei den Scheidungsfolgen, bedeutet hätte, sah man von einer derartigen Regelung ab. Den Gerichten wurde aber bei der Entscheidung über die Verlängerung der Frist zur Unterhaltszahlung mit der Formulierung „unter Berücksichtigung aller Umstände“[243] die Möglichkeit gegeben, an dieser Stelle ein offensichtliches Verschulden mit einfließen zu lassen.
Am Scheidungsrecht wird der Bedeutungswandel der Ehe besonders deutlich. Die Ehe und damit auch die Auflösung der Ehe sollten nicht mehr lediglich eine Angelegenheit der Eheleute, sondern der Gesellschaft und letztlich des Staates sein. Diesem war es aufgrund der neuen Regelungen möglich, über die Gerichte auf die Scheidungsrate einzuwirken. An den unterhaltsrechtlichen Regelungen zeigt sich, wie der Staat mit Hilfe der Gesetze die Bevölkerung erziehen wollte, um auf diese Weise seinem Ziel, dem Aufbau einer sozialistischen Gesellschaft, näher zu kommen. So wurde die Frau durch die unterhaltsrechtlichen Regelungen dazu angehalten, spätestens nach einer Scheidung ins Berufsleben einzusteigen.

(5) Nichtigkeit der Ehe

Der Regelungsumfang dieses Bereichs weist erhebliche Unterschiede zum EheG 1946 auf. Während dort in einem Abschnitt die Nichtigkeit der Ehe in zwölf, die Aufhebung der Ehe in weiteren dreizehn Paragraphen geregelt war, beschränkte sich der neue Entwurf auf fünf Paragraphen. Bezüglich der Nichtigkeitsgründe wurde auf die Eheverbote verwiesen. Eine Ehe war demnach nur dann nichtig, wenn sie entgegen einem Eheverbot im Sinne des § 7[244] des Entwurfs geschlos-

---

so kann das Gericht unter Berücksichtigung aller Umstände auf Antrag die Fortdauer der Unterhaltspflicht aussprechen.“

242 Vgl. Protokoll der Sitzung der Familienrechtskommission, 06.12.1952, aus BArch, DP 1 VA Nr. 7893, fol. 415.

243 Vgl. § 33 des Entwurfs eines Familiengesetzbuches der Deutschen Demokratischen Republik, a.a.O. (Fn. 207).

244 § 7 Eheverbote:

sen worden war. Die Regelung über die Nichtigkeitsklage entsprach der Regelung des Kontrollratsgesetzes. Demnach sollte die Nichtigkeitsklage vom Staatsanwalt, von beiden Ehegatten und im Falle der Doppelehe auch von dem Ehegatten der früheren Ehe erhoben werden können. War die Ehe bereits aufgelöst, sollte nur der Staatsanwalt ein Anfechtungsrecht haben. Die Möglichkeiten der Aufhebung der Ehe unter den Voraussetzungen der Anfechtungsvorschriften wegen Irrtums, Täuschung oder Drohung, wie sie das Kontrollratsgesetz vorsah, wurden nicht übernommen.
Die Beendigung der Ehe durch Todeserklärung des einen Ehegatten und die Wiederverheiratung war aufgrund der Tatsache, dass viele Ehemänner infolge des Krieges als verschollen galten, eine Regelung von großer praktischer Bedeutung.
Der Grundsatz, dass die neue Ehe nicht deshalb nichtig war, weil der für tot erklärte frühere Ehegatte noch lebte, wurde aus dem EheG 1946 übernommen. Innerhalb der Kommission war die Regelung des Falles, in dem der Ehepartner bösgläubig war und wusste, dass der für tot erklärte frühere Ehepartner tatsächlich noch lebte, umstritten. Während Such in Anlehnung an das Kontrollratsgesetz, welches in einem solchen Fall die Nichtigkeit der neuen Ehe vorsah, die Auffassung vertrat, dass der für tot erklärte Ehepartner die Möglichkeit der Anfechtung der neuen Ehe haben müsse,[245] vertrat Nathan die letztlich auch im Entwurf übernommene Ansicht, dass dieser von Rache getragene Gedanke nicht ausschlaggebend sein könne. Letztlich gehe das staatliche Interesse an dem Bestehen der Ehe vor, so dass die Scheidung der zweiten Ehe nicht verlangt werden könne.[246]

„Eine Ehe darf nicht schließen

1. wer schon verheiratet ist;
2. wer mit dem anderen in gerader Linie verwandt oder dessen Bruder, Schwester, Halbbruder oder Halbschwester ist;
3. wer wegen Geisteskrankheit, Geistesschwäche oder Trunksucht entmündigt ist; von diesem Verbot kann in Ausnahmefällen der Rat des Kreises eine Befreiung erteilen.“

245 Vgl. Protokoll der Sitzung der Familienrechtskommission, 06.12.1952, a.a.O. (Fn. 242), fol. 424.

246 Vgl. Protokoll der Sitzung der Familienrechtskommission, 06.12.1952, a.a.O. (Fn. 242), fol. 424.

In dem Fall, in dem der Ehepartner gutgläubig war und der für tot erklärte andere Ehegatte wiederkehrte, konnte nach den Regelungen des Kontrollratsgesetzes derjenige, der neu verheiratet war, die Aufhebung der neuen Ehe verlangen und durfte zu Lebzeiten des Ehegatten aus der früheren Ehe eine Ehe nur noch mit diesem eingehen. Der Entwurf sah diesbezüglich nunmehr vor, dass die Scheidung der neuen Ehe nur noch gemeinsam von den früheren Eheleuten beantragt werden konnte. Mit Rechtskraft des Scheidungsurteils sollte die frühere Ehe automatisch wieder aufleben.[247]
Neu geregelt worden war darüber hinaus der Zeitpunkt der Auflösung der alten Ehe. Während nach dem EheG 1946 die frühere Ehe erst im Zeitpunkt der Schließung der neuen Ehe aufgelöst war, sollte die Ehe jetzt mit Rechtskraft der Todeserklärung aufgelöst sein. Somit war die Eheauflösung nicht mehr an die Eingehung einer neuen Ehe geknüpft.

cc) Eheliche Kinder

Während der Entwurf von 1950 sich hinsichtlich der Feststellung der Ehelichkeit eines Kindes stark an das BGB anlehnte, wurde in diesem Entwurf die Ehelichkeit auf die schlichte Grundfeststellung zurückgeführt: „Ein Kind, das nach der Eheschließung geboren wird, ist ehelich, wenn die Frau es vor oder während der Ehe empfangen hat.“[248]
Für die ursprüngliche Regelung über die Empfängniszeit wurde kein Bedarf gesehen. Es wurde weiterhin diskutiert, ob zum Wohle des Kindes eine Anfechtung der Ehelichkeit während der Ehe ausgeschlossen sein sollte.[249] Die Kommission folgte diesem Vorschlag jedoch nicht. Die Anfechtung der Ehelichkeit des während der Ehe geborenen Kindes sollte vielmehr durch den Ehe-

---

[247] Vgl. § 25 des Entwurfs eines Familiengesetzbuches der Deutschen Demokratischen Republik, a.a.O. (Fn. 207), S. 379.

[248] § 35 des Entwurfs eines Familiengesetzbuches der Deutschen Demokratischen Republik, a.a.O. (Fn. 207), S. 380.

[249] Vgl. Protokoll der Sitzung der Familienrechtskommission, 06.12.1952, a.a.O. (Fn. 242), fol. 426.

mann, die Mutter oder das Kind möglich sein, wenn die Frau offenbar das Kind nicht von ihrem Manne empfangen hatte.[250]
Die elterliche Sorge sollte beiden Eheleuten zustehen. Während im Entwurf von 1950 vorgesehen war, das Vormundschaftsgericht anzurufen, wenn eine Einigung der Eheleute hierüber nicht erzielt werden konnte,[251] war sich die Kommission nunmehr einig darüber, dass nicht einer dritten Instanz, also einer staatlichen Stelle, die endgültige Entscheidung vorbehalten werden sollte. Es sollte vielmehr durch die Einwirkung gesellschaftlicher Kräfte, wie der Elternausschüsse, aber auch durch die Hausgemeinschaft, Überzeugungsarbeit geleistet und letztlich eine Einigung der Eltern herbeigeführt werden.[252] Für eine gesetzliche Regelung wurde daher kein Bedürfnis mehr gesehen. Das Schweigen des Entwurfs zu bestimmten Problemen wurde von Nathan als das „kühnste und bedeutsamste Erziehungsmittel des ganzen Entwurfs“[253] gesehen. Die Eheleute würden auf diese Weise zu einer Verständigung untereinander in Konfliktsituationen erzogen werden.
Das angestrebte neue Verhältnis der Familie zur Gesellschaft und deren Bedeutung für die Gesellschaft wurde bereits durch den Regelungsumfang der elterlichen Sorge verdeutlicht, die das Recht und die Pflicht umfasste „das Kind zu einem selbstständigen und verantwortungsbewussten Bürger des demokratischen Staates, der seine Heimat liebt und für den Frieden kämpft, zu erziehen“.[254] Im Gegensatz zu anderen Regelungsbereichen, zum Beispiel dem der Scheidung, wurde die elterliche Sorge ausführlich in insgesamt 22 Paragraphen geregelt und damit ein deutlicher Schwerpunkt gesetzt. Man wollte eine staatliche Einflussnahme bei der Kindererziehung frühzeitig sicherstellen. So wurden die Befug-

---

250 Vgl. § 75 des Entwurfs eines Familiengesetzbuches der Deutschen Demokratischen Republik, a.a.O. (Fn. 207), S. 383.

251 Vgl. § 52 des Entwurfs für ein Gesetz zur Neuordnung des Familienrechts (Familienrechtsgesetz), a.a.O. (Fn. 171), fol. 344.

252 Vgl. Protokoll der Sitzung der Familienrechtskommission, 06.12.1952, a.a.O. (Fn. 242), fol. 431.

253 Nathan, Das Familienrecht als Faktor der Erziehung zur Demokratie, a.a.O. (Fn. 210), S. 582.

254 So geregelt in § 38 „Inhalt der elterlichen Sorge“ des Entwurfs eines Familiengesetzbuches der Deutschen Demokratischen Republik, a.a.O. (Fn. 207), S. 380.

nisse des Rates des Kreises ausgeweitet und gingen so weit, den Eltern die Sorge teilweise zu entziehen, wenn sie die ihnen obliegenden Pflichten verletzten und andere Maßnahmen nicht ausreichend erschienen.[255] Eine Verletzung der elterlichen Pflichten konnte unter anderem auch eine nicht hinreichende sozialistische Erziehung der Kinder darstellen. Für wesentliche Entscheidungen sollte es nach wie vor einer gerichtlichen Entscheidung bedürfen. Dementsprechend musste der Rat des Kreises die vollständige Entziehung der elterlichen Sorge beim Gericht beantragen und sollte nicht allein darüber entscheiden dürfen. Voraussetzung für ein Einschreiten des Rates des Kreises war weiterhin, dass eine Gefährdung des Wohls des Kindes oder dessen wirtschaftlicher Interessen vorlag.[256]

Obwohl die Regelung vermögensrechtlicher Aspekte in der neuen sozialistischen Familie im Gegensatz zur bürgerlichen Familie von untergeordneter Bedeutung war, erachtete man es für notwendig, den Schutz der Vermögensinteressen des Kindes besonders hervorzuheben. Als revolutionäre Vorschrift bezeichnete Nathan auf der Sitzung der Grundkommission vom 15.12.1952[257] die Regelung in § 54 des Entwurfs. Der sah vor, dass Eltern, die in Vertretung des Kindes ein Rechtsgeschäft abschlossen, dessen Gegenstand den Wert von 300 M überstieg, die Genehmigung des Rates des Kreises einholen mussten, soweit nicht das Kind durch das Rechtsgeschäft lediglich einen rechtlichen Vorteil erlangte. Die diesem Paragraphen zugrunde liegende Vorschrift aus dem BGB zählte hingegen Einzelfälle auf, in denen der Vormund einer Genehmigung bedurfte. Die Gemeinsamkeit aller Fälle sah die Kommission darin, dass diese Rechtsgeschäfte eine gewisse Bedeutung erlangen konnten. Geleitet von dem Prinzip der Vereinfachung und besseren Verständlichkeit des neuen Familiengesetzbuches meinte, man durch Festlegung einer bestimmten Geldsumme das Gemeinsame

255 Vgl. § 44 des Entwurfs eines Familiengesetzbuches der Deutschen Demokratischen Republik, a.a.O. (Fn. 207), S. 381.

256 Vgl. § 45 des Entwurfs eines Familiengesetzbuches der Deutschen Demokratischen Republik, a.a.O. (Fn. 207), S. 381.

257 Vgl. Protokoll der Sitzung der Grundkommission vom 15.12.1952, aus BArch, DP 1 VA Nr. 6483.

aller Fälle einheitlich erfasst zu haben. Die festgelegte Summe von 300 Mark entsprach dabei in etwa dem Monatseinkommen eines Werktätigen.[258]

dd) Nichteheliche Kinder

Hinsichtlich des nichtehelichen Kindes wurden im Wesentlichen die Änderungen beibehalten, die bereits 1949 im Rahmen eines Änderungsgesetzes zum BGB sowie im Entwurf von 1950 formuliert worden waren. Die rechtliche Gleichstellung des nichtehelichen Kindes mit dem ehelichen Kind wurde in dem Entwurf von 1954 allerdings noch stärker betont. So sollte sich der Unterhaltsanspruch des nichtehelichen Kindes gegenüber seinen Eltern nach den Vorschriften über die Unterhaltspflicht der Eltern gegenüber ehelichen Kindern richten.[259] Das Erbrecht des nichtehelichen Kindes, welches bereits im Entwurf von 1950 geregelt war, wurde wieder eingeschränkt. Die Kommission war nunmehr der Auffassung, dass die im Entwurf von 1950 getroffene Regelung über ein volles Erbrecht des nichtehelichen Kindes gegenüber seinem Vater eine „formale Gleichmacherei“[260] sei, die den natürlichen Unterschied zwischen dem ehelichen und dem nichtehelichen Kind unberücksichtigt lasse. Das nichteheliche Kind lebe in der Regel nicht mit dem Vater zusammen und kenne ihn häufig gar nicht. Das Erbrecht des nichtehelichen Kindes wurde daher beschränkt.[261] Es sollte im Verhältnis zu der Mutter und den Verwandten mütterlicherseits erben und beerbt werden wie ein eheliches Kind. Im Falle des Todes des Vaters oder eines unterhaltspflichtigen Verwandten des Vaters sollte das nichteheliche Kind jedoch nur wie ein eheliches Kind erben, solange es minderjährig oder arbeitsunfähig war.[262] Das Erbrecht wurde auf diese Weise mit dem Unterhaltsrecht verknüpft und sollte ein Ersatz für den weggefallenen Unterhaltsanspruch gegen

---

258 Vgl. Protokoll der Sitzung der Grundkommission vom 15.12.1952, a.a.O. (Fn. 257).

259 Vgl. § 71 des Entwurfs eines Familiengesetzbuches der Deutschen Demokratischen Republik, a.a.O. (Fn. 207), S. 382.

260 Benjamin, Einige Bemerkungen zum Entwurf eines Familiengesetzbuches, in NJ 1954, S. 349, 351.

261 Vgl. Begründung zum Entwurf des Familiengesetzbuches, a.a.O. (Fn. 238), fol. 296.

262 Vgl. § 74 des Entwurfs eines Familiengesetzbuches der Deutschen Demokratischen Republik, a.a.O. (Fn. 207), S. 382.

den biologischen Vater nach dessen Tod sein.[263] Darüber hinaus waren keine erbrechtlichen Ansprüche zwischen dem nichtehelichen Kind und seinem Vater sowie dessen Verwandtschaft vorgesehen.

ee) Annahme an Kindes statt

Die Regelungen über die Annahme an Kindes statt unterschieden sich von den Ausarbeitungen aus dem Jahre 1950 in erster Linie dadurch, dass der Zweck der Annahme nunmehr allein in der Übernahme der Erziehung der Kinder gesehen wurde.[264] Die Möglichkeit einer Adoption beschränkte sich daher auf die Annahme von Minderjährigen.[265] Lediglich „in kapitalistischen Zeiten" habe das Bedürfnis bestanden, einen Volljährigen anzunehmen, um die Erbnachfolge zu sichern.[266]

Einleitend wurde festgestellt, dass durch die Annahme an Kindes statt eine Beziehung wie zwischen Eltern und Kindern begründet werden solle. Eine gerichtliche Entscheidung war nicht vorgesehen. Der Annahmevertrag wurde zwischen dem Volljährigen, dem Annehmenden, und einem Minderjährigen, dem Angenommenen, geschlossen. Die Erklärungen sollten vor dem Rat des Kreises abgegeben werden. Mit Bestätigung durch den Rat sollte der Vertrag wirksam werden. Eine Bestätigung sollte allerdings nur erteilt werden, „wenn der Annahmeantrag ausschließlich den Interessen des Kindes dient und der Annehmende in der Lage ist, die sich aus der elterlichen Sorge ergebenden Pflichten (§ 38) in vollem Umfange zu erfüllen."[267] Damit wurde eine Möglichkeit geschaffen, die Bestätigung nur in den Fällen auszusprechen, in denen eine sozialistische Erziehung der Kinder sichergestellt war. Gegen die noch im Entwurf von

---

263 Vgl. Benjamin, Einige Bemerkungen zum Entwurf eines Familiengesetzbuches, a.a.O. (Fn. 260), S. 351.

264 Vgl. Stenographische Niederschrift der Sitzung der Gesetzgebungskommission – Familienrecht -, 22.12.1952, aus BArch, DP 1 VA Nr. 7893, fol. 456.

265 Vgl. § 81 des Entwurfs eines Familiengesetzbuches der Deutschen Demokratischen Republik, a.a.O. (Fn. 207), S. 383.

266 Vgl. Stenographische Niederschrift der Sitzung der Gesetzgebungskommission – Familienrecht –, 22.12.1952, a.a.O. (Fn. 264), fol. 456.

267 So geregelt in § 81 Abs. 4 des Entwurfs eines Familiengesetzbuches der Deutschen Demokratischen Republik, a.a.O. (Fn. 207), S. 385.

1950 vorgesehene notarielle Beurkundung entschied man sich, weil es sich bei dem abzuschließenden Vertrag um einen familienrechtlichen Vertrag handelte und eine notarielle Beurkundung dagegen nur bei vermögensrechtlichen Verträgen erforderlich sein sollte.[268] Hiervon wollte man sich bei der Adoption gerade distanzieren. Eine weitere Voraussetzung für die Adoption sollte die Einwilligung der Eltern sein, beziehungsweise beim nichtehelichen Kind die Einwilligung der Mutter.
Wie bereits im Entwurf von 1950 wurde auch die Möglichkeit einer anonymen Adoption geregelt, bei der die Namen der Annehmenden den Eltern des Kindes nicht bekannt waren. Ein Bedürfnis für diese Regelung bestand deshalb, weil die Mehrheit der Adoptionen anonyme Adoptionen waren.[269] Im Falle der anonymen Adoption sollte ebenfalls die Einwilligung der Eltern erforderlich sein. Beim Vertragsschluss zwischen dem Kind und dem Annehmenden sollte das Kind, das grundsätzlich eines gesetzlichen Vertreters bedurfte, von einem Angestellten des Rates des Kreises vertreten werden. Die Einwilligungserklärung der gesetzlichen Vertreter, der Eltern, in die Adoption wurde in diesem Fall als Vollmachtserteilung für den Rat ausgelegt.
Die Wirkungen der Annahme an Kindes statt sollten sich zwar auf die Abkömmlinge des Kindes, nicht aber auf die Verwandten des Annehmenden erstrecken.[270] Das hatte zur Folge, dass die leiblichen Kinder der Adoptiveltern nicht die Geschwister der Stiefkinder wurden und diese somit heiraten konnten. Anders war es, wenn ein nichteheliches Kind von seinem Vater an Kindes statt angenommen wurde. In diesem Fall sollte das nichteheliche Kind die volle Rechtsstellung eines ehelichen Kindes erhalten.[271]

---

268 Vgl. Stenographische Niederschrift der Sitzung der Gesetzgebungskommission – Familienrecht – , 22.12.1952, a.a.O. (Fn. 264), fol. 460.

269 Vgl. Stenographische Niederschrift der Sitzung der Gesetzgebungskommission – Familienrecht – , 22.12.1952, a.a.O. (Fn. 264), fol. 491.

270 Vgl. § 88 des Entwurfs eines Familiengesetzbuches der Deutschen Demokratischen Republik, a.a.O. (Fn. 207), S. 384.

271 Vgl. § 90 des Entwurfs eines Familiengesetzbuches der Deutschen Demokratischen Republik, a.a.O. (Fn. 207), S. 384.

ff) Sonstige verwandtschaftliche Beziehungen

Das Kapitel über die sonstigen verwandtschaftlichen Beziehungen befasste sich im Wesentlichen mit der Unterhaltspflicht. Die Unterhaltspflicht gegenüber den Eltern und Großeltern sollte erst mit der Volljährigkeit beginnen, da der Verdienst eines Minderjährigen „ihm Anreiz für seine Arbeitsleistung und Freude am Weiterkommen" sein sollte.[272] Das Verhältnis mehrerer Unterhaltspflichtiger wurde dahingehend geregelt, dass die Abkömmlinge vor den Verwandten der aufsteigenden Linie unterhaltsverpflichtet waren. Dies beruhte darauf, dass bei der jüngeren Generation in der Regel die größere Leistungsfähigkeit vermutet wurde.[273] Dass dieser Regelfall gesetzlich fixiert wurde, macht die allgemeine Konzeption des Entwurfs deutlich, immer vom Grundsätzlichen auszugehen und einzelne Ausnahmefälle nicht zu regeln. Der Entwurf sollte auf diese Weise schlank und übersichtlich gehalten werden.

gg) Vormundschaft

Das Vormundschaftsrecht wurde erstmalig neu geregelt. Im Entwurf von 1950 blieb dieser Regelungskomplex unberücksichtigt, da „es sich hier um Änderungen" handelte, „die mit der Frage der Gleichstellung der Geschlechter nichts zu tun"[274] hatten.

Die Anordnung der Vormundschaft sollte nicht mehr dem Vormundschaftsgericht, sondern bei Minderjährigen dem Rat des Kreises und bei Volljährigen dem staatlichen Notariat obliegen. Der Rat des Kreises sollte die Möglichkeit haben, einen benannten Vormund abzulehnen, wenn wichtige Gründe gegen die Eignung des Vormundes sprachen. Diese wichtigen Gründe wurden nicht näher definiert und gaben damit dem Rat des Kreises die Möglichkeit, einen Vormund abzulehnen, der die Erziehung des Mündels im Sinne der neuen sozialistischen Familie nicht gewährleistete. Als Ansatzpunkt hierfür konnte die Verpflichtung

---

272 Vgl. Stenographische Niederschrift der Sitzung der Gesetzgebungskommission – Familienrecht – , 22.12.1952, a.a.O., (Fn. 264), fol. 507.

273 Vgl. Stenographische Niederschrift der Sitzung der Gesetzgebungskommission – Familienrecht – , 22.12.1952, a.a.O. (Fn. 264), fol. 513.

274 Einführung zum Entwurf für ein Gesetz zur Neuordnung des Familienrechts (Familienrechtsgesetz), a.a.O. (Fn. 171), fol. 2.

des Vormundes dienen, die Entwicklung des Mündels zu einem verantwortungsbewussten Bürger der DDR zu gewährleisten.[275]

b) Öffentliche Diskussion

In der Zeit von Juni bis November 1954 wurde der Entwurf des Familiengesetzbuches öffentlich diskutiert.

Einem Bericht des Ministeriums der Justiz zufolge sollen bis Oktober 1954 bereits 6117 Diskussionsveranstaltungen stattgefunden haben, an denen 313 538 Bürger teilgenommen haben.[276] Daneben hatte jeder Bürger die Möglichkeit, selber eine Eingabe entweder über die Presse oder direkt an das Ministerium der Justiz zu machen.

Die Diskussionen wurden von Richtern in Zusammenarbeit mit dem DFD und der Nationalen Front im Rahmen von so genannten Justizausspracheabenden durchgeführt.

Mit Hilfe dieser Veranstaltungen sollte der Bevölkerung der wesentliche Inhalt des Entwurfs dargelegt und sie sollte von der Richtigkeit der neuen Regelungen überzeugt werden. Um die richtige Argumentation der Diskussionsleiter sicherzustellen, wurde diesen vorgegeben, welche Themenbereiche in welchem Umfang zu erörtern seien. Diese Anleitungen wurden auch während der Diskussionsphase wiederholt. So gab das Ministerium der Justiz mit Schreiben vom 14.08.1954 die weitere Argumentationsweise für einzelne Teilbereiche vor.[277] Dabei stellte es einleitend ausdrücklich fest, „dass in verschiedenen Aussprachen nicht immer die richtige Argumentation gefunden werden konnte und deshalb in einigen Aussprachen unrichtige Ansichten nicht überzeugend widerlegt

---

275 Vgl. § 104 des Entwurfs eines Familiengesetzbuches der Deutschen Demokratischen Republik, a.a.O. (Fn. 207), S. 385.

276 Vgl. Bericht über die Ergebnisse der Diskussion zum Entwurf des Familiengesetzbuches auf der Arbeitstagung im Ministerium der Justiz vom 19.10.1954, aus BArch, DP 1 SE 2263/1, fol. 80.

277 Vgl. Schreiben des Ministeriums der Justiz an die Justizverwaltungsstellen und die Gerichte der DDR, betr.: Durchführung der Aussprachen zum Familiengesetzentwurf vom 14.08.1954, aus BArch, DP 1 SE Nr. 2263/1, fol. 45 ff.

worden sind".[278] Im Anschluss daran wurden „Argumentationshilfen" für folgende Themenkomplexe gegeben: die Form der Eheschließung (Ehemündigkeitsalter, Trauzeugen, Aufgebot, Namensregelung), das gemeinsame Entscheidungsrecht der Eheleute, die Ehescheidung und Unterhalt, nichteheliche Kinder, Adoption und die Frage der Unterhaltsverpflichtung gegenüber den Großeltern.
Es wurde auch darauf hingewiesen, dass die gesamtdeutsche Bedeutung des Entwurfs bislang noch nicht deutlich genug betont worden sei. Es solle darauf eingegangen werden, dass der Entwurf dem Bonner Justizministerium übersandt worden sei, dieses aber eine Zusammenarbeit abgelehnt habe.
Zu Beginn der Aussprache mit der Öffentlichkeit wurde zur Verbreitung des Entwurfs innerhalb der Bevölkerung eine kommentierte Broschüre herausgebracht, die bei der Nationalen Front, beim DFD und in den Buchhandlungen erhältlich war. Benjamin stellte den Entwurf des neuen Familiengesetzbuches sowie dessen Entstehungsgeschichte am 15.06.1954 im Neuen Deutschland[279] sowie in der Neuen Justiz vor.[280] Sie verglich den neuen Entwurf des FGB mit den bisherigen Entwürfen und erklärte, dass es erstmalig gelungen sei, „in beträchtlichem Maße die Überreste der alten Familienrechtsgesetzgebung sowohl in der Systematik des Gesetzes wie in der Ausgestaltung der einzelnen Institute als auch in der Formulierung"[281] zu überwinden. Insbesondere hinsichtlich des ehelichen Güterrechts und des Erbrechts für das nichteheliche Kind unterscheide sich dieser Entwurf von den vorherigen Entwürfen.[282] Benjamin betonte die enge Beziehung zwischen den rechtlichen und moralischen Anschauungen und setzte in das neue FGB die Erwartung, dass es dazu beitrage, „eine solche Atmosphäre

---

278 Schreiben des Ministeriums der Justiz an die Justizverwaltungsstellen und die Gerichte der DDR, betr.: Durchführung der Aussprachen zum Familiengesetzentwurf vom 14.8.1954, a.a.O. (Fn. 277), fol. 45.

279 Vgl. Benjamin, Über den Entwurf eines neuen Familiengesetzbuches, in ND vom 15.06.1954, S. 3.

280 Vgl. Benjamin, Einige Bemerkungen zum Entwurf des Familiengesetzbuches, a.a.O. (Fn. 260), S. 349 ff.

281 Benjamin, Einige Bemerkungen zum Entwurf des Familiengesetzbuches, a.a.O. (Fn. 260), S. 350.

282 Vgl. Benjamin, Einige Bemerkungen zum Entwurf des Familiengesetzbuches, a.a.O. (Fn. 260), S. 350.

zu schaffen, in der es zur selbstverständlichen Pflicht jedes Bürgers wird, sich so zu verhalten, wie es den gesetzlichen Bestimmungen entspricht.“[283] Sie betonte auch die gesamtdeutsche Bedeutung des Werkes. Es sei „ein wichtiger Schritt zur Vorbereitung der Rechtsordnung eines einheitlichen, friedliebenden, demokratischen Deutschland“.[284] Der Entwurf entspreche zwar den ökonomischen und gesellschaftlichen Verhältnissen der DDR, ihm komme aber auch eine große Bedeutung für Westdeutschland zu, da er den Richtern und Rechtsanwälten „Hilfe [...] bei der Entwicklung einer Rechtsprechung“ leisten könne, „die eine der Grundlagen jeder Demokratie, die Gleichberechtigung von Mann und Frau, verwirklicht.“[285]

Dieses wie auch der Versuch eines Austausches mit dem Bonner Justizministerium über den FGB-Entwurf[286] machten deutlich, dass zu diesem Zeitpunkt zumindest offiziell noch eine gemeinsame Fortentwicklung des Familienrechts angestrebt wurde.[287]

Während des Zeitraums der öffentlichen Diskussion wurden sowohl in der Tagespresse wie auch in den Fachzeitschriften, insbesondere der Neuen Justiz, Stellungnahmen und Aufsätze zu einzelnen familienrechtlichen Themen veröffentlicht.

c) Kritik seitens der Kirche

Die Kirchen, insbesondere die evangelische Kirche, der noch etwa 80 Prozent der Bevölkerung angehörten, reagierten aufgrund der Ereignisse der vorausgegangenen Jahre sensibel auf den Entwurf des FGB. Im Zuge der Durchsetzung des uneingeschränkten Führungsanspruchs der SED hatte der Druck gegen die

---

283 Benjamin, Einige Bemerkungen zum Entwurf des Familiengesetzbuches, a.a.O. (Fn. 260), S. 352.

284 Benjamin, Über den Entwurf eines neuen Familiengesetzbuches, a.a.O. (Fn. 279).

285 Benjamin, Über den Entwurf eines neuen Familiengesetzbuches, a.a.O. (Fn. 279).

286 Vgl. Brief an den Justizminister der Bonner Regierung, Anlage Nr. 1 zum Protokoll Nr. 17/54 vom 20.07.1954, aus BArch, DY 30/J IV 2/2/374, fol. 6. Auf der Sitzung des Politbüros am 20.07.1954 wurde dem Entwurf des Briefes zugestimmt, vgl. Protokoll Nr. 17/54 vom 20.07.1954, fol. 4.

287 Vgl. Entwurf eines Schreibens an den Bundesminister der Justiz Neumeyer, aus BArch, DP 1 Nr. 7892, fol. 244.

Kirchen seit der II. Parteikonferenz im Jahre 1952 zugenommen. Zur Ausschaltung des politischen und ideologischen Widerstands waren Staat und Partei nach zunächst lediglich atheistischer Propaganda zur Konfrontation gegen die Kirche übergegangen. Einen Höhepunkt erreichte die Kampagne gegen die Kirche im Frühjahr 1953 mit der Verhaftung von etwa 50 Pastoren, Diakonen und Laienhelfern.[288]

Das geplante Familiengesetzbuch stieß nicht nur bei der evangelischen, sondern auch bei der katholischen Kirche auf Ablehnung. Dies beruhte vor allem darauf, dass die Kirchen erkannten, dass der FGB-Entwurf zu einer Neuordnung der gesellschaftlichen Verhältnisse und zu einer vollständigen Verdrängung der Kirche aus diesem Bereich führen sollte. Christliche Grundsätze fanden in dem Gesetzentwurf keine Berücksichtigung. Es wurde die Gefahr des Auseinanderlebens beider deutschen Staatsteile gesehen und eine weitere Vertiefung der Spaltung befürchtet.

Von der evangelischen Kirche wurde im Rahmen der „Kirchlichen Ostkonferenz“[289] eine Stellungnahme zum FGB-Entwurf abgegeben, deren Fazit war, dass die evangelische Kirche dem Entwurf in wesentlichen Punkten nicht zustimmen konnte.[290] Sie sah in dem Entwurf die Tendenz, das Ehe- und Familienleben unter besondere staatliche Kontrolle zu stellen. Insbesondere wurde die dem Entwurf zugrunde liegende und teilweise bereits in der Legaldefinition in den ersten beiden Paragraphen[291] des Entwurfs deutlich zum Aus-

---

288 Vgl. Kleßmann, a.a.O. (Fn. 94), S. 267.

289 Die Gliedkirchen der evangelischen Kirche in Deutschland im Bereich der DDR gaben am 01.09.1954 eine Stellungnahme zum Entwurf des FGB ab, vgl. Stellungnahme der Kirchlichen Ostkonferenz zu dem Entwurf eines Familiengesetzbuches der Deutschen Demokratischen Republik, in FamRZ 1954, S. 181 ff. und aus BArch, DP 1 VA Nr. 243, fol. 135 ff.

290 Vgl. Stellungnahme der Kirchlichen Ostkonferenz zu dem Entwurf eines Familiengesetzbuches der Deutschen Demokratischen Republik vom 01.09.1954, a.a.O. (Fn. 289).

291 § 1: „Das Familiengesetzbuch der Deutschen Demokratischen Republik regelt die persönlichen Beziehungen und die Vermögensverhältnisse zwischen Ehegatten, zwischen Eltern, Kindern und anderen Verwandten, zwischen Vormund und Mündel mit dem Ziele der Entwicklung und Festigung der Familie und der Erziehung der Kinder im Geiste der Demokratie, des Sozialismus, des Patriotismus und der Völkerfreundschaft.“

druck gebrachte Auffassung der Ehe abgelehnt. Die Ehe sei eine von Gott gegebene Form des Zusammenlebens, deren Schutz Aufgabe des Staates sei. Der Staat überschreite seine Grenzen bei dem Versuch, diese Gemeinschaft inhaltlich neu zu bestimmen und ihr Ziele vorzugeben. Die Gleichberechtigung der Ehefrau wurde seitens der Kirche zwar nicht bestritten, es dürfe jedoch nicht die „schöpfungsbedingte psychische und physische Verschiedenheit von Mann und Frau“ dabei übersehen werden.[292] Bedenken wurden auch gegen die Abschaffung des Verschuldensprinzips bei der Scheidung geäußert, da dies zur Aufhebung des Ernstes der Ehe führen könne. In der Reduzierung des Scheidungstatbestandes auf eine Generalklausel wurde die Gefahr einer ausweitenden Auslegung gesehen. Des Weiteren wurde befürchtet, dass die Persönlichkeit des einzelnen Menschen dadurch verloren gehe, dass dieser „zu einem ganz kleinen Rädchen der Gesellschaft“ herabgesetzt werde.[293] Es wurde auch der im Entwurf zum Ausdruck kommende zumindest moralische Zwang der Mütter zur Aufnahme einer beruflichen Tätigkeit abgelehnt, da insbesondere für kleine Kinder die Geborgenheit der Familie wichtig sei. Hiermit verbunden war die Besorgnis, dass die Erziehung der Kinder von der Familie auf den Staat übergehe. Ferner sprachen sich die Kirchen gegen die Möglichkeit der getrennten Namensführung bei Ehegatten aus, da hierin eine Beeinträchtigung des Zusammengehörigkeitsgefühls der Eheleute gesehen wurde. Insgesamt machte die Kirche sich dafür stark, wegen der engen Verbindung des Familienrechts mit der Religion eine gemeinsame Lösung zu entwickeln.[294]

---

§ 2 : „Die Ehe ist eine für das Leben geschlossene Gemeinschaft zwischen Mann und Frau, die gegründet auf Gleichberechtigung, gegenseitiger Liebe und Achtung, der gemeinsamen Entwicklung der Ehegatten und der Erziehung der Kinder dient.“

292 Stellungnahme der Kirchlichen Ostkonferenz zu dem Entwurf eines Familiengesetzbuches der Deutschen Demokratischen Republik vom 01.09.1954, a.a.O. (Fn. 289), fol. 136.

293 Vgl. Bericht über die Gemeindeversammlung des Pfarramtes Groß Glienicke vom 19.01.1955, aus BArch, DP 1 VA Nr. 243, fol. 37.

294 Vgl. Stellungnahme der Kirchlichen Ostkonferenz zu dem Entwurf eines Familiengesetzbuches der Deutschen Demokratischen Republik vom 01.09.1954, a.a.O. (Fn. 289) sowie die Schreiben einzelner Synoden und Kirchengemeinden, deren Kritik im Wesentlichen mit der in der Stellungnahme der Kirchlichen Ostkonferenz geäußerten Kritik übereinstimmte und diese bestätigte: Brief des Pfarrers D. Pasche an den

Auch die katholische Kirche kritisierte das Fehlen jeglicher christlicher Bezüge in dem Gesetzentwurf. Er stehe „in seinen tragenden Grundsätzen im Widerspruch zur Schöpfungsordnung“.[295] Die inhaltlichen Vorgaben und Ziele für die Ehe wurden abgelehnt, da diese bereits von der Natur und der Religion vorgegeben und damit einer staatlichen Reglementierung entzogen seien. Ebenso widerspreche die der Frau zugewiesenen Rolle der natürlichen Ordnung. Es wurde ferner eine Klarstellung gefordert, dass die religiösen Verpflichtungen im Hinblick auf Ehe und Familie durch das Gesetz unberührt blieben.[296]

d) Auswertung der Diskussionen

Am 19.10.1954 fand im Ministerium der Justiz eine Fachkonferenz statt, zu der sämtliche Leiter der Justizverwaltungsstellen und die Direktoren der Bezirksgerichte sowie einige Wissenschaftler und Vertreter anderer an der Diskussion beteiligter Stellen eingeladen worden waren. Ferner wurden aus jedem Bezirk drei Richter delegiert, die sich bei der Diskussion über den Entwurf des Familiengesetzbuches besonders ausgezeichnet hatten.[297] An der Konferenz nahmen 134

Volkskammerpräsidenten Dr. Dieckmann vom 09.12.1954, aus BArch, DP 1 VA Nr. 243, fol. 23; Entschließung der Kreissynode des Kirchenkreises Pritzwalk vom 29.11.1954, aus BArch, DP 1 VA Nr. 243, fol. 27; gleichlautende Schreiben der Kirchengemeinden Himmelpfort, Bredereiche Ravensbrück an den Ministerpräsidenten Otto Grotewohl vom 24.01.1955, 30.01.1955 und 06.02.1955, aus BArch, DP 1 VA Nr. 243, fol. 29 ff.; Bericht über eine Kirchenversammlung in Köthen am 21.09.1954, aus BArch, DP 1 VA Nr. 243, fol. 114 und Bericht über die 17. Evangelisch–Lutherische Landessynode der Kirche Sachsens vom 27. und 28. 10.1954, aus BArch, DP 1 VA Nr. 243, fol. 173.

295 Weskamm, Stellungnahme des Katholischen Episkopates zu dem Entwurf eines Familiengesetzbuches der Deutschen Demokratischen Republik, in FamRZ 1964, S. 231, 232.

296 Vgl. Schreiben des Bischofs von Berlin Weskamm im Namen der Bischöfe und bischöflichen Kommissare im Bereich der DDR vom 28.08.1954 an den Ministerpräsidenten der DDR Otto Grotewohl, aus BArch, DP 1 VA Nr. 243, fol. 181 ff.

297 Vgl. Schreiben der Regierung der Deutschen Demokratischen Republik, Ministerium der Justiz an alle Leiter der Verwaltungsstellen und Direktoren der Bezirksgerichte betreffend die Fachkonferenz zum Entwurf des Familiengesetzbuches vom 6.10.1954, aus BArch, DP 1 SE Nr. 2263/1.

Personen teil, wobei es sich überwiegend um Richter handelte.[298] In Vorbereitung auf diese Konferenz, die eigentlich für Ende September geplant war, wurden bis zum 15.09.1954 in allen Gerichtsbezirken Arbeitstagungen durchgeführt, an denen alle Richter teilnehmen sollten. Die Ergebnisse der Justizaussprachen sollten auf diesem Wege aufbereitet und Änderungsvorschläge oder Stellungnahmen schriftlich an das Ministerium gesandt werden.[299]
Die Konferenz diente der Auswertung der Vorschläge, die bei den Justizaussprachen mit der Bevölkerung und auf den Bezirkstagungen der Richter unterbreitet worden waren. Dabei wurde betont, dass nicht die Formulierungen einzelner Bestimmungen, sondern der sachliche Inhalt des Entwurfs erörtert werden sollten.[300]
Benjamin erklärte einleitend, „dass die Justizaussprachen zum Entwurf des Familiengesetzbuches wesentlich zur Festigung des Vertrauens der Bevölkerung zu(m) [...] Staat, insbesondere aber auch zu(r) [...] demokratischen Justiz und damit zugleich zu dem großen Erfolg der Volkswahl beigetragen" hätten".[301] Auf der Konferenz wurde weiter festgestellt, dass der Entwurf „in seinen Grundsätzen volle Zustimmung gefunden"[302] habe. So setzte man sich lediglich mit der Kritik auseinander, die den Entwurf in seinen Grundsätzen nicht berührte, sondern sich auf die Punkte bezog, die auch innerhalb der Gesetzgebungskommission umstritten gewesen waren. Das Vorhandensein weitergehender negativer Kritik wurde zwar wahrgenommen, die Ursache hierfür sah man jedoch allein

---

298 Vgl. Teilnehmerliste der Fachkonferenz vom 19.10.1954, aus BArch, DP 1 SE Nr. 2263/1, fol. 112 ff.

299 Vgl. Rundschreiben des Ministeriums der Justiz an alle Leiter der Justizverwaltungsstellen und Direktoren der Bezirksgerichte der Deutschen Demokratischen Republik vom 27.08.1954, aus BArch, DP 1 SE Nr. 2263/1, fol. 59 ff.

300 Vgl. Protokoll über die am 19.10.1954 im Ministerium der Justiz stattgefundene Fachkonferenz über den Entwurf des Familiengesetzbuches, aus BArch, DP 1 VA Nr. 122, fol. 144 ff.

301 Vgl. Benjamin, Protokoll über die am 19.10.1954 im Ministerium der Justiz stattgefundene Fachkonferenz über den Entwurf des Familiengesetzbuches, a.a.O. (Fn. 300), fol. 144.

302 Bericht über die Ergebnisse der Diskussion zum Entwurf des Familiengesetzbuches auf der Arbeitstagung im Ministerium der Justiz vom 19.10.1954, aus BArch, DP 1 SE Nr. 2263/1, fol. 80.

darin, dass in diesen Fällen „die Referenten selbst nicht mit der nötigen Überzeugung und kämpferischen Haltung die Grundsätze des Entwurfs dargelegt, zum Teil sogar durch eigene kritische Bemerkungen die Diskussion vom Wesentlichen abgelenkt haben“.[303] Demzufolge – so der Bericht über die Diskussion – wäre diese Kritik bei einer überzeugenden Diskussionsführung gar nicht entstanden, so dass es nunmehr auch keiner Auseinandersetzung mit ihr bedurfte.
Im Einzelnen wurden folgende Ergebnisse in einem 32-seitigen Bericht[304] festgehalten:

aa) Namensrecht

Das Namensrecht war Gegenstand zahlreicher Diskussionen. Die Möglichkeit für den Ehemann, auch den Namen der Frau anzunehmen, wurde weitgehend akzeptiert.[305] Die Kritik wandte sich in erster Linie gegen die Möglichkeit der getrennten Namensführung, „da diese nach außen den Ausdruck der ehelichen Gemeinschaft abschwäche und die Zusammengehörigkeit der Ehegatten nicht erkennen lasse“.[306] Die unterschiedliche Namensführung wurde allerdings nach wie vor als notwendige Folge der Gleichberechtigung für erforderlich gehalten. So sei „die Gleichstellung hinsichtlich des Namensrechts vor allem eine notwendige Folge und der klarste Ausdruck der Gleichberechtigung von Mann und Frau“.[307]

bb) Unterhalt

Hinsichtlich der Regelung, den Unterhaltsanspruch erst mit der Aufforderung zur Zahlung entstehen zu lassen, wurde angeregt, es ausreichen zu lassen, dass sich der Verpflichtete schuldhaft dem Zugang der Aufforderung entzog. So konnte man auch die „Republikflüchtigen“ erfassen. Man war sich einig darüber, dass diese Leute keinen Schutz vor dem Auflaufen der Unterhaltsansprü-

---

[303] Bericht über die Ergebnisse der Diskussion, a.a.O. (Fn. 302), fol. 81.
[304] Vgl. Bericht über die Ergebnisse der Diskussion, a.a.O. (Fn. 302), fol. 80 ff.
[305] Vgl. Bericht über die Ergebnisse der Diskussion, a.a.O. (Fn. 302), 84 f.
[306] Bericht über die Ergebnisse der Diskussion, a.a.O. (Fn. 302), fol. 84.
[307] Bericht über die Ergebnisse der Diskussion, a.a.O. (Fn. 302), fol. 85.

che verdienten und wollte die Änderung in den Entwurf aufnehmen.[308] Darüber hinaus wurde angeregt, die bei Beendigung der Ehe vorgesehene Teilung des gemeinsamen Vermögens und entsprechende finanzielle Ausgleichsansprüche im Falle des Erwerbs von Alleineigentum zu ändern. Obwohl diese Vorschrift dem Gedanken der Gleichberechtigung entsprach, fürchtete man hierdurch eine unbillige Belastung der Frau. Bei der Scheidung einer kinderreichen, vermögenslosen Ehe bildeten die Gegenstände, die für die Betreuung der Kinder erforderlich waren, oftmals den überwiegenden Teil des Vermögens. Die Regelung hätte daher oftmals zur Folge gehabt, dass die Frau, der die Betreuung der gemeinsamen Kinder übertragen wurde, mit erheblichen Ausgleichspflichten gegenüber dem Mann belastet worden wäre. Dies wollte man verhindern.

cc) Ausgleichsanspruch

Hinsichtlich des Ausgleichsanspruchs gab der Hinweis auf die Situation derjenigen Frau, die im Betrieb des Mannes mitarbeitete, das Vermögen des Mannes dadurch vermehrte und keine Kinder hatte, Anlass zur Erörterung. Da der Ausgleichanspruch des § 22 sich nur auf die Hausfrau und Mutter beschränkte, hätte in diesem Fall der Frau bei Auflösung der Ehe kein Ausgleichsanspruch zugestanden. Man war sich deshalb einig, dass für diese Fälle eine besondere Bestimmung hinzugefügt werden müsse, die dann aber für den Mann und die Frau gleichermaßen gelten musste.[309]

dd) Scheidung der Ehe

Im Verlaufe der Diskussionen wurde deutlich, dass innerhalb der Bevölkerung die Beibehaltung des Verschuldensprinzips und der gesetzlichen Scheidungsgründe, insbesondere des Scheidungsgrundes des Ehebruchs, gewünscht wurde. Dies wurde unter anderem darauf zurückgeführt wurde, dass es den Referenten nicht gelungen sei, „die Diskussionsredner voll von dem Sinn und der Bedeutung der Neureglung zu überzeugen."

Das Grundprinzip des Gesetzentwurfs sei „die Festigung der Familie".[310] Daraus folge die Notwendigkeit, dass „das Ziel [...] (der) Entwicklung" sein müsse,

---

[308] Vgl. Bericht über die Ergebnisse der Diskussion, a.a.O. (Fn. 302), fol. 85.

[309] Vgl. Bericht über die Ergebnisse der Diskussion, a.a.O. (Fn. 302), fol. 87.

[310] Bericht über die Ergebnisse der Diskussion, a.a.O. (Fn. 302), fol. 88.

„Ehescheidungen zu Ausnahmefällen werden zu lassen".[311] Letztlich kam man der Forderung der Bevölkerung, demjenigen, der wesentlich zur Zerrüttung beigetragen hatte, einen Unterhaltsanspruch zu verwehren, insoweit nach, als dass man in der Regelung über die Unterhaltsverpflichtung nach der Scheidung eine Billigkeitsklausel, „soweit dies unter Berücksichtigung aller Umstände gerechtfertigt erscheint",[312] aufnahm. Damit wurde den Gerichten die Möglichkeit gegeben, ein etwaiges Verschulden mit zu berücksichtigen. Es wurde betont, dass hiermit lediglich die Fälle gemeint sein sollten, „in denen es schon auf Grund der notwendigen Untersuchung des Zustandes der Ehe absolut offensichtlich geworden ist [...], dass für diesen Zustand überhaupt ein Verschulden verantwortlich ist und dass der Vorwurf eindeutig und ohne Notwendigkeit einer Beweisaufnahme ausschließlich den unterhaltsbedürftigen Ehegatten trifft, während der andere makellos dasteht."[313]
Der Entwurf sah bislang lediglich vor, bei der Entscheidung über die Fortdauer des Unterhaltsanspruchs über die vorgesehenen zwei Jahre hinaus derartige Umstände mit zu berücksichtigen.

ee) Nichteheliche Kinder

Hinsichtlich der Regelungen über das nichteheliche Kind wurden die Bestimmungen des Entwurfs von der Kommission trotz verschiedener Anregungen letztlich nicht für änderungsbedürftig gehalten. Die Regelungen entsprächen „dem gegenwärtigen Stand des Bewusstseins [...] (der) Bevölkerung und der ökonomischen Verhältnisse". Meinungen, die eine weitergehende Gleichstellung des nichtehelichen Kindes mit dem ehelichen Kind forderten, wie zum Beispiel ein Verkehrsrecht des Vaters, seien „unrichtig". Sie würden die Tatsache missachten, „dass zwischen dem nichtehelichen Kind und seinem Erzeuger nur biologische Beziehungen" bestünden, „an die sich einzelne Rechtswirkungen knüpften, die Familie dagegen enge gesellschaftliche und damit auch umfassende rechtliche Beziehungen" schaffe.[314] Eine weitere Diskussion über die Mehrverkehrseinrede wurde mit der Begründung abgelehnt, dass diese eine of-

---

311 Bericht über die Ergebnisse der Diskussion, a.a.O. (Fn. 302), fol. 88.

312 Bericht über die Ergebnisse der Diskussion, a.a.O. (Fn. 302), fol. 92.

313 Nathan, Die Regelung des Unterhalts nach der Ehescheidung, in NJ 1954, S. 560, 564.

314 Vgl. Eggers-Lorenz, Über die Feststellung der Vaterschaft, in NJ 1954, S. 566.

fensichtliche Benachteiligung des nichtehelichen Kindes darstelle und deshalb zu beseitigen sei.[315]

ff) Annahme an Kindes statt

Nachdem im Entwurf von der ausdrücklichen Regelung eines Eheverbotes zwischen einem Adoptivelternteil und dem Adoptivkind abgesehen worden war, wurde eine Aufnahme dieses Eheverbotes im Rahmen der Diskussion unter anderem vom Obersten Gericht angeregt.[316] Obwohl sich dieses bereits aus dem durch die Adoption begründeten Verwandtschaftsverhältnis ergab, wurde eine „ausdrückliche Klarstellung" als „zweckmäßig" angesehen.[317] Darüber hinaus wurde in zahlreichen Eingaben die Aufnahme einer Regelung über einen angemessenen Altersunterschied zwischen dem Annehmenden und dem Angenommenen gefordert. Dieses Verlangen der Bevölkerung wurde als sachlich gerechtfertigt angesehen und sollte durch einen entsprechenden Zusatz im Entwurf Berücksichtigung finden.[318]

Berücksichtigung fand auch die Kritik an den Rechtswirkungen der Annahme. Die Regelung des Entwurfs, wonach die Wirkungen der Annahme sich zwar auf die Abkömmlinge des angenommenen Kindes erstrecken sollten, nicht aber auf die Verwandten des Annehmenden, hätte zur Folge gehabt, dass ein angenommenes Kind mit dem Tode seiner Adoptiveltern keine Verwandten mehr gehabt hätte. Die verwandtschaftliche Beziehung zu seinen ursprünglichen Verwandten war nämlich gemäß § 89 des Entwurfs mit der Annahme erloschen. Da beabsichtigt war, durch die Annahme an Kindes statt ein volles Verwandtschaftsverhältnis zu schaffen, sollte die einschränkende Regelung des Entwurfs gestrichen werden.[319]

e) Umgang mit der Kritik der Kirche

Aufgrund der Tatsache, dass noch ein Großteil der Bevölkerung der evangelischen Kirche angehörte, nahm man die Kritik der Kirche ernst und befürchtete

---

315 Vgl. Bericht über die Ergebnisse der Diskussion, a.a.O. (Fn. 302), fol. 94.

316 Vgl. Bericht über die Ergebnisse der Diskussion, a.a.O. (Fn. 302), fol. 83.

317 Bericht über die Ergebnisse der Diskussion, a.a.O. (Fn. 302), fol. 83.

318 Vgl. Bericht über die Ergebnisse der Diskussion, a.a.O. (Fn. 302), fol. 96.

319 Vgl. Bericht über die Ergebnisse der Diskussion, a.a.O. (Fn. 302), fol. 96.

eine Beeinflussung der Bevölkerung in einer die Akzeptanz des Entwurfs nicht förderlichen Weise. Darüber hinaus war man besorgt, dass die Pfarrer derart auf ihre Gemeindemitglieder einwirken könnten, dass diese aus grundsätzlichen Zweifeln an der Richtigkeit derzeitiger politischer Maßnahmen nicht zur Volkskammerwahl gingen.[320]

Anstatt sich mit der seitens der Kirchen geübten Kritik sachlich auseinander zu setzen, suchte man aber nach Wegen, die Bevölkerung dem Einfluss der Kirchen zu entziehen. Diesen Weg sah man unter anderem darin, argumentativ geschulte Personen an den Gemeindeabenden teilnehmen zu lassen und sich zentral mit der „kirchlichen Scheinargumentation" auseinander zu setzen.[321] Auf der Sitzung des Politbüros vom 24.11.1954 wurde das Agieren der Kirche gar als Hetze bezeichnet und erwogen, weitere Versammlungen zu untersagen.[322]

f) Scheitern des Entwurfs

Es mag mehrere Gründe gegeben haben, aus denen es letztlich nicht zur Verabschiedung dieses Gesetzentwurfs kam.

Benjamin führte dies später offiziell darauf zurück, dass zum damaligen Zeitpunkt noch die Erkenntnis darüber gefehlt habe „welche neuen Familienverhältnisse nach der Umgestaltung der Eigentumsverhältnisse zu wachsen beginnen".[323] Zu diesen Erkenntnissen sei man erst in den darauf folgenden zehn Jahren gekommen, was dann auch eine neue Konzeption des FGB zur Folge hatte. Der Entwurf von 1954 beruhte dagegen hinsichtlich der „neuen Gesetzmäßig-

320 Vgl. Vertraulicher Bericht Nr. 7/54 über die Instruktion in Dresden am 13. und 14.10.1954 der Hauptabteilung II vom 15.10.1954, aus BArch, DP 1 VA Nr. 243, fol. 101 ff.

321 Vgl. Mitteilung an Frau Minister, Betrifft: Diskussion zum Familiengesetzbuch – Auftreten der Kirche – vom 21.10.1954, aus BArch, DP 1 VA Nr. 243, fol. 100.

322 Vgl. Anlage Nr. 8 zum Protokoll Nr. 36/54 vom 24.11.1954, aus BArch, DY 30/J IV 2/2/392, fol. 4.

323 Benjamin, Die gesellschaftlichen Grundlagen und der Charakter des FGB-Entwurfs, in NJ 1965, S. 225, 228.

keiten der Entwicklung der Familie unter den Bedingungen des Sozialismus auf Spekulationen".[324]
Teile des Entwurfs wurden der Verordnung über die Eheschließung und Eheauflösung vom 29.11.1955[325], der Eheverfahrensordnung vom 07.02.1956[326] und der Verordnung über die Annahme an Kindes Statt vom 29.11.1956[327] zugrunde gelegt und auf diese Weise geltendes Recht. Damit waren wesentliche familienrechtliche Bereiche geregelt. Es ist daher auch vorstellbar, dass nunmehr zunächst auf anderen Rechtsgebieten ein höherer Regelungsbedarf gesehen wurde. Ein weiterer Grund, die Arbeiten an einem neuen Familiengesetzbuch nicht kontinuierlich fortzusetzen, mag in der Personalknappheit und im besonders hohen Arbeitsanfall in anderen Bereichen gelegen haben. So wies Benjamin darauf hin, dass die Wichtigkeit der Regelung der familienrechtlichen Fragen nicht von anderen wichtigen Fragen ablenken dürfe. „Die Erläuterung der Moskauer Deklaration", „die Mitwirkung an der Organisation des [...] Kampfes gegen die Ratifizierung der Pariser Verträge und für die Erhaltung des Friedens" standen im Vordergrund.[328]
Die öffentliche Diskussion hatte aus Sicht der Partei auch gezeigt, dass die Vorstellung einer sozialistischen Ehe noch nicht von der Gesamtheit der Bevölkerung mitgetragen würde. Gerade die Forderung nach dem Verschuldensprinzip bei der Scheidung habe deutlich gezeigt, dass noch an den alten Denkstrukturen festgehalten werde. Die beabsichtigte Erweiterung der Befugnisse des Rates des Kreises hätte eine staatliche Kontrolle in den persönlichen Bereich der Familien hineingetragen. Die Ereignisse des 17.06.1953 mögen dazu geführt haben, dass man nicht wagte, ein Gesetz zu verabschieden, dass in den Individualbereich der Bürger eingriff, obwohl es von diesen nicht in vollem Umfang getragen wurde.

---

324 Benjamin, Die gesellschaftlichen Grundlagen und der Charakter des FGB-Entwurfs, a.a.O. (Fn. 323), fol. 228.

325 GBl. I, S. 849 ff.

326 GBl. I, S. 145 ff.

327 GBl. I, S. 1326 ff.

328 Benjamin, Zum Abschluss der allgemeinen Diskussion über den Familiengesetzentwurf, in NJ 1954, S. 724.

Es waren hierfür nach Einschätzung der SED-Führung gesellschaftliche Voraussetzungen erforderlich, die noch nicht im hinreichenden Umfang existierten.[329] Die Arbeiten am Entwurf eines FGB gingen auch nach dem Scheitern des Entwurfs von 1954 und vor ihrer offiziellen Wiederaufnahme 1957 weiter. Die Tatsache, dass bereits im März 1955 eine Durchführungsverordnung zum FGB ausgearbeitet wurde, lässt darauf schließen, dass man mit einer zeitnahen Verabschiedung des FGB in der Fassung von 1954 rechnete.[330] Diese Vermutung wird gestützt durch die Tatsache, dass das Ministerium der Justiz am 21.05.1955 Themen für die Diskussion der Familienrechtskommission herausgab, wobei insbesondere auf Unterschiede zu Regelungen in anderen sozialistischen Ländern verwiesen wurde.[331]

g) Zwischenergebnis

Mit dem Gesetz über den Mutter- und Kinderschutz und die Rechte der Frau von 1950 wurde erstmals die staatliche Einflussnahme auf die Entwicklung der Familienbeziehungen gesetzlich geregelt. Die Festigung der Familie sowie die Sorge um die Kinder, die auch deren Erziehung umfasste, wurden zu Aufgaben des Staates erklärt. Die staatliche Unterstützung der Mütter bei der Kindererziehung diente neben der Einwirkungsmöglichkeit auf die Erziehung der Kinder dem Ziel, die Frauen in den Arbeitsprozess einzugliedern. Die Bestimmungen des MKSchG wiesen den Weg für die weiteren Gesetzgebungsarbeiten und boten der Rechtsprechung neben der Verfassung eine weitere Entscheidungsgrundlage.

Das Familienrecht der DDR erfuhr durch die Rechtsprechung eine wesentliche Umgestaltung. So wurde bestimmt, dass der Güterstand die Gütertrennung sei. Als radikaler Bruch mit dem patriarchalischen BGB ist die Entscheidung des Obersten Gerichts zu sehen, dass im Falle des Getrenntlebens oder der Scheidung jeder Ehepartner für sich selber sorgen musste und ein Unterhaltsanspruch die Ausnahme sein sollte.

---

329 Vgl. Klose, a.a.O. (Fn. 3), S.177 f.

330 Vgl. 1. Entwurf, Durchführungsverordnung zum Familiengesetz der Deutschen Demokratischen Republik, aus BArch, DP 1 VA Nr. 122, fol. 252 ff.

331 Vgl. Themen für die Diskussion der Familienrechtskommission vom 21.05.1955, aus BArch, DP 1 VA Nr. 6872, fol. 1 ff.

Bei den Arbeiten zur Reform des Familienrechts blieben zunächst das Verlöbnis, die Eheschließung und die Ehescheidung sowie das Vormundschaftsrecht außer Betracht, weil sie nicht im unmittelbaren Zusammenhang mit der Gleichberechtigung der Frau standen und durch die teilweise Kodifizierung im EheG 1946 formal einer weiteren Regelung entzogen waren. Im FGB-Entwurf von 1954 wurde dann erstmals das gesamte Familienrecht neu geregelt. Der Bevölkerung wurde ein FGB präsentiert, das sich komplett vom bürgerlichen Rechtssystem gelöst hatte. Der Gesetzentwurf zeichnete sich durch einen im Vergleich zu den Vorschriften des BGB knappen Regelungsumfang und eine klare und verständliche Sprache aus. Die neue Aufgabe des Gesetzes, die Bevölkerung zu einer neuen, der sozialistischen, Moral zu erziehen, kam bereits deutlich in den einleitenden Grundsätzen zum Ausdruck. Der Entwurf machte deutlich, welche weitere Entwicklung die Gesetzgebung nahm und bildete das Grundgerüst für den endgültigen Entwurf.
Im Vergleich zum damaligen Familienrecht in der Bundesrepublik enthielt der FGB-Entwurf bereits weitreichende Reformansätze. Bis 1955 gab es in der Bundesrepublik noch keine gesetzlichen Reformen des Familienrechts. Eine Änderung erfuhr das Familienrecht lediglich aufgrund der Regelung in Art. 117 Abs. 1 GG. Während nämlich die Verfassung der DDR von 1949 feststellte, dass alle Gesetze und Bestimmungen, die der Gleichberechtigung der Frau entgegenstanden, aufgehoben waren, verlängerte in der Bundesrepublik Art. 117 Abs. 1 GG den Zeitraum, in dem die dem Gleichheitsgrundsatz entgegenstehenden Vorschriften ihre Gültigkeit behielten, bis zum 31.03.1953. Auch danach verloren lediglich die Regelungen ihre Gültigkeit, die in einem offensichtlichen und unhaltbaren Maße gegen den Grundsatz der Gleichberechtigung verstießen. So wurde unter anderem der gesetzliche Güterstand der ehemännlichen Nutzung und Verwaltung vom außergesetzlichen Güterstand der Gütertrennung abgelöst. Dieser gesetzlich nicht geregelte Zustand hielt bis zum Inkrafttreten des Gleichberechtigungsgesetzes im Jahre 1957 an und wurde bis zu diesem Zeitpunkt durch Richterrecht ausgefüllt.
Die gesetzlichen Regelungen hinsichtlich des nichtehelichen Kindes erfuhren in der Bundesrepublik in dieser Zeit noch keinerlei Überarbeitung. Während in der DDR bereits das MKSchG 1950 feststellte, dass die nichteheliche Geburt kein Makel war und der FGB-Entwurf das nichteheliche Kind weitestgehend mit dem ehelichen Kind gleichstellte, bestand in der Bundesrepublik zu diesem Zeitpunkt

noch nicht einmal ein verwandtschaftliches Verhältnis zwischen dem Vater und dem nichtehelichen Kind. Dieses wurde erst mit dem Gesetz über die rechtliche Stellung der nichtehelichen Kinder[332] vom 19.08.1969, welches am 01.07.1970 in Kraft trat, begründet.

---

[332] BGBl. I, S. 1243.

III. 1955 – 1961

Mit dem am 20.09.1955 zwischen der UdSSR und der DDR in Moskau geschlossenen „Vertrag über die Beziehungen zwischen der Deutschen Demokratischen Republik und der Union der Sozialistischen Sowjetrepubliken",[333] der am 06.10.1955 in Kraft trat, wurde der DDR die Souveränität zuerkannt. Sie war damit „frei in der Entscheidung über Fragen ihrer Innenpolitik und Außenpolitik, einschließlich der Beziehungen zur Bundesrepublik, sowie der Entwicklung der Beziehungen zu anderen Staaten".[334] Aufgrund der nunmehr erlangten Souveränität lag für die DDR hierin gleichzeitig der Beschluss, dass die Gültigkeit der von 1945 bis 1948 erlassenen Kontrollratsgesetze aufgehoben war.[335] Daher fand auch das EheG 1946 keine Anwendung mehr. Für den Bereich des Familienrechts bedeutete dies, dass den Gerichten als gesetzliche Grundlagen nunmehr lediglich Art. 7 und Art. 30 der Verfassung von 1949 sowie das MKSchG vom 27.09.1950 blieben. Man hielt es deshalb für erforderlich, „auf diesem wichtigen Gebiet des Familienrechts, das die Lebenssphäre aller Bürger aufs stärkste berührt, schnell eine gesetzliche Regelung zu schaffen, welche die herrschenden Rechtsanschauungen im Einzelnen konkretisiert".[336] Das Ministerium der Justiz erließ daher am 29.11.1955 die „Verordnung über Eheschließung und Eheauflösung". Man nutzte hierfür die bereits ausgearbeiteten Regelungen des Entwurfs von 1954. Auf diese Weise erhielt ein Teil des Entwurfs Rechtswirkung, obwohl der Entwurf sich als Ganzer nicht durchsetzen konnte.[337] Betont wurde, dass es gelungen sei, aufgrund des in der öffentlichen Diskussion deutlich gewordenen weit entwickelten neuen Rechtsbewusstseins der Bevölke-

---

333 GBl. I, S. 917.

334 Artikel 1 des Vertrags über die Beziehungen zwischen der DDR und der UdSSR vom 20.09.1955.

335 Vgl. Badstübner, Geschichte der DDR, 1984, S. 175; Benjamin, Die Kontinuität in der Entwicklung des Familienrechts der Deutschen Demokratischen Republik, aus BArch, DP 1 SE Nr. 1842, Bd. 4.

336 Ostmann, Die Verordnung über Eheschließung und Eheauflösung, in NJ 1955, S. 725.

337 Vgl. Klose, a.a.O. (Fn. 3), S. 178 ff.

rung, die „durch den Wegfall des KRG Nr. 16 gestellte Aufgabe schnell und ohne jeden Bruch in der Rechtsentwicklung zu lösen“.[338]

1. Verordnung über Eheschließung und Eheauflösung vom 24.11.1955

Am 24.11.1955 erließ der Ministerrat der DDR die Verordnung über Eheschließung und Eheauflösung,[339] die am 01.01.1956 in Kraft trat. Der Verordnung lagen die Regelungen des FGB-Entwurfs zur Eheschließung und zur Beendigung der Ehe zugrunde, die teilweise wörtlich übernommen wurden.

Die Verordnung hatte eine Präambel, die allerdings nicht als solche überschrieben war. Sie erläuterte den Inhalt und die Bedeutung der sozialistischen Ehe und entsprach einer Zusammenfassung der beiden ersten Grundsätze des FGB-Entwurfs von 1954. Darüber hinaus wurde vorgegeben, wie die Moralvorstellungen der Bürger auszusehen hatten, indem die Präambel in ihrem letzten Satz festlegte: „Ein leichtfertiges Verhalten zur Ehe widerspricht den moralischen Anschauungen der Werktätigen.“[340]

a) Eheschließung

Die drei Paragraphen des FGB-Entwurfs über die Eheschließung wurden übernommen. Die Vorschrift über die Eheverbote wurde, wie bereits im Rahmen der öffentlichen Diskussion vielfach angeregt, um das Verbot der Eheschließung zwischen Annehmenden und Angenommenen im Falle einer Adoption erweitert.[341]

---

338 Ostmann, Die Verordnung über Eheschließung und Eheauflösung, a.a.O. (Fn. 336).

339 GBl. I, S. 849.

340 Verordnung über Eheschließung und Eheauflösung.

341 Vgl. 2. Kapitel 7. d) ff) Annahme an Kindes statt.

b) Auflösung der Ehe

Die im Entwurf von 1954 formulierte Generalklausel[342] wurde übernommen. Demnach konnte eine Ehe nur geschieden werden, wenn ernstliche Gründe hierfür vorlagen und wenn das Gericht durch eine eingehende Untersuchung festgestellt hatte, dass die Ehe ihren Sinn für die Eheleute, für die Kinder und für die Gesellschaft verloren hatte. Entgegen der Regelung im Entwurf von 1954, wonach bei übereinstimmenden Anträgen der Eheleute nicht zu prüfen war, ob die Scheidung für einen der Ehegatten eine unzumutbare Härte darstellte, war diese Prüfung sowie die weitere, ob das Wohl der minderjährigen Kinder einer Scheidung entgegenstand, nunmehr in jedem Fall vom Gericht vorzunehmen. Nachdem die Scheidung bereits durch den FGB-Entwurf dem alleinigen Willen der Ehepartner entzogen worden war, wurde dies in der Verordnung durch die Aufhebung der Prüfungsbeschränkung bei einer einverständlichen Scheidung sowie das im Entwurf vorgesehene Widerspruchsrecht eines Ehepartners gegen die Scheidung noch deutlicher herausgestellt. Durch die Abkehr vom Verschuldensprinzip und von der Auflistung einzelner Scheidungsgründe war das Scheidungsrecht nunmehr umfassend reformiert worden. Mit der Generalklausel wurde den Richtern für ihre Entscheidungen ein großes Ermessen eingeräumt mit der Folge, dass es zu einer sehr unterschiedlichen Rechtsanwendung und Rechtsprechung kam. Um die Rechtsprechung zu vereinheitlichen, erließ das Oberste Gericht am 01.07.1957 die Richtlinie Nr. 9,[343] die die Voraussetzungen für eine Ehescheidung im Sinne der EheVO verbindlich festlegte. Zunächst wurde festgestellt, dass die Präambel der EheVO „richtungsweisend" sei, wobei ihr selber kein Normcharakter zukomme.[344] Demnach müsse der Staat die Ehe und Familie schützen und festigen. Bei alten Ehen lägen in der Regel keine ernstlichen Gründe für eine Scheidung vor, da bereits „der lange Bestand der

---

342 In § 29 des Entwurfs eines Familiengesetzbuches von Juni 1954:
„(1) Eine Ehe kann nur geschieden werden, wenn ernstliche Gründe hierfür vorliegen und wenn das Gericht durch eingehende Untersuchung festgestellt hat, dass die Ehe ihren Sinn für die Eheleute, für die Kinder und für die Gesellschaft verloren hat..."

343 Richtlinie des Plenums des Obersten Gerichts der Deutschen Demokratischen Republik über die Voraussetzungen der Ehescheidung nach § 8 Eheverordnung - Richtlinie Nr. 9 - vom 01.07.1957, GBl. II, S. 235 ff.

344 Vgl. Richtlinie Nr. 9, a.a.O. (Fn. 343), S. 238.

Ehe“ dagegen spreche. Ausnahmsweise sollte in diesen Fällen geschieden werden können, wenn keine Kinder vorhanden oder die Kinder bereits erwachsen waren und „wenn in einem dieser Fälle der klagende Ehegatte mit einem anderen wie mit einem Ehegatten zusammengelebt hat und Nachkommenschaft aus dieser Verbindung vorhanden“ war.[345] Des Weiteren wurde festgestellt, dass auch „andere schwerwiegende Gründe“ die Scheidung einer alten Ehe ausnahmsweise rechtfertigen könnten. Diese Gründe wurden allerdings nicht näher definiert. Gerade bei der Scheidung einer alten Ehe sollte die notwendige Prüfung der unzumutbaren Härte nicht dazu führen dürfen, allein wegen der Unterhaltsbedürftigkeit, der Erwerbsbeschränkung oder des Fehlens einer Altersrente die Aufrechterhaltung der Ehe zu rechtfertigen.[346]

c) Unterhaltsrecht

Ebenso wie das Scheidungsrecht wurde auch das Unterhaltsrecht umfassend reformiert. In Abkehr von dem auf dem Verschuldensprinzip beruhenden Unterhaltsrecht des EheG 1946 ging das neue Unterhaltsrecht entsprechend der sozialistischen Ideologie von der ökonomischen Gleichberechtigung von Mann und Frau aus. Mit der Scheidung endete die Vermögensgemeinschaft beider Ehepartner, sodass grundsätzlich jeder verpflichtet war, alleine für seinen Unterhalt aufzukommen. Der Unterhaltsanspruch wurde als Ausnahme zu diesem Grundsatz in § 13 der EheVO[347] geregelt. In diese Regelung wurde die in der öffentlichen Diskussion erörterte Billigkeitsklausel aufgenommen, wonach nur dann ein Unterhaltsanspruch bestehen sollte, wenn dies unter Berücksichtigung aller Umstände gerechtfertigt erschien. Der Unterhaltsanspruch wurde, wie bereits im FGB-Entwurf vorgesehen, auf maximal zwei Jahre beschränkt. Diese Zeit wurde der Frau zugebilligt, um einen Beruf aufzunehmen oder gegebenen-

---

345 Richtlinie Nr. 9, a.a.O. (Fn. 343), S. 238.

346 Vgl. Richtlinie Nr. 9, a.a.O. (Fn. 343), S. 238.

347 “(1) Ist ein Ehegatte ganz oder teilweise außerstande, seinen Unterhalt nach der Scheidung aus seinen eigenen Arbeitseinkünften oder aus sonstigen Mitteln zu bestreiten, so hat ihm der andere Teil für eine Übergangszeit, jedoch nicht länger als zwei Jahre nach Rechtskraft der Scheidung, einen nach den beiderseitigen Verhältnissen angemessenen Unterhalt zu gewähren, soweit dies unter Berücksichtigung aller Umstände gerechtfertigt erscheint...“

falls einen Beruf zu erlernen. Nur in Ausnahmefällen konnte nach Ablauf der zwei Jahre die Fortdauer der Unterhaltszahlung vom Gericht ausgesprochen werden. Auf die Frauen wurde hierdurch ein nachhaltiger Druck ausgeübt, einer Erwerbstätigkeit zur Sicherung ihres Lebensunterhaltes nachzugehen. Damit war ein wesentliches Ziel auf dem Weg der Entwicklung weg von der bürgerlichen Ehe als Versorgungsanstalt hin zu der auf der Gleichberechtigung beider Ehepartner fußenden sozialistischen Ehe erreicht.

2. Verordnung über die Annahme an Kindes Statt vom 29.11.1956

Der Regelungskomplex über die Annahme an Kindes statt erlangte ebenfalls auf dem Verordnungswege Rechtswirksamkeit. Am 29.11.1956 erließ der Ministerrat die Verordnung über die Annahme an Kindes Statt,[348] die am 01.01.1957 in Kraft trat und das bis dahin durch einzelne Landesgesetze geregelte Adoptionsrecht nunmehr vereinheitlichte. Gleichzeitig traten die einzelnen Länderregelungen außer Kraft, die 1948 verabschiedet worden waren, um das Adoptionsverfahren zu vereinfachen und damit dem infolge des Krieges hohen Adoptionsbedarf gerecht werden zu können.[349]

Auch dieser Verordnung lag der FGB-Entwurf von 1954 zugrunde, der entsprechend den Anregungen in der öffentlichen Diskussion überarbeitet wurde. Der Zweck einer Adoption wurde wie bereits im Entwurf in der Erziehung des Kindes gesehen, so dass nur noch die Adoption eines minderjährigen Kindes möglich war. Der Regelung über den Annahmevertrag wurde die Norm des FGB-Entwurfs zugrunde gelegt. Diese wurde dahingehend erweitert, dass zwischen den Annehmenden und dem Kind ein angemessener Altersunterschied bestehen sollte.

Eine Änderung erfuhr auch die Bestimmung über die Wirkung der Kindesannahme auf Verwandte. Während der FGB-Entwurf vorsah, dass sich die Wirkungen einer Annahme[350] lediglich auf die Abkömmlinge des angenommenen

---

[348] GBl. I, S. 1326.

[349] Vgl. Kapitel I, 2. Gesetzgebungsakte der Länder.

[350] Gemäß § 80 des Entwurfs von 1954 wurden mit der Annahme Beziehungen wie zwischen Eltern und Kindern begründet. § 8 der VO regelte, dass mit der Annahme die gleichen Rechte und Pflichten, wie sie zwischen leiblichen Verwandten bestehen, begründet wurden.

Kindes, nicht aber auf die Verwandten des Annehmenden erstrecken sollten, wurden diese Rechtswirkungen nunmehr auch auf Verwandte des Annehmenden ausgedehnt. Damit entsprach die Verordnung den im Rahmen der öffentlichen Diskussion geäußerten Änderungsvorschlägen.[351]

3. Wiederaufnahme der Arbeiten an einem FGB-Entwurf im Jahr 1957

a) V. Parteitag der SED

Aufgrund der Beschlüsse des V. Parteitages der SED, der vom 10. bis 16.07.1958 in Ost-Berlin stattfand, wurden die weiteren Arbeiten am Entwurf des FGB offiziell wieder aufgenommen.[352] Mit dem V. Parteitag wurde „die Endphase der Übergangsperiode vom Kapitalismus zum Sozialismus“[353] eingeleitet. Es wurde festgestellt, dass die wesentlichen Grundlagen des Sozialismus geschaffen worden seien.[354] Nunmehr erfordere „die Lösung höherer Aufgaben des Staates als Hauptinstrument des sozialistischen Aufbaus eine höhere Qualität der Arbeit der Staatsorgane und eine breitere Teilnahme der Volksmassen“.[355] Mit der Entwicklung des sozialistischen Aufbaus ging die Entwicklung des sozialistischen Rechts einher. Ulbricht definierte das sozialistische Recht, als den „zum Gesetz erhobenen Willen der Arbeiterklasse, die im Bündnis mit den werktätigen Bauern und den anderen werktätigen Schichten der Bevölkerung Macht ausübt“. Hinsichtlich des Familienrechts führte Ulbricht aus, dass hierfür „die neuen auf der Grundlage der sozialen Befreiung und Gleichberechtigung beruhenden Beziehungen zwischen Ehegatten und die sozialistische Erziehung der Kinder charakteristisch“ seien.[356]

---

351 Vgl. II. Kapitel 7. d) ff) Annahme an Kindes statt.

352 Vgl. Zum Stand der Arbeiten am Familiengesetzbuch, aus BArch, DP 1 VA Nr. 9067; Konzeption für das Familiengesetzbuch, aus BArch, DP 1 SE Nr. 2981/2.

353 Badstübner, a.a.O. (Fn. 335), S. 200; vgl. auch Benjamin, Wer bestimmt in der Familie?, a.a.O. (Fn. 239).

354 Vgl. Protokoll des V. Parteitages, S. 71, aus BArch, DY 30/IV 1/V/1.

355 Protokoll des V. Parteitages, S. 71, a.a.O. (Fn. 354).

356 Protokoll des V. Parteitages, S. 76, a.a.O. (Fn. 354).

Ulbricht verkündete auf dem V. Parteitag auch die „Zehn Grundsätze sozialistischer Moral und Ethik“.[357] Die sozialistische Moral hinsichtlich ehelicher Beziehungen wurde nicht definiert. Die Familie wurde allerdings insoweit erwähnt, als dass das 9. Gebot unter anderem vorschrieb, die eigene Familie zu achten und die Eltern im 8. Gebot dazu angehalten wurden, ihre Kinder „im Geiste des Sozialismus zu allseitig gebildeten, charakterfesten und körperlich gestählten Menschen zu erziehen“.[358]
Das Ministerium der Justiz kam der Forderung nach der Weiterentwicklung des sozialistischen Rechts im Oktober 1958 nach, indem es einen Perspektivplan ausarbeitete, den so genannten Siebenjahresplan. Dort war für 1959 die Verabschiedung eines Gesetzes über die landwirtschaftlichen Produktionsgenossenschaften sowie eines Gesetzes über die Stellung des Richters vorgesehen. 1960 sollten das Strafgesetzbuch, 1961 das Zivilgesetzbuch und 1962 die Zivilprozessordnung folgen.[359] Der Plan wurde allerdings nur in den ersten beiden Punkten verwirklicht.[360] Obwohl die Ausarbeitung des Familiengesetzbuches in dem Perspektivplan nicht erwähnt war, wurden die Arbeiten aufgrund der Beschlüsse des V. Parteitages offiziell wieder aufgenommen. Tatsächlich begannen die Arbeiten bereits ein Jahr zuvor auf der Sitzung der Familienrechtskommission am 07.08.1957.

b) Bildung einer neuen Familienrechtskommission

Den weiteren Arbeiten ging der Beschluss des Politbüros vom 16.07.1957 voraus, mit dem der Minister der Justiz beauftragt wurde, den Entwurf eines FGB bis zum 01.12.1957 vorzulegen.[361] An der Ausarbeitung des Entwurfs sollten „Wissenschaftler und erfahrene Praktiker“ beteiligt werden.[362] Die daraufhin

---

357 Ulbricht, a.a.O. (Fn. 9), S. 125 ff.

358 Ulbricht, a.a.O. (Fn. 9), S. 125 ff.

359 Vgl. Auswertung des V. Parteitages, Plan für die Arbeit des Ministeriums der Justiz bis zum Jahre 1965, in NJ 1958, S. 551 ff.

360 Vgl. Brunner, Einführung in das Recht der DDR, S. 24.

361 Vgl. Protokoll Nr. 29/57, Protokoll der Sitzung des Politbüros vom 16.07.1957, aus BArch, DY 30/J IV 2/2/549, fol. 3.

362 Protokoll Nr. 29/57, Protokoll der Sitzung des Politbüros vom 16.07.1957, a.a.O. (Fn. 361), fol. 3.

gebildete Kommission setzte sich aus Hilde Benjamin (Justizminister), Heinrich Toeplitz (Staatssekretär), Hans Ranke (Stellvertreter des Ministers), Hans Nathan (Professor), Werner Artzt (Professor), Walter Ziegler (Vizepräsident des Obersten Gerichts), Helmut Ostmann (Hauptabteilungsleiter im Ministerium der Justiz), Wächtler (Hauptreferent im Ministerium der Justiz), Ernst Melsheimer (Generalstaatsanwalt) und Kurt Schumann (Präsident des Obersten Gerichts) zusammen.[363] Den Vorsitz hatte Benjamin. Wächtler führte das Protokoll.

c) Ausarbeitungen der Familienrechtskommission

Entsprechend dem auf der ersten Sitzung beschlossenen Arbeitsplan sollten die einzelnen Abschnitte des FGB-Entwurfs nochmals überarbeitet werden. Als Grundlage für die weiteren Arbeiten diente ein FGB-Entwurf aus dem Jahr 1955.[364]

Die Überarbeitung wurde unter den Kommissionsmitgliedern wie folgt aufgeteilt:

Thema 1: Eheschließung und Eheauflösung gleichzeitig mit den dazugehörenden Vorschriften des Einführungsgesetzes zum FGB: *Schumann.*

Thema 2: Das eheliche Güterrecht ebenfalls mit den Vorschriften des Einführungsgesetzes zum FGB: *Nathan.*

Thema 3: Das gesamte Unterhaltsrecht mit den dazugehörigen Vorschriften des Einführungsgesetzes des FGB: *Ranke.*

Thema 4: Die Rechtsstellung des nichtehelichen Kindes: (*kein Bearbeiter benannt*)

Thema 5: Die Annahme an Kindes statt und die dazugehörigen Vorschriften des Einführungsgesetzes des FGB: *Toeplitz.*

---

363 Vgl. Protokoll über die Sitzung der Familienrechtskommission am 07.08.1957, aus BArch, DP 1 VA Nr. 1924.

364 Vgl. Entwurf eines Familiengesetzbuches vom 10.06.1955, aus BArch, DP 1 VA Nr. 1924.

Alle übrigen Abschnitte sollte der Hauptreferent Wächtler überarbeiten.[365] Der FGB-Entwurf sollte nach erneuter Überarbeitung nochmals veröffentlicht werden. Gleichzeitig sollten Aufsätze über die wesentlichen Änderungen in der Neuen Justiz erscheinen.[366] Die Kommission tagte in den Jahren 1957/58 insgesamt elfmal.[367] Nachdem auf den ersten Sitzungen das FGB beraten und überarbeitet wurde, widmete sich die Kommission ab April 1958 in einer Sitzung dem Einführungsgesetz[368] und in den weiteren Sitzungen der Familienprozessordnung.[369]

Der Entwurf vom 10.06.1955 wurde im Hinblick auf die im Rahmen der öffentlichen Diskussion von 1954 erfolgten Anregungen und Stellungnahmen überprüft. Die Ergebnisse der Diskussionsauswertung wurden dann nochmals überarbeitet, wobei auch die zwischenzeitlich in der Neuen Justiz publizierten Meinungen Berücksichtigung fanden. Bei der Überarbeitung des Entwurfs wurden auch die Regelungen des in der Bundesrepublik am 18.06.1957 verabschiedeten Gleichberechtigungsgesetzes[370] mitberücksichtigt.[371]

aa) Güterrecht

Im Entwurf von 1954 waren die Vermögensverhältnisse knapp geregelt, womit man verdeutlichen wollte, dass die vermögensrechtlichen Beziehungen in der

---

365 Vgl. Protokoll über die Sitzung der Familienrechtskommission am 07.08.1957, a.a.O. (Fn. 363).

366 Vgl. Protokoll der Familienrechtskommission vom 01.02.1958, aus BArch, DP 1 VA Nr. 1924.

367 Die Kommission tagte am 07.08. und 16.11.1957 und am 07.01., 01.02., 22.02., 15.03., 11.04., 25.04., 13.05., 04.06. und am 10.10.1958, vgl. Sitzungsprotokolle, aus BArch, DP 1 VA Nr. 1924.

368 Vgl. Protokoll über die Sitzung der FGB-Kommission am 11.04.1958, aus BArch, DP 1 VA Nr. 1924.

369 Sitzungen vom 11.04.58, 25.04.58, 13.05.58 und 10.10.58, aus BArch, DP 1 VA Nr. 1924.

370 BGBl. I, S. 609.

371 Vgl. Hauptabteilung Gesetzgebung, Rechtsvergleichung zwischen dem FGB-Entwurf und dem Bonner Gleichberechtigungsgesetz, aus BArch, DP 1 VA Nr. 1924.

sozialistischen Ehe lediglich eine Nebenrolle spielten.[372] Sowohl die öffentliche Diskussion 1954 wie auch der Meinungsaustausch in den folgenden Jahren zeigten, dass wichtige Fragen offen geblieben waren. So wurde das Güterrecht nunmehr detaillierter und umfangreicher normiert. Dies zeigte sich zum einen in der Anzahl der Normen, zum anderen aber auch in deren Regelungsumfang.

Noch immer herrschte Uneinigkeit über den für die sozialistischen Eheverhältnisse am besten geeigneten Güterstand. Wie bereits bei den vorangegangenen Arbeiten waren die Ansichten hierüber grundlegend unterschiedlich. Nathan vertrat nach wie vor die Auffassung, die Unabhängigkeit der Frau führe „zwangsläufig zur Gütertrennung".[373] Die Gütertrennung werde vom Sozialismus „geradezu erfordert".[374] Die Führung einer „wahren sozialistischen Ehe" setze die Berufstätigkeit beider Ehepartner sowie die Gütertrennung voraus.[375] Da dieser Zustand der „voll ausgebildeten sozialistischen Gesellschaft" seiner Meinung nach noch nicht erreicht sei, stellte Nathan an das eheliche Güterrecht der Übergangsperiode folgende Anforderungen:

> a) „Es muß möglichst wirkungsvoll zur Realisierung des Gleichberechtigungsprinzips beitragen,
>
> b) es muß verhindern, dass bei Scheidung der Ehe dem vermögenden Ehegatten ein völlig mittelloser gegenübersteht,
>
> c) es muß zu seinem Teil die aktiv fördernde Aufgabe des juristischen Überbaus erfüllen, indem es einen Anreiz schafft, Hausarbeit gegen außerhäusliche Berufsarbeit zu vertauschen, und damit den Weg für einen späteren Übergang zur Gütertrennung zu bereiten."[376]

---

[372] Vgl. Nathan, Das eheliche Güterrecht nach dem letzten Entwurf zum Familiengesetzbuch, in NJ 1958, S. 529, 534.

[373] Nathan, Gedanken zum sozialistischen Güterrecht, in NJ 1958, S. 120.

[374] Nathan, Gedanken zum sozialistischen Güterrecht, a.a.O. (Fn. 373), S. 122.

[375] Vgl. Nathan, Gedanken zum sozialistischen Güterrecht, a.a.O. (Fn. 373), S. 122.

[376] Nathan, Gedanken zum sozialistischen Güterrecht, a.a.O. (Fn. 373), S. 121.

Den im FGB-Entwurf von 1954 geregelten Güterstand, wonach das durch Arbeit oder mit Hilfe von Arbeitseinkünften während der Ehezeit erworbene Vermögen gemeinsames Vermögen werden sollte, hielt Nathan für die Zeit der Übergangsphase für geeignet. Die Begründung für die Entstehung gemeinsamen Vermögens sah er allerdings nicht im Sinn und Inhalt der Ehe, sondern darin, dass im Falle der Eheauflösung dem Besitz des einen nicht die Notlage des anderen Ehegatten, in der Regel die der Frau, gegenüberstehen dürfe. Auch sah Nathan einen Ausgleichsanspruch als für die Übergangsperiode gerechtfertigt an, wobei er die Grundlage für diesen Anspruch in dem Verzicht der Frau auf eine berufliche Tätigkeit zugunsten der Haushaltsführung sah und nicht etwa in der Gleichwertigkeit der hausfraulichen Tätigkeit mit einer beruflichen.[377]
Artzt dagegen vertrat mit Hinweis auf die Regelung in der Sowjetunion die Auffassung, dass alles nach der Eheschließung Erworbene gemeinsames Eigentum der Eheleute werden müsse. Er lehnte die Auffassung, dass die DDR „sich auf die Gütertrennung als das Güterrecht der Zukunft orientieren“[378] müsse, ab. Die Gleichberechtigung der Frau bedinge gerade die Bildung gemeinsamen Vermögens. Die „reale Gleichberechtigung“ sei nur herzustellen, indem eine „Art Neuverteilung des gesellschaftlichen Gesamtprodukts“[379] erfolge. Ihren Anteil erhielten die Ehepartner zwar nach dem Leistungsprinzip, sie müssten diesen aber nach „den Prinzipien der ehelichen Gemeinschaft und der Familiengemeinschaft“ gemeinsam nutzen.[380] Es entspreche gerade den Prinzipien der ehelichen Gemeinschaft, dass gemeinsames Eigentum erworben werde. Letztlich setzte sich weder Nathans noch Artzts Auffassung durch. Es blieb vielmehr im Wesentlichen bei der Regelung aus dem Entwurf von 1954. Das gemeinsame Eigentum beschränkte sich demnach auf die Dinge, die „aus Einkünften einer während der Ehe ausgeübten Erwerbstätigkeit beschafft oder durch eigene Arbeit hergestellt wurden, wenn sie überwiegend gemeinsam genutzt“ wurden „oder der gemeinsamen Lebensführung dienten“.[381] Ansonsten galt die Gütertrennung.

---

377 Vgl. Nathan, Gedanken zum sozialistischen Güterrecht, a.a.O. (Fn. 373), S. 121.

378 Artzt, Zur Gestaltung des ehelichen Güterrechts in der DDR, in NJ 1958, S. 159, 161.

379 Artzt, Zur Gestaltung des ehelichen Güterrechts in der DDR, a.a.O. (Fn. 378), S. 161.

380 Artzt, Zur Gestaltung des ehelichen Güterrechts in der DDR, a.a.O. (Fn. 378), S. 161.

381 § 19 des Entwurfs vom 20.07.1959, aus BArch, DP 1 VA Nr. 182, fol. 149 f.

Die Kommission einigte sich in der Sitzung vom 01.02.1958 darauf, eine Regelung aufzunehmen, die den Eheleuten die Vereinbarung einer vollständigen Gütertrennung abweichend vom gesetzlichen Güterstand erlaubte, mit der Folge, dass auch der Ausgleichsanspruch nach der Scheidung entfiel.[382] Da eine solche Vereinbarung die vollständige wirtschaftliche Unabhängigkeit der Eheleute während und nach der Ehe zur Folge gehabt hätte, sollte sie aus Schutzgründen der notariellen Form bedürfen. Die staatlichen Notariate sollten angewiesen werden, insbesondere die Ehefrauen umfassend über die rechtlichen und wirtschaftlichen Auswirkungen solcher Vereinbarungen zu informieren.[383]
Im Gegensatz zum Entwurf von 1954 wurden nunmehr das gemeinschaftliche und das persönliche Eigentum näher definiert, um eine Zuordnung im Zweifelsfall zu erleichtern.[384] Eine detailliertere Regelung erfuhr auch die Teilung des Vermögens nach der Scheidung.[385] Die Verfügungsbefugnis hinsichtlich des persönlichen Vermögens wurde dahingehend beschränkt, dass es einer Zustimmung des Ehepartners bedurfte, wenn es sich bei den persönlichen Dingen, über die verfügt wurde, um Grundstücke handelte oder um Gegenstände, die zum Hausrat gehörten und überwiegend gemeinsam genutzt wurden.[386] Ohne diese Zustimmung sollte ein Eigentumserwerb ausgeschlossen sein. Im Gegensatz zum Entwurf von 1954 wurde auf einen Gutglaubensschutz verzichtet.[387] Hinsichtlich des Ausgleichsanspruchs, der nach dem bisherigen Entwurf nur der im Haushalt tätigen Ehefrau und Mutter zustand, wurde entsprechend der im Rahmen der öffentlichen Diskussion geäußerten Kritik nunmehr auch ein Ausgleichsanspruch für die Ehefrauen geschaffen, die keine Kinder hatten und auf-

[382] Vgl. Protokoll der Familienrechtskommission vom 01.02.1958, a.a.O. (Fn. 366).

[383] Vgl. Protokoll der Familienrechtskommission vom 01.02.1958, a.a.O. (Fn. 366).

[384] Vgl. Nathan, Das eheliche Güterrecht nach dem letzten Entwurf zum Familiengesetzbuch, a.a.O. (Fn. 372); § 19 des Entwurfs vom 20.07.1959, a.a.O. (Fn. 381).

[385] Vgl. Nathan, Das eheliche Güterrecht nach dem letzten Entwurf zum Familiengesetzbuch, a.a.O. (Fn. 372); § 22 des Entwurfs vom 20.07.1959, a.a.O. (Fn. 381).

[386] Vgl. Nathan, Das eheliche Güterrecht nach dem letzten Entwurf zum Familiengesetzbuch, a.a.O. (Fn. 372); § 20 des Entwurfs vom 20.07.1959, a.a.O. (Fn. 381).

[387] Vgl. Nathan, Das eheliche Güterrecht nach dem letzten Entwurf zum Familiengesetzbuch, a.a.O. (Fn. 372); § 21 des Entwurfs vom 20.07.1959, a.a.O. (Fn. 381).

grund der Mitarbeit im landwirtschaftlichen oder gewerblichen Betrieb keiner beruflichen Tätigkeit nachgehen konnten.[388]
Der Ausgleichsanspruch wurde auf Vorschlag Benjamins dahingehend beschränkt, dass die aus dem Unterhaltsrecht bereits bekannte Billigkeitsklausel Aufnahme fand. Demnach sollte ein solcher Anspruch nur noch „unter Berücksichtigung aller Umstände der Ehegatten“ zugesprochen werden.[389] Benjamin betonte darüber hinaus, dass der Ausgleichsanspruch ohnehin nur als „Kompromißlösung für die Zeit der Übergangsperiode“ anzusehen sei.[390]

bb) Unterhaltsrecht

Hinsichtlich des Unterhaltsanspruchs während der Ehe wurden keine grundsätzlichen Änderungen vorgenommen. Für die Zeit nach der Scheidung wurde wiederholt diskutiert, inwieweit das Verhalten desjenigen, der die Zerrüttung der Ehe verursacht hatte, bei der Entscheidung über den Unterhaltsanspruch berücksichtigt werden sollte. Mit der gleichen Argumentation wie 1954[391] lehnte man es ab, ein Verschulden bei der Unterhaltsgewährung zu berücksichtigen und bevorzugte die von Nathan vorgeschlagene Einführung einer Billigkeitsklausel.[392] Auf diese Weise sollte in extremen Fällen eine für den „Werktätigen“ verständliche Entscheidung herbeigeführt werden können.[393] Dies macht deutlich, dass bei der Einführung der Klausel nicht in erster Linie Billigkeitserwägungen im Vordergrund standen, sondern vielmehr die Befürchtung, dass es in der Praxis zu Entscheidungen aufgrund der neuen Regelungen kommen könne, die von der Bevölkerung nicht verstanden und akzeptiert würden.

---

388 Vgl. Nathan, Das eheliche Güterrecht nach dem letzten Entwurf zum Familiengesetzbuch, a.a.O. (Fn. 372); § 25 des Entwurfs vom 20.07.1959, a.a.O. (Fn. 381).

389 Vgl. Protokoll über die Sitzung der Familienrechtskommission am 07.01.1958, a.a.O. (Fn. 367).

390 Protokoll über die Sitzung der Familienrechtskommission am 07.01.1958, a.a.O. (Fn. 367).

391 Vgl. II. Kapitel 7. a) bb) 4. Scheidung der Ehe.

392 Vgl. II. Kapitel 7. a) bb) 4. Scheidung der Ehe.

393 Vgl. Überprüfung der unterhaltsrechtlichen Bestimmungen des FGB-Entwurfs, aus BArch, DP 1 VA Nr. 1924.

Die Kommission einigte sich ferner über die Aufnahme einer Regelung, nach der ein Ehegatte, der ohne die erforderliche staatliche Genehmigung die DDR verlassen hatte, für diese Zeit keinen Unterhaltsanspruch geltend machen könne. Mit Hilfe dieser Regelung sollte der „in der DDR pflichtbewußt arbeitende Bürger“ vor Unterhaltsforderungen von Republikflüchtigen geschützt werden.[394]

cc) Sorgerecht

Der Inhalt der elterlichen Sorge wurde um sozialistische Gedanken erweitert. Die Vorgabe in der Präambel der EheVO, die Kinder „im Geiste des Sozialismus“ zu erziehen, wurde nunmehr konkretisiert und in eine Norm eingefügt. So sollte die elterliche Sorge die erzieherische Aufgabe umfassen, das Kind zu einem Menschen zu erziehen, „der die Gebote der sozialistischen Moral erfüllt“ und „stets bereit ist, gute Taten für den Sozialismus zu vollbringen“.[395] Da die Gebote der sozialistischen Moral von Ulbricht auf dem V. Parteitag 1958 definiert und verkündet worden waren, beinhaltete diese Regelung eine genaue Inhaltsbestimmung der sozialistischen Erziehung.

Die in den Entwürfen von 1954 und vom 10.06.1955 offen gebliebene Frage, wie zu verfahren war, wenn im Scheidungsfall der alleinsorgeberechtigte Elternteil starb, sollte nunmehr so geregelt werden, dass das Sorgerecht des anderen Elternteils in diesem Fall automatisch wieder auflebte. Eine erneute Übertragung durch den Rat des Kreises wurde abgelehnt. War dieser Elternteil zur Sorge nicht geeignet, sollte vielmehr der Rat des Kreises, bevor er das Sorgerecht einem Dritten übertrug, dieses formal dem verbliebenen Elternteil entziehen müssen.[396]

Hinsichtlich des Umgangsrechts sah der neue Entwurf abweichend von der Regelung in der EheVO von 1955, die aus dem Entwurf von 1954 übernommen wurde, vor, dass der nicht sorgeberechtigte Elternteil kein grundsätzliches Um-

---

[394] Vgl. Begründung zum Entwurf des Familiengesetzbuches vom 01.12.1959, aus BArch, DP 2 Nr. 1322.

[395] § 46 des Entwurfs vom 20.07.1959, a.a.O. (Fn. 381).

[396] Vgl. Protokoll über die Sitzung der FGB-Kommission vom 22.02.1958, a.a.O. (Fn. 367).

gangsrecht mit dem Kind hatte; ihm dieses aber auf Antrag vom Rat des Kreises eingeräumt werden konnte.[397]

dd) Scheidungsrecht

Die Vorschrift über die Scheidung wurde aus der EheVO ohne wesentliche Änderungen übernommen. Auch hier wurde die Entwicklung deutlich, Regelungen rein programmatischen Inhalts aufzunehmen. So wurde die Regelung über die Scheidung mit dem Satz: „Die Arbeiter- und Bauernmacht schützt den Bestand der Ehe und fördert die Entwicklung der sozialistischen Familie“,[398] eingeleitet, um auf diese Weise das gesellschaftliche Interesse an der Ehe zu verdeutlichen.

Obwohl die Kommission ausweislich der Protokolle nur in den Jahren 1957 und 1958 tagte, lässt die Anzahl verschiedener Entwürfe aus den Jahren 1959 und 1960[399] darauf schließen, dass die Arbeiten erst im Juni 1960 nach Erstellung eines weiteren Entwurfs[400] zeitweilig wieder eingestellt wurden.

4. Überarbeitung des Entwurfs

Im Jahre 1962 wurden die Arbeiten erneut fortgesetzt. Der Entwurf von 1960 wurde entsprechend den Ergebnissen des XXII. Parteitages der KPdSU sowie des 14. Plenums der SED überarbeitet.

a) Auswertung des XXII. Parteitages der KPdSU

Vom 17. – 31.10.1961 fand in Moskau der XXII. Parteitag der KPdSU statt. Dessen Ergebnisse wurden auf dem 14. Plenum des ZK der SED vom 23. – 26.11.1961 ausgewertet. Es wurde festgestellt, dass „das Neue in der Situation“ darin bestand, „dass der Kampf um die Beseitigung der Reste des Zweiten

---

397 Vgl. § 52 des FGB-Entwurfs vom 20.07.1959, a.a.O. (Fn. 381).

398 § 35 (1) des Entwurfs des FGB vom 20.07.1959, a.a.O. (Fn. 381).

399 Vgl. u.a. Entwurf vom 07.04.1959, aus BArch, DP VA Nr. 1925; Entwurf vom 20.07.1959, aus BArch, DP 1 VA Nr. 182, fol. 144 ff.; Entwurf vom 10.11.1959, aus BArch, DP 1 VA Nr. 1925; Entwurf vom 07.12.1959, aus BArch, DP 1 VA Nr. 1925; Entwurf vom 07.04.1960, aus BArch, DP 1 VA Nr. 8150, fol. 1 ff.

400 Vgl. unveröffentlichter Entwurf des Familiengesetzbuches der DDR vom 21.06.1960, aus BArch, DP 1 VA Nr. 9065.

Weltkrieges und um einen Friedensvertrag und die friedliche Lösung des Westberlinproblems in seine letzte Etappe“[401] eingetreten sei. Die Lehre des XXII. Parteitages, dass die Partei für das Volk da sei und diesem diene, sollte auch für die SED gelten. Deshalb sollte die „gesamte Parteiarbeit [...] sich durch die Einheit von politischer Erziehung mit der Erfüllung der ökonomischen Aufgabe auszeichnen“.[402]

Eine der Schlussfolgerungen, die man in der DDR aus dem XXII. Parteitag der KPdSU zog, war, dass „das Recht noch konsequenter und bewußter“[403] eingesetzt werden müsse. Die sozialistische Gesetzlichkeit sollte so ausgebaut werden, „dass Recht und Gesetz noch besser mit den konkreten Entwicklungsbedingungen in Einklang gebracht werden und die Rechtsanwendung, die Rechtspflege voll und ganz davon ausgehen“.[404] Im Anschluss an das 14. Plenum des ZK der SED ließ das Politbüro am 23.12.1961 im Neuen Deutschland das Kommuniqué „Die Frau – der Frieden und der Sozialismus“ veröffentlichen.[405] Die Bedeutung der Gleichberechtigung der Frau wurde hierin als ein „unabdingbares Prinzip des Marxismus-Leninismus“ beschrieben und zu „einer Angelegenheit der ganzen Gesellschaft“ gemacht.[406] Zur Durchführung des Kommuniqués erließ der Ministerrat am 19.04.1962 den „Beschluß über die Aufgaben der Staatsorgane zur Förderung der Frauen und Mädchen in Durchführung des Kommuniqués des Politbüros des ZK der SED vom 23.12.1961“,[407] der die staatlichen Organe zur Qualifizierung der Frauen und Einbeziehung in mittlere und leitende Funktionen verpflichtete.

---

401 Anlage Nr. 6 zum Protokoll ZK 14 vom 23. – 26.11.1961, aus BArch, DY 30/IV 2/1/265, fol. 38.

402 Anlage Nr. 6 zum Protokoll ZK 14 vom 23. – 26.11.1961, a.a.O. (Fn. 401), fol. 35.

403 Kern, Der XXII. Parteitag der KPdSU und die Aufgaben der Justizorgane in der DDR, in NJ 1961, S. 833, 835.

404 Kern, Der XXII. Parteitag der KPdSU und die Aufgaben der Justizorgane in der DDR, a.a.O. (Fn. 403).

405 Vgl. Die Frauen – der Friede und der Sozialismus, Kommuniqué des Politbüros des Zentralkomitees der SED, in ND vom 23.12.1961, S. 1.

406 Die Frauen – der Friede und der Sozialismus, Kommuniqué des Politbüros des Zentralkomitees der SED, a.a.O. (Fn. 405).

407 GBl. II, S. 295.

1962 wurde erneut eine Kommission gebildet, deren Aufgabe es war, die Ergebnisse des XXII. Parteitages sowie des 14. Plenums im Hinblick auf die Familiengesetzgebung auszuwerten. Es sollte überprüft werden, „inwieweit der vorliegende Entwurf der Rolle des Familienrechts bei der allseitigen Entwicklung der sozialistischen Persönlichkeit, bei der Festigung und Entwicklung von Ehe und Familie, bei der Ausgestaltung des Rechts und der Pflicht der Eltern zur Erziehung der Kinder gerecht“ wurde.[408]

b) Bildung einer neuen FGB-Grundkommission

Die Kommission hatte sich in ihrer Zusammensetzung verändert. Die Mitgliederzahl hatte sich nahezu verdoppelt. Nunmehr gehörten der Kommission aus dem Ministerium der Justiz Kaulfersch, Hans Einhorn, Helmut Ostmann, Franz Thoms, Przypalinsky, Margarete Wolfram und Heinz Püschel an. Als Vertreter der Rechtswissenschaft waren Hans Nathan, Anita Grandke, Linda Ansorg, Kurt Schumann, Fritz Niethammer, Karlfried (Max Günter) Hofmann und Friedrich Jansen Kommissionsmitglieder. Die Justiz wurde vertreten durch Heinrich Toeplitz, Elfriede Göldner, Käthe Fröhbrodt und Gerhard Kirmse. Des Weiteren gehörten der Kommission zwei Vertreter aus dem Ministerium für Volksbildung an, Händler und Eberhardt Mannschatz. Darüber hinaus waren teilweise Vertreter des DFD-Bundesvorstandes, des ZK der SED, Arbeitsgruppe Frauen, und des FDJ-Zentralrates anwesend.[409] Die Kommission tagte zweimal, am 23.03.1962 und am 05.06.1962.

In Vorbereitung auf die erste Sitzung wurden auf einer Besprechung im Ministerium der Justiz, die am 09.02.1962 stattfand, vier Arbeitsgruppen gebildet:[410]

1. Grundsätze des FGB
   Arbeitsgruppe: Püschel/ Ansorg
2. Die Ehe
   Arbeitsgruppe: Nathan/ Grandke

---

[408] Zum Stand der Arbeiten am Familiengesetzbuch, a.a.O. (Fn. 352).

[409] Vgl. Protokoll der Sitzung der FGB-Grundkommission vom 23.03.1962, aus BArch, DP 1 VA Nr. 9067.

[410] Vgl. Protokoll über die am 09.02.1962 in Vorbereitung der FGB-Grundkommissionssitzung mit Wissenschaftlern und Praktikern durchgeführte Besprechung, aus BArch, DP 1 VA Nr. 9066.

3. Eltern und Kinder
   Arbeitsgruppe: Göldner/ Fröhbrodt
4. Aufnahme von familienrechtlichen Bestimmungen aus anderen Gesetzen in das FGB und Überprüfung überholter Einzelbestimmungen
   Arbeitsgruppe: HA I des Ministeriums der Justiz.

Auf der Sitzung vom 23.03.1962 wurden die Ergebnisse der vier Arbeitsgruppen zur Diskussion gestellt. Im Anschluss daran sollten die Arbeitsgruppen ihre überarbeiteten Vorschläge bis zum 15.04.1962 beim Ministerium der Justiz einreichen, damit der FGB-Entwurf nochmals überarbeitet werden konnte.[411] Auf der folgenden Sitzung wurden die letzten Änderungen beschlossen. Zur Vorbereitung auf diese Sitzung, die am 05.06.1962 stattfand, wurde vom Sekretär der Grundkommission Püschel ein Bericht über den Stand und die Probleme der Gesetzgebung in der CSSR an die Kommissionsmitglieder versandt.[412]

Im Einzelnen wurden folgende Änderungen beschlossen:

aa) Grundsätze des FGB

Insbesondere die ideologisch-erzieherische Funktion des Familiengesetzbuches wurde stärker betont. So entschied sich die Kommission für die Beibehaltung einer Präambel, die bereits im Entwurf von 1960 vorgesehen war. Diese sollte jedoch mit der Vorgabe überarbeitet werden, die „Stellung der Familie innerhalb der Gesellschaft“ und das „Wechselverhältnis von Familie und Gesellschaft“ zu beschreiben sowie herauszustellen, dass die „Familie unter dem besonderen Schutz der Arbeiter- und Bauernmacht“ stehe.[413] Ferner wurde die Anzahl der Grundsatzbestimmungen, die den eigentlichen gesetzlichen Regelungen vorangestellt waren, und im Entwurf vom 21.06.1960 zugunsten der Präambel auf zwei reduziert worden waren, auf fünf Bestimmungen erhöht. Die Grundsatzbe-

---

411 Vgl. Beschluss vom 23.03.1962 im Protokoll der Sitzung der FGB-Grundkommission vom 23.03.1962, aus BArch, DP 1 VA Nr. 9065.

412 Vgl. Bericht über den Stand der Probleme in der Familiengesetzgebung in der CSSR, aus BArch, DP 1 VA Nr. 9066.

413 Vgl. den auf der Sitzung der FGB-Kommission vom 23.03.1962 gefassten Beschluss, aus BArch, DP 1 VA Nr. 9065.

stimmungen wurden gemäß der Auswertung des XXII. Parteitages der KPdSU dahingehend überarbeitet, dass „die sozialistische Moral als wesentlicher Inhalt des neuen Familienrechts“[414] stärker zum Ausdruck gebracht wurde. Darüber hinaus wurde bei der Überarbeitung berücksichtigt, dass „sich die Rechte der Bürger allmählich mit ihren Pflichten organisch zu einheitlichen Normen des sozialistischen Gemeinschaftslebens“ [415] entwickeln sollten. Während die ersten Grundsätze sich an die Ehepartner und Familien wandten und vorgaben, in welchem Sinne die nachfolgenden Regelungen verstanden und ausgelegt werden sollten, richtete sich die letzte Grundsatzbestimmung an die staatlichen und gesellschaftlichen Einrichtungen, deren Aufgabe es sein sollte, „dahin zu wirken, dass die Bürger das sozialistische Familienrecht im Sinn der vorstehenden Grundsätze bewußt verwirklichen und ihnen geholfen wird, Hemmnisse und Schwierigkeiten bei der vollen Entfaltung der sozialistischen Familienbeziehungen zu überwinden“.[416] Auch der Justiz wurde in einem zweiten Absatz vorgegeben, welchen Beitrag sie leisten sollte: „Die Tätigkeit des Gerichts in Familiensachen sowie die anderer staatlicher Organe, die kraft Gesetzes mit der Entscheidung familienrechtlicher Angelegenheiten betraut sind, ist darauf gerichtet, den Bestand der Ehe zu schützen und die Entwicklung der sozialistischen Familie zu fördern. Dabei haben sie untereinander sowie mit den gesellschaftlichen Organisationen eng zusammenzuarbeiten. Für alle die Kinder betreffenden Entscheidungen ist das Wohl des Kindes oberste Richtschnur“,[417]

bb) Die Ehe

Die Arbeitsgruppe „Die Ehe“ kam zu dem Ergebnis, dass die eherechtlichen Vorschriften des Entwurfs bereits grundsätzlich den neuen Anforderungen entsprachen. Dem Beispiel der Familiengesetze der UdSSR, der CSSR und der Volksrepublik Bulgarien folgend, wurde von einer Untergliederung des Kapitels

414 Grundsätze des Familiengesetzbuches, verantwortlich: Dr. Püschel/ Ansorg, aus BArch, DP 1 VA Nr. 9065.

415 Grundsätze des Familiengesetzbuches, a.a.O. (Fn. 414).

416 § 5 (1), Grundsätze des Familiengesetzbuches, zweiter Entwurf nach der Grundkommissionssitzung vom 23.03.1962, aus BArch, DP 1 VA Nr. 9066.

417 § 5 (2), Grundsätze des Familiengesetzbuches, zweiter Entwurf nach der Grundkommissionssitzung vom 23.03.1962, a.a.O. (Fn. 416).

über die eheliche Lebensgemeinschaft in „Persönliche Rechte und Pflichten der Ehepartner" und „Vermögensbeziehungen" abgesehen. Dies wurde damit begründet, dass es sich auch bei den Vermögensbeziehungen in erster Linie um familienrechtliche Institute handele, die nicht ausschließlich Vermögenscharakter besäßen.[418]

Auf der Sitzung vom 05.06.1962 wurden die steigenden Scheidungszahlen problematisiert. So standen ausweislich einer Statistik vom 13.04.1962[419] rund 160 000 jährlichen Eheschließungen im Durchschnitt 40 000 Ehescheidungsverfahren gegenüber, so dass man zu der Annahme gelangte, dass jede vierte Ehe geschieden wurde. Die Zahl der Scheidungen war in den letzten Jahren gestiegen. Während 1956 noch 50,4 % aller Ehesachen mit einer Scheidung endeten, so waren dies 1961 63,9 %.[420] Die beabsichtigte Festigung der Ehen schien nicht erreicht worden zu sein. Dies wurde darauf zurückgeführt, dass es noch an der hinreichenden Durchsetzung der sozialistischen Moralvorstellungen fehlte. Die Ehe werde nach wie vor als „die privateste aller privaten Sphären", in die keiner hineinzureden habe, angesehen. Das mangelnde Bewusstsein bezüglich des gesellschaftlichen Aspekts der Ehe wurde darauf zurückgeführt, dass diese Fragen nach der öffentlichen Diskussion im Jahre 1954 in den Hintergrund getreten seien.[421] Ein Handlungsbedarf zur Überarbeitung des Scheidungsrechts wurde aufgrund der erhöhten Scheidungszahlen jedoch verneint. Nathan betonte vielmehr, dass der Anstieg der Scheidungsziffer nicht „als ungünstig bewertet" werden solle, da diese Zahlen die „Entwicklung der Frau" widerspiegelten.[422] Auf-

---

418 Vgl. Redigierte Vorschläge der Arbeitsgruppe „Die Ehe" zur Überarbeitung des I. Teils des FGB-Entwurfs, aus BArch, DP 1 VA Nr. 9066; Entwurf des Familiengesetzbuches überarbeitet aufgrund der Beratungen der FGB-Kommission vom 23.03.1962, a.a.O. (Fn. 416).

419 Vgl. Regierung der Deutschen Demokratischen Republik, Ministerium der Justiz, HA II, Statistische Informationen über die Entwicklung in Zivil- und Familienrechtssachen vom 13.04.1962, aus BArch, DP 1 VA Nr. 9066.

420 Vgl. Statistische Informationen über die Entwicklung in Zivil- und Familienrechtssachen vom 13.04.1962, a.a.O. (Fn. 419).

421 Vgl. Statistische Informationen über die Entwicklung in Zivil- und Familienrechtssachen vom 13.04.1962, a.a.O. (Fn. 419).

422 Vgl. Protokoll der Sitzung der FGB-Kommission vom 05.06.1962, aus BArch, DP 1 VA Nr. 9065.

grund ihrer durch die Erwerbstätigkeit erlangten wirtschaftlichen Unabhängigkeit sei es der Frau nunmehr möglich, sich von ihrem Mann, dem nicht mehr die Rolle des „Versorgers“ zukam, zu trennen. Als ungünstig wurde allerdings die hohe Zahl der geschiedenen jungen Ehen bewertet.[423] Die Grundkommission schlussfolgerte, dass eine „Verstärkung der Rechtspropaganda auf dem Gebiet des Familienrechts, die seit 1954/55 nachgelassen“ habe, notwendig sei.[424] Durch „die erzieherische Einflußnahme der gesamten Gesellschaft“ sollte „die noch weit verbreitete Erscheinung der leichtfertigen Einstellung zu Ehe und Familie überwunden werden“.[425] Auch wurde die tatsächliche Zerrüttung der geschiedenen Ehen in Frage gestellt und den Richtern vorgeworfen, ohne hinreichende Überprüfung der ehelichen Situation zu scheiden. „Die in der Justiz vorhandenen Tendenzen der oberflächlichen Nachprüfung, ob die Voraussetzungen der Ehescheidung gegeben“ seien, seien zu überwinden.[426] Die politisch-moralische Wirkung des Familienrechts könne nur sichergestellt werden, wenn „die Richter von den einschlägigen Beschlüssen und Dokumenten der Partei“ ausgingen.[427]

Hinsichtlich des Güterrechts bestand nach wie vor keine einheitliche Auffassung über den für die sozialistische Ehe am besten geeigneten Güterstand. Selbst innerhalb der Arbeitsgruppe „Die Ehe“ konnte keine Einigung erzielt werden.[428] Grandke wandte sich in erster Linie gegen die Möglichkeit der vertraglichen Gütertrennung, die auch den Wegfall des Ausgleichsanspruchs zur Folge haben sollte. Während Nathan nach wie vor den Güterstand der Gütertrennung als den für die sozialistische Ehe typischen Güterstand ansah,[429] betonte Grandke unter Hinweis auf die zurückgegangenen Anträge auf Abschluss von Gütertrennungsverträgen, dass „fortschrittliche Menschen“ den Status der Gütertrennung ohne-

---

423 Vgl. Protokoll der Sitzung der FGB-Kommission vom 05.06.1962, a.a.O. (Fn. 422).

424 Protokoll der Sitzung der FGB-Kommission vom 05.06.1962, a.a.O. (Fn. 422).

425 Protokoll der Sitzung der FGB-Kommission vom 05.06.1962, a.a.O. (Fn. 422).

426 Protokoll der Sitzung der FGB-Kommission vom 05.06.1962, a.a.O. (Fn. 422).

427 Vgl. Statistische Informationen über die Entwicklung in Zivil- und Familienrechtssachen vom 13.04.1962, a.a.O. (Fn. 419).

428 Vgl. Vorschläge der Arbeitsgruppe: Die Ehe, S. 12, a.a.O. (Fn. 418).

429 Vgl. Sitzungsprotokoll der Sitzung der FGB-Grundkommission vom 23.03.1962, a.a.O. (Fn. 409); Nathan, Gedanken zum sozialistischen Güterrecht, a.a.O. (Fn. 373).

hin nicht in Anspruch nähmen.[430] Ferner sah sie aufgrund der nicht eindeutigen Aussage zum Güterstand die erzieherische Wirkung des Gesetzes in Gefahr. Auch Püschel betonte, dass das eheliche Güterrecht sich in der Praxis zur Gütergemeinschaft entwickeln werde. Er sah in der Regelung einer vertraglichen Gütertrennung jedoch die Möglichkeit, auch den Ausnahmeerscheinungen, in denen ein besonderes Bedürfnis nach einer Abgrenzung des Vermögens beider Eheleute bestand, gerecht werden zu können.[431] Letztlich beschloss die Kommission die Möglichkeit der vertraglichen Gütertrennung mit der folgenden Modifikation beizubehalten. Der bei der vertraglichen Gütertrennung wegfallende Ausgleichsanspruch sollte in besonderen Härtefällen, insbesondere wenn nach Abschluss des Gütertrennungsvertrages grundlegende Veränderungen in den Verhältnissen der Ehegatten auftraten, wieder aufleben.[432]
Hinsichtlich des Ausgleichsanspruchs, der bei dem gesetzlichen Güterstand vorgesehen war, herrschte ebenfalls Uneinigkeit. Während Benjamin bereits einige Jahre zuvor den Ausgleichsanspruch als „Kompromißlösung für die Zeit der Übergangsperiode“[433] bezeichnet hatte, vertrat sie nunmehr die Auffassung, dass diese Bestimmungen ihre Bedeutung verloren hätten, da die Frauen schon seit Jahren die Möglichkeit hätten, eine berufliche Tätigkeit aufzunehmen. Gleichzeitig sah sie in diesen Vorschriften die Gefahr, dass sie die Einstellung der Frauen, sich lediglich auf den Haushalt zu beschränken, förderten.[434] Von der Mehrheit der Kommission wurde die Beibehaltung des Ausgleichsanspruchs

---

430 Vgl. Sitzungsprotokoll der Sitzung der FGB-Grundkommission vom 23.03.1962, a.a.O. (Fn. 409).

431 Vgl. Sitzungsprotokoll der Sitzung der FGB-Grundkommission vom 23.03.1962, a.a.O. (Fn. 409).

432 Vgl. Sitzungsprotokoll der Sitzung der FGB-Grundkommission vom 23.03.1962, a.a.O. (Fn. 409).

433 Protokoll über die Sitzung der Familienrechtskommission am 07.01.1958, a.a.O. (Fn. 366).

434 Vgl. Nathan, der die Meinung Benjamins aufgrund ihrer Abwesenheit vortrug: Protokoll der Sitzung der FGB-Grundkommission vom 23.03.1962, a.a.O. (Fn. 409); Zum Stand der Arbeiten am Familiengesetzbuch, a. a. O. (Fn. 352).

allerdings befürwortet.[435] Man war sich jedoch einig darüber, dass dieser im Laufe der Zeit an Bedeutung verlieren würde.

cc) Unterhaltsanspruch bei Republikflucht

Die Regelung des Entwurfs vom 21.06.1960, wonach ein Unterhaltsanspruch nicht gerichtlich geltend gemacht werden konnte, solange sich der Unterhaltsberechtigte ohne die erforderliche staatliche Genehmigung außerhalb der DDR aufhielt, wurde in das Einführungsgesetz zum Familiengesetzbuch übernommen. Für die Zeit bis zum Beginn des Baus der Mauer in Berlin am 13.08.1961 hielt man es aufgrund der „damaligen anormalen Lage“ an den „Staatsgrenzen“ für erforderlich, die Regelung in das FGB selbst aufzunehmen. Nunmehr war den Republikflüchtigen eine tatsächliche Grenze gesetzt worden, so dass ein erzieherisches Druckmittel nicht mehr weiter erforderlich erschien.[436]

dd) Elterliche Sorge

Nach dem Entwurf vom 21.06.1960 stand dem nichtsorgeberechtigten Elternteil die Befugnis zum Umgang mit dem Kinde nicht mehr automatisch zu, sondern es konnte auf Antrag des Kindes vom Rat des Kreises eingeräumt werden.[437] Diese Regelung wurde auf der Sitzung der FGB-Kommission dahingehend überarbeitet, dass zunächst die Befugnis durch Zustimmung des sorgeberechtigten Elternteils erteilt werden sollte. Erst wenn eine Einigung nicht erzielt werden konnte, sollte der Rat des Kreises entscheiden.[438]

ee) Rechtliche Stellung des nichtehelichen Kindes

Hinsichtlich der Rechtsstellung des nichtehelichen Kindes gab es keine gesonderte Arbeitsgruppe. Dieses Thema wurde auch auf den Kommissionssitzungen

---

[435] Vgl. Sitzungsprotokoll der Sitzung der FGB-Grundkommission vom 23.03.1962, a.a.O. (Fn. 409): Insbesondere sah Mannschatz nicht die Gefahr, von der Benjamin ausging, da die Frauen „ihren Entwicklungsweg nicht unter dem Gesichtspunkt der Scheidung“ ausrichten.

[436] Vgl. Zum Stand der Arbeiten am Familiengesetzbuch, a.a.O. (Fn. 352).

[437] Vgl. § 53 des FGB-Entwurfs vom 21.06.1960, a.a.O. (Fn. 400).

[438] Vgl. § 55 FGB-Entwurf, überarbeitet aufgrund der Beratung der FGB-Grundkommission vom 23.03.1963, aus BArch, DP 1 VA Nr. 9066.

nicht diskutiert. Dennoch gab es gerade in Bezug auf den Unterhaltsanspruch und das Erbrecht des nichtehelichen Kindes innerhalb der Bevölkerung eine Rechtsunsicherheit, die aufgrund der Diskrepanz zwischen der Rechtsprechung des Obersten Gerichts und der seitens des Ministeriums der Justiz publizierten Meinung entstanden war. Zur Durchführung des Prinzips der Gleichberechtigung von Mann und Frau und der Beseitigung der Nachteile für das uneheliche Kind hatte eine Kommission aus Vertretern des Ministeriums der Justiz, des Obersten Gerichts und der Obersten Staatsanwaltschaft Ende Juni 1953 Rechtsgrundsätze festgelegt,[439] die in der Rechtsprechung und in den „Verlautbarungen des Ministeriums“ entwickelt worden waren. Diese Rechtsgrundsätze wurden entsprechend der gesellschaftlichen Entwicklung erweitert.[440]

Demnach sollte aus Art. 33 der Verfassung, der festlegte, dass die außereheliche Geburt weder dem Kinde noch seinen Eltern zum Nachteil gereichen dürfe, nicht die schematische Anwendung aller für das eheliche Kind geltenden Vorschriften folgen. Es sollte lediglich die Beseitigung der Vorschriften, die einen tatsächlichen Nachteil für das nichteheliche Kind enthielten, erfolgen. So wurde unter anderem dem nichtehelichen Kind ein Unterhaltsanspruch zugesprochen, der grundsätzlich dem des ehelichen Kindes entsprach.[441] In der Auslegung des Begriffs „Nachteil“ herrschte allerdings Uneinigkeit zwischen dem Ministerium der Justiz, dem Obersten Gericht und der Obersten Staatsanwaltschaft.[442] So stellte das Oberste Gericht im Jahre 1956 fest, dass das Unterhaltsrecht des nichtehelichen Kindes schuldrechtlicher und nicht familienrechtlicher Natur sei mit der Folge, dass das nichteheliche Kind keinen Unterhaltsanspruch gegen die Verwandten des Vaters habe.[443] Mit der gleichen Begründung wurde auch ein

---

439 Vgl. Ministerium der Justiz, Rechtsgrundsätze, aus BArch, DP 1 VA Nr. 8035, fol. 172 ff.

440 Vgl. Durchführung des Prinzips der Gleichberechtigung von Mann und Frau und der Beseitigung der Nachteile für das uneheliche Kind, aus BArch, DP 1 VA Nr. 8035, fol. 228 ff.

441 Vgl. Durchführung des Prinzips der Gleichberechtigung von Mann und Frau und der Beseitigung der Nachteile für das uneheliche Kind, a.a.O. (Fn. 440), fol. 232.

442 Vgl. Brief der HA Gesetzgebung an den stellvertretenden Ministerpräsidenten Willi Stoph vom 29.10.1962, aus BArch, DP 1 VA Nr. 9067.

443 Vgl. OG, Urteil vom 19.06.1956 – 1 Zz 53/ 56 –, in NJ 1956, S.50.

Erbrecht des nichtehelichen Kindes abgelehnt. Dies widersprach nicht nur der vom Ministerium für Justiz vertretenen Ansicht, sondern auch der im Entwurf von 1954 zum Ausdruck gebrachten Auffassung,[444] wonach der Unterhaltsanspruch auf dem Verwandtschaftsverhältnis zu beiden Elternteilen beruhte[445] und dem nichtehelichen Kind zumindest ein beschränktes Erbrecht zustand. Trotz dieser unterschiedlichen Rechtsauffassungen gab es für die erbrechtliche Stellung des nichtehelichen Kindes keine Vorgaben, weil es insoweit einer gesetzlichen Regelung bedurft hätte.
Das Ministerium der Justiz hatte allerdings bereits im Jahre 1954 Weisungen an die staatlichen Notariate erteilt, die vorgesehene gesetzliche Regelung schon vor Inkrafttreten des FGB zu berücksichtigen, Erbscheinsverfahren auszusetzen und Nachlasspflegschaften einzuleiten.[446]
Die verzögerte Verabschiedung des FGB sowie die zitierte Entscheidung des Obersten Gerichts hatten dann zur Folge, dass sich andere Gerichte auf die Entscheidung des Obersten Gerichts stützten und ein Erbrecht verneinten.[447] Von den Gerichten und den staatlichen Notariaten wurden mithin unterschiedliche Rechtsauffassungen vertreten und verschiedene Rechtsauskünfte erteilt. Die von den staatlichen Notariaten getroffenen Maßnahmen mussten demzufolge aufgehoben werden, wenn die Gerichte feststellten, dass ein bereits jetzt zu schützendes Erbrecht des nichtehelichen Kindes noch nicht bestand. Dieser Zustand der Rechtsunsicherheit und Verunsicherung der Bevölkerung hielt mangels eindeutiger Regelungen bis zur Verabschiedung des FGB an.

5. Zwischenergebnis

Die dritte Phase der Entstehungsgeschichte des FGB zeichnete sich dadurch aus, dass einzelne Bereiche des Familienrechts im Verordnungswege normiert wurden und dass die bisherigen Arbeiten am FGB aufgrund der Beschlüsse des V.

---

444 Vgl. Kapitel II, 7. a) dd) nichteheliche Kinder.

445 Vgl. Brief der HA Gesetzgebung an den stellvertretenden Ministerpräsidenten Willi Stoph vom 29.10.1962, a.a.O. (Fn. 442).

446 Vgl. Brief der HA Gesetzgebung an den stellvertretenden Ministerpräsidenten Willi Stoph vom 29.10.1962, a.a.O. (Fn. 442).

447 Vgl. BG Magdeburg, Urteil vom 19.11.1956 – 1 S 120/57 –, in NJ 1958, S. 144 f.

Parteitages der SED und in Auswertung des XXII. Parteitages der KPdSU in erster Linie ideologisch überarbeitet wurden.
Mit der Verordnung über Eheschließung und Eheauflösung von 1955 erfolgte eine Abkehr vom Verschuldensprinzip bei der Scheidung. Durch die Einführung einer Generalklausel wurde die Scheidung dem Willen der Eheleute letztlich entzogen, da es dem Staat, beziehungsweise dem an die Beschlüsse der Partei gebundenen Richter, oblag, zu überprüfen, ob die Ehe ihren Sinn unter anderem für die Gesellschaft verloren hatte. Das Unterhaltsrecht nach der Scheidung wurde von dem Gedanken der grundsätzlichen wirtschaftlichen Trennung der Eheleute getragen. Nur in Ausnahmefällen sollte ein Unterhaltsanspruch für die Dauer von zwei Jahren gewährt werden.
Mit der Verordnung über die Annahme an Kindes Statt von 1956 erfuhr das Adoptionsrecht eine neue Bedeutung. Der Zweck der Adoption wurde nunmehr nur noch in der Erziehung der Kinder gesehen.
Grundlegende Änderungen erfuhren die übrigen FGB-Vorschriften nicht. In erster Linie wurden die bereits vorliegenden Entwürfe in ideologischer Hinsicht überarbeitet. So wurde in den Grundsätzen die sozialistische Moral hervorgehoben, in deren Sinne die anschließenden Regelungen verstanden und gegebenenfalls ausgelegt werden sollten.
Auch in der Bundesrepublik erfuhr das Familienrecht durch das Gleichberechtigungsgesetz von 1957 und das Familienrechtsänderungsgesetz von 1961 erstmals bedeutende Änderungen. Im Vergleich zum Familienrecht in der DDR waren diese aber gerade im Hinblick auf die Gleichberechtigung der Frau und die Rechtsstellung des nichtehelichen Kindes eher zaghaft. Während in der DDR bereits 1950 die Entscheidungsbefugnis des Ehemannes in gemeinsamen Angelegenheiten aufgrund der Regelungen des MKSchG entfallen war, behielt der Ehemann dieses Recht in der Bundsrepublik noch bis zum Inkrafttreten des Gesetzes über die Gleichberechtigung von Mann und Frau auf dem Gebiete des Bürgerlichen Gesetzbuches[448] (Gleichberechtigungsgesetz) vom 18.06.1957. Das Recht der Frau auf Ausübung eines Berufs wurde in diesem Gesetz noch dahingehend eingeschränkt, dass die Frau nur berufstätig sein durfte, soweit ihre Pflichten in Ehe und Familie nicht darunter litten. Erst 1976 mit dem Ersten Ge-

---

448 BGBl. I, S. 609.

setz zur Reform des Ehe- und Familienrechts[449] (1. EheRG) vom 14.06.1976 wurde das Recht beider Ehepartner auf Erwerbstätigkeit geregelt. Das Gleichberechtigungsgesetz sah zunächst noch das Recht des Vaters zum Stichentscheid sowie dessen Alleinvertretungsrecht für ein minderjähriges Kind vor. Diese Regelungen wurden allerdings durch das Urteil des Bundesverfassungsgerichts vom 29.07.1959[450] wegen Verstoßes gegen Art. 3 Abs. 2 GG für nichtig erklärt. Einschneidend waren die Änderungen im ehelichen Güterrecht. Das Gleichberechtigungsgesetz führte den bis dahin unbekannten gesetzlichen Güterstand der Zugewinngemeinschaft ein, der den außergesetzlichen Güterstand der Gütertrennung ablöste.

Das Gesetz zur Vereinheitlichung und Änderung familienrechtlicher Vorschriften[451] (Familienrechtsänderungsgesetz) vom 11.08.1961, welches am 01.01.1962 in Kraft trat, brachte weitere Änderungen des Familienrechts. Die ständige Rechtsprechung des BGH, die die Scheidung wegen objektiver Zerrüttung der Ehe gegen den Willen des schuldlosen Ehegatten erheblich einschränkte, wurde nunmehr durch Verstärkung des Widerspruchsrechts des nicht oder minder schuldigen Ehegatten in § 48 Abs. 2 EheG 1946 übernommen.

Neben Änderungen im Adoptionsrecht und hinsichtlich der Anfechtung der Ehelichkeit wurde § 1707 BGB, wonach der Mutter eines nichtehelichen Kindes grundsätzlich nicht die elterliche Gewalt zustand, um einen Absatz erweitert, der der Mutter nunmehr die Möglichkeit einräumte, die Übertragung der elterlichen Gewalt auf sich zu beantragen. Das Kind erhielt dann für bestimmte Angelegenheiten von Amts wegen einen Pfleger. Im Vergleich hierzu sei angemerkt, dass in der DDR bereits das MKSchG regelte, dass der Mutter eines nichtehelichen Kindes die vollen elterlichen Rechte ohne jegliche Einschränkungen zustanden.

---

449 BGBl. I., S. 1421.

450 BVerfGE 10, 59 in NJW 1959, 65.

451 BGBl. I, S. 1221.

IV. 1963 – 01.04.1966

1. VI. Parteitag der SED

Der Ausgangspunkt für die Wiederaufnahme der Arbeiten am FGB war der VI. Parteitag der SED, der vom 15. bis 21.01.1963 stattfand. Im Mittelpunkt des Parteitages stand wie bereits beim V. Parteitag die Aufgabe des „umfassenden Aufbaus des Sozialismus“.[452] Das Recht sollte zu einer „wichtigen gestaltenden und aktivierenden Kraft“ bei der Durchführung der „wirtschaftlich-organisatorischen und kulturell-erzieherischen Aufgaben“ des Staates werden.[453] Dies bedurfte der „Änderung zahlreicher Gesetze“.[454] Hinsichtlich der neuen Aufgaben „in der Periode des umfassenden Aufbaus des Sozialismus“ wurde auf den „Erlaß des Staatsrates der DDR über die grundsätzlichen Aufgaben und die Arbeitsweise der Organe der Rechtspflege“[455] verwiesen.[456] Dieser Erlass lag damals lediglich als Entwurf vor und regelte unter anderem die Aufgaben der Gerichte, der Konflikt- und Schiedskommissionen, der Staatsanwaltschaft, des Ministeriums der Justiz, der Rechtsanwaltschaft sowie der staatlichen Notariate. Der Entwurf wurde am 05.12.1962 dem Staatsrat vorgelegt, der ihn billigte und öffentlich diskutieren ließ.[457] Am 04.04.1963 wurde der Erlass vom Staatsrat auf seiner 27. Sitzung verkündet und trat am selben Tag in Kraft.[458]

---

452 Protokoll des VI. Parteitages, aus BArch, DY 30/IV 1/VI/1, fol. 176.

453 Protokoll des VI. Parteitages, a.a.O. (Fn. 452), fol. 130.

454 Protokoll des VI. Parteitages, a.a.O. (Fn. 452), fol. 130.

455 GBl. I, S. 23.

456 Protokoll des VI. Parteitages, a.a.O. (Fn. 452), fol. 128.

457 Vgl. Polak, Bericht der Kommission des Staatsrates über die von ihr ausgearbeiteten Maßnahmen zur weiteren Vervollkommnung der sozialistischen Rechtspflege, in NJ 1963, S. 225 ff.

458 Vgl. Gotsche, Die neuen Aufgaben der Rechtspflege in der Etappe des umfassenden Aufbaus des Sozialismus, in NJ 1963, S. 257.

Der Ministerrat wurde mit Beschluss des Staatsrates zur Durchführung dieses Erlasses beauftragt, im September 1964 den Entwurf eines Familiengesetzbuches vorzulegen.[459]

2. Das Jugendgesetz vom 04.05.1964 und das Gesetz über das einheitliche Bildungssystem vom 25.02.1965

Während der Arbeiten an einem neuen FGB-Entwurf wurde das Erziehungsrecht der Eltern bereits durch das Inkrafttreten zweier Gesetze näher ausgestaltet. So stellte das „Gesetz über die Teilnahme der Jugend der Deutschen Demokratischen Republik am Kampf um den umfassenden Aufbau des Sozialismus und die allseitige Förderung ihrer Initiative bei der Leitung der Volkswirtschaft und des Staates, in Beruf und Schule, bei Kultur und Sport“ – Jugendgesetz der DDR – vom 04.05.1964,[460] welches mit seiner Verkündung in Kraft trat, klar, dass die Erziehung der Kinder nicht allein eine Angelegenheit der Eltern sei, sondern vielmehr ein „gemeinsames Anliegen der Organe des sozialistischen Staates, der Eltern und aller in der nationalen Front des demokratischen Deutschland vereinten Kräfte“.[461]

Auch das Gesetz über das einheitliche sozialistische Bildungssystem vom 25.02.1965,[462] welches ebenfalls mit seiner Verkündung in Kraft trat, enthielt eine nähere Ausgestaltung des elterlichen Erziehungsrechts. Dieses wurde als Bestandteil des umfassenden sozialistischen Bildungssystems gesehen, dessen Ziel die „Bildung und Erziehung allseitig harmonisch entwickelter sozialistischer Persönlichkeiten“[463] war. Um dieses Ziel zu erreichen, wurde die enge Zusammenarbeit der staatlichen und gesellschaftlichen Institutionen und der Familie festgelegt. Es wurde festgestellt, dass eine Übereinstimmung zwischen den gesellschaftlichen Bildungs- und Erziehungszielen und den Interessen der Eltern

---

459 Vgl. Protokoll über die konstituierende Sitzung der Grundkommission zur Ausarbeitung eines neuen Familiengesetzbuches vom 25.01.1964, aus BArch, DP 1 SE Nr. 2977, fol. 477 ff.

460 GBl. I, S. 75.

461 § 35 Jugendgesetz DDR.

462 GBl. I, S. 83.

463 § 1 des Gesetzes über das einheitliche Bildungssystem.

bestehe und der Staat demnach nur das sichere, was die Eltern für ihre Kinder erstrebten.[464]

3. Bildung einer neuen Grundkommission zur Ausarbeitung eines neuen Familiengesetzbuches am 25.01.1964

Aufgrund des Beschlusses des Staatsrates beauftragte der Ministerrat am 02.05.1963 den Minister der Justiz, eine Konzeption und einen Maßnahmeplan zur Ausarbeitung des Familiengesetzbuches bis zum III. Quartal 1963 zu erarbeiten und vorzulegen.[465] Dieser Maßnahmeplan[466] sowie die Konzeption[467] wurden vom Ministerrat mit Beschluss vom 24.10.1963 bestätigt.[468] Gleichzeitig wurde der Minister der Justiz beauftragt, eine Kommission zur Ausarbeitung des neuen Familiengesetzbuches zu bilden[469] und direkte Befragungen „von Eheleuten aus verschiedenen Schichten der Bevölkerung über die Gestaltung ihrer gegenseitigen vermögensrechtlichen Beziehungen durchzuführen".[470] Entsprechend dem Beschluss wurde eine neue Grundkommission zur Ausarbeitung eines neuen Familiengesetzbuches[471] gebildet, die sich auf der Sitzung am 25.01.1964 konstituierte. Die Grundkommission setzte sich nach den Vorgaben

---

464 Vgl. § 7 des Gesetzes über das einheitliche Bildungssystem.

465 Vgl. Beschluss des Präsidiums des Ministerrates über Maßnahmen zur Durchsetzung des Erlasses des Staatsrates der Deutschen Demokratischen Republik über die grundsätzlichen Aufgaben und die Arbeitsweise der Organe der Rechtspflege vom 02.05.1963, aus BArch, DP 1 SE Nr. 2977, fol. 414.

466 Vgl. Maßnahmeplan zur Ausarbeitung eines neuen Familiengesetzbuches, aus BArch, DP 1 SE Nr. 2981/2.

467 Vgl. Konzeption für das Familiengesetzbuch, aus BArch, DP 1 SE Nr. 2977/1, fol. 375 ff.

468 Vgl. Beschluss vom 24.10.1963, aus BArch, DP 1 SE Nr. 2977/1, fol. 62.

469 Vgl. Schreiben vom Benjamin an die Humboldt-Universität zu Berlin, aus BArch, DP 1 SE Nr. 2977/1, fol. 81.

470 Schreiben von Benjamin an den Dekan der Juristischen Fakultät der Humboldt-Universität vom 20.02.1964, aus BArch, DP 1 SE Nr. 2981/2.

471 In den folgenden Sitzungen wurde die Kommission nur FGB-Grundkommission genannt.

des Maßnahmeplans[472] aus Vertretern der Rechtspraxis und der Rechtswissenschaft sowie aus Vertretern des Ministeriums für Volksbildung, für Gesundheitswesen, des Ministeriums des Innern, des Sektors Frauen beim ZK der SED, der Bundesvorstände des FDGB und DFD und des Zentralrates der FDJ zusammen.[473] Neben den Mitgliedern der ursprünglichen FGB-Kommission waren unter anderem aus dem Ministerium der Justiz Ruth Wüsteneck sowie Harald Winter als Vertreter der FDJ, Queck aus dem Ministerium des Innern, Richard Halgasch von der Universität Jena, Rosemarie Walther vom Bundesvorstand des DFD, Uhlmann vom Sektor Frauen beim ZK und Rudolf Kirchner vom Bundesvorstand des FDGB neu hinzugekommen. Die Grundkommission tagte in den Jahren 1964 – 1966 insgesamt zwölf Mal,[474] wobei bei jeder Sitzung eine unterschiedliche Anzahl von Mitgliedern teilnahm. Die Kommission stand unter der Leitung der Justizministerin Benjamin. Zunächst wurde Margarete Wolfram zum Sekretär berufen. Am 14.02.1964 wurden die gesamten Unterlagen dann Hannelore Otto übergeben, die das Amt des Sekretärs von nun an ausübte.[475]
Der Maßnahmeplan sah eine Fertigstellung des FGB-Entwurfs bis August 1964 vor.[476] Es sollten insbesondere die Komplexe der Vermögensbeziehungen der Ehepartner und die Rechtsstellung des nichtehelichen Kindes nochmals überarbeitet werden. Um weitere Erkenntnisse hinsichtlich der Vermögensbeziehungen der Ehepartner gewinnen zu können, sollten Ehescheidungsverfahren analysiert werden. Es sollte insbesondere geprüft werden, welche vermögensrechtlichen

---

472 Vgl. Maßnahmeplan zur Ausarbeitung eines neuen Familiengesetzbuches, a.a.O. (Fn. 466).

473 Vgl. Sitzungsprotokolle der Sitzungen der FGB-Grundkommission, aus BArch, DP 1 SE Nr. 2977, fol. 80 ff.

474 Die Sitzungen fanden am 25.01., 13.03., 03.04., 24.04., 26.05., 03.07., 31.08., 17.11.1964, 06.01., 27./28.08., 03.12.1965, 05.03.1966 statt, vgl. die Sitzungsprotokolle, aus BArch, DP 1 SE Nr. 2977/1, DP 1 SE Nr. 2978/2.

475 Vgl. Übergabeprotokoll vom 22.02.1964, aus BArch, DP 1 SE Nr. 2977/1, fol. 9 f.

476 Vgl. Maßnahmeplan zur Ausarbeitung eines neuen Familiengesetzbuches, a.a.O. (Fn. 466).

Ansprüche bei der Ehescheidung eine Rolle spielten und welche Probleme bei der Vermögensauseinandersetzung aufkamen.[477]

4. Bildung von Unterkommissionen

Auf der konstituierenden Sitzung vom 25.01.1965 wurden entsprechend dem Maßnahmeplan des Ministerrates vier Unterkommissionen gebildet, die die von der Grundkommission zu beratenden Grundsatzfragen ausarbeiten sollten. Hierbei sollte berücksichtigt werden, dass das Familiengesetzbuch den „objektiv erkennbaren Entwicklungstendenzen der gesellschaftlichen Verhältnisse in der DDR"[478] entsprechen sollte. Die Unterkommissionen sollten der Grundkommission ausformulierte Gesetzestexte mit einer Begründung zu jedem Paragraphen vorlegen. Aus der Begründung sollte jeweils hervorgehen, weshalb die vorgeschlagene Lösung aufgrund der Analyse der gesellschaftlichen Verhältnisse favorisiert worden war. Darüber hinaus sollte eine rechtsvergleichende Darstellung dahingehend erfolgen, welche Regelungen denen anderer sozialistischer Staaten angepasst werden konnten und bei welchen dies aufgrund der unterschiedlichen gesellschaftlichen Entwicklung nicht möglich sei.[479]
Die Unterkommissionen wurden wie folgt gebildet:[480]

1. Unterkommission zur Ausarbeitung der Grundsatzbestimmungen, einschließlich Präambel.
   Vorsitzende: Grandke.[481]

---

477 Vgl. Maßnahmeplan zur Ausarbeitung eines neuen Familiengesetzbuches, a.a.O. (Fn. 466).

478 Ministerium der Justiz, Hauptabteilung Recht: Arbeitsanleitung für die Tätigkeit der Unterkommission zur Ausarbeitung des Familiengesetzbuches vom 24.02.1964, aus BArch, DP 1 SE Nr. 2979/1, fol. 93.

479 Vgl. Arbeitsanleitung für die Tätigkeit der Unterkommissionen zur Ausarbeitung des Familiengesetzbuches, a.a.O. (Fn. 478).

480 Vgl. Arbeitsanleitung für die Tätigkeit der Unterkommissionen zur Ausarbeitung des Familiengesetzbuches, a.a.O. (Fn. 478).

481 Die Unterkommission setzte sich wie folgt zusammen: Karl-Heinz Eberhardt, Hanni Koop, Inge Hieblinger, vgl. einzelne Anschreiben der Kommissionsmitglieder jeweils vom 12.02.1964, aus BArch, DP SE Nr. 2979/1, fol. 1 ff.

2. Unterkommission zur Ausarbeitung der Bestimmungen über die Ehe.
   Vorsitzender: Nathan.[482]
3. Unterkommission zur Ausarbeitung der Bestimmungen über die Beziehungen zwischen Eltern und Kindern.
   Vorsitzende: Ansorg.[483]
4. Unterkommission zur Ausarbeitung der Bestimmungen über Verwandtschaft, Vormundschaft und Pflegschaft und der prozessrechtlichen Bestimmungen.
   Vorsitzender: Halgasch.[484]

Darüber hinaus wurde eine Koordinierungsgruppe gebildet, die aus Einhorn, Göldner, Fröhbrodt und Otto[485] bestand. Diese sollte die Arbeiten der Unterkommissionen aufeinander abstimmen.[486] Einhorn war der Leiter dieser Gruppe.

---

482 Die Unterkommission setzte sich aus folgenden Mitgliedern zusammen: Ursula Rhode, Karlfried Hofmann, Frau Gotsche, Frau Rußig, Fritz Dittmann, Else Häuptner, Jutta Freiberg und Franz Thoms, vgl. Mitteilung der Hauptabteilung Recht vom 14.02.1964, aus BArch, DP 1 SE Nr. 2979/1, fol. 22.

483 Die Unterkommission setzte sich aus folgenden Mitgliedern zusammen: Renate Grczegorek, Heinz Jürgen Jackwitz, Ingrid Kuhfeld, Fritz Jansen, Ingeborg Weise, Elfriede Dargusch, Heinz Funke, Elli Gehrer sowie den Mitgliedern der Grundkommission: Rosemarie Walther, Harald Winter, Eberhardt Mannschatz und Elfriede Göldner, vgl. Schreiben der HA Gesetzgebung vom 14.02.1962, aus BArch, DP 1 SE Nr. 2979/1, fol. 39.

484 Die Unterkommission setzte sich aus folgenden Mitgliedern zusammen: Walter Schöne, Gerhard Krüger, Vera Peuster, Herr Waldmann, Joachim Rühl und Herr Ewald, vgl. Schreiben der HA Gesetzgebung vom 14.02.1964 sowie das Schreiben an Ewald, aus BArch, DP 1 SE Nr. 2979/1, fol. 67 und fol. 70.

485 Nachdem im Protokoll über die konstituierende Sitzung vom 25.01.1964 Wolfram als Verantwortliche der Koordinationsgruppe für die Anleitung der Unterkommission 4 benannt worden war, war ausweislich der Arbeitsanleitung für die Tätigkeit der Unterkommissionen zur Ausarbeitung des Familiengesetzbuches vom 24.02.1964, a.a.O. (Fn. 478) Otto letztlich mit dieser Aufgabe betraut worden.

5. Konzeption für die weiteren Arbeiten

Zu Beginn dieser neuen und letzten Arbeitsphase wies Benjamin darauf hin, dass ein Schwerpunkt bei der Ausarbeitung der Grundsätze liege. Hier müsse die „politische Linie aufgezeigt" sowie die „richtige menschliche Darstellung" gegeben werden.[487] Es solle deutlich werden, dass „die Familie nicht außerhalb der ökonomischen Beziehungen und Einwirkungen" stehe und „die Eltern die Verpflichtung haben, bei der Erziehung ihrer Kinder auch mit der Pionierorganisation und der FDJ zusammenzuarbeiten".[488]

Die Grundlage für die weiteren Arbeiten bildete die vom Ministerrat bestätigte Konzeption für die Ausarbeitung eines neuen FGB.[489] Die Konzeption sah folgende Eckpunkte vor:

- „Ausarbeitung der Grundsätze,
- Regelung der Vermögensbeziehung zwischen den Ehegatten,
- Regelung als Sofortmaßnahme darüber, dass Pfändungsmaßnahmen beim Arbeitsplatzwechsel des Unterhaltsverpflichteten das neue Einkommen erfassen,
- Neufassung des Inhalts der elterlichen Sorge,
- Regelung über die Gleichstellung des nichtehelichen Kindes mit dem ehelichen Kind,
- die Unterhaltspflicht zwischen Verwandten sollte auf Verwandte beschränkt werden, die besonders eng miteinander verbunden sind."[490]

Eine Überarbeitung der Regelungen über die Ehescheidung sollte nicht erfolgen, da sich die Regelungen in der Verordnung über Eheschließung und Eheauflö-

---

486 Vgl. Protokoll über die konstituierende Sitzung der Grundkommission zur Ausarbeitung eines neuen Familiengesetzbuches vom 25.01.1964, a.a.O. (Fn. 459).

487 Benjamin, Protokoll über die konstituierende Sitzung der Grundkommission zur Ausarbeitung eines neuen Familiengesetzbuches vom 25.01.1964, a.a.O. (Fn. 459), fol. 478.

488 Benjamin, Protokoll über die konstituierende Sitzung der Grundkommission zur Ausarbeitung eines neuen Familiengesetzbuches vom 25.01.1964, a.a.O. (Fn. 459).

489 Konzeption für das Familiengesetzbuch, a.a.O. (Fn. 467).

490 Konzeption für das Familiengesetzbuch, a.a.O. (Fn. 467).

sung mit Ausnahme des Umgangsrechts in der Praxis bewährt hätten.[491] Die in § 11 Abs.1 der Eheverordnung enthaltene Bestimmung, dass dem nichtsorgeberechtigten Elternteil das Recht des persönlichen Umgangs mit dem Kind blieb, sollte dahingehend geändert werden, dass ein Einverständnis des sorgeberechtigten Elternteils vorliegen musste.[492] Dies entsprach den Ausarbeitungen aus dem Jahre 1963.[493]

6. Arbeitsergebnisse

Nachdem auf den ersten Sitzungen der FGB-Grundkommission, die etwa monatlich in der ersten Jahreshälfte 1964 stattfanden, die Tagesordnungspunkte den von der Grundkommission ausgearbeiteten Themen entsprachen,[494] wurde auf der 7. Sitzung am 31.08.1965 erstmals die Gesamtvorlage besprochen[495] und im Anschluss daran der Entwurf vom 02.09.1964[496] ausgearbeitet. Hiermit endete ein erster Arbeitsabschnitt der FGB-Grundkommission.

a) Regelung über Pfändungsmaßnahmen beim Arbeitsplatzwechsel

Zur Regelung von Pfändungsmaßnahmen beim Arbeitsplatzwechsel des Unterhaltsverpflichteten wurde am 18.02.1964 die erste Durchführungsbestimmung zur Verordnung über die Pfändung von Arbeitseinkommen erlassen.[497] Demnach erstreckte sich der vom Gericht erlassene Pfändungs- und Überweisungsbeschluss auf Pfändung des Arbeitseinkommens des Schuldners auch auf das künftige Arbeitseinkommen, auf das der Schuldner aufgrund eines neuen Ar-

---

491 Vgl. Konzeption für das Familiengesetzbuch, a.a.O. (Fn. 467).

492 Vgl. Konzeption für das Familiengesetzbuch, a.a.O. (Fn. 467).

493 Vgl. III. Kapitel 4. b) dd) elterliche Sorge.

494 Vgl. Sitzungsprotokolle der Sitzungen vom 13.03.1964 (Präambel und Grundsatzbestimmungen), 03.04.1964 (Verwandtschaft, Vormundschaft, Pflegschaft und prozessrechtliche Bestimmungen), 24.04.1964 (Beziehung zwischen Eltern und Kinder), 26.05.1964 (Die Ehe) und vom 03.07.1964 (nichteheliches Kind, 2. Lesung Eltern/ Kinder), aus BArch, DP 1 SE Nr. 2977, fol. 297 ff.

495 Vgl. Protokoll der 7. Tagung der FGB-Grundkommission am 31.08.1964, aus BArch, DP 1 SE Nr. 2977, fol. 254 ff.

496 Vgl. FGB-Entwurf vom 02.09.1964, aus BArch, DY 30/IV A 2/13/200, fol. 16 ff.

497 Vgl. Durchführungsbestimmung zur Lohnpfändungsverordnung, GBl. II, S. 195.

beitsverhältnisses Anspruch hatte. Der ehemalige Arbeitgeber hatte zusammen mit den Arbeitspapieren eine Bescheinigung zu erteilen, aus der sich die Pfändung des Arbeitseinkommens ergab. Ferner hatte er dem Gericht eine Aufstellung der an den Gläubiger geleisteten Beträge bis zur Beendigung des Arbeitsverhältnisses einzureichen sowie den Gläubiger von der Beendigung des Arbeitsverhältnisses zu unterrichten.

b) Präambel und Grundsätze

Das Ziel des FGB wurde wie in den vorangegangenen Entwürfen in der Präambel dargelegt. Das FGB sollte vor allem jungen Menschen bei der Gestaltung ihres Familienlebens helfen, es sollte Familienkonflikten vorbeugen und Konflikte überwinden helfen.
In die einleitenden vier Grundsatzbestimmungen wurde insbesondere die Verpflichtung der staatlichen Organe und gesellschaftlichen Organisationen, die Entwicklung der sozialistischen Gesellschaft mitzugestalten und zu fördern, eingearbeitet. So wurde die Aufgabe der staatlichen Organe, Betriebe und Einrichtungen betont, Frauen so in den Arbeitsprozess zu integrieren, dass sie ihren gesellschaftlichen Aufgaben noch nachkommen konnten. Die Jugendorganisationen sollten bei der „Bildung und Erziehung der jungen Generation“ helfen.[498] Aufgabe der Organe der Jugendhilfe sollte es sein, “Familienkonflikten vorzubeugen und den Familienmitgliedern zu helfen, auftretende Konflikte zu lösen und ihre Auswirkungen zu überwinden“.[499]
Weitere Grundsätze wurden den einzelnen Abschnitten vorangestellt. Sie waren größtenteils programmatischen Inhalts[500] und enthielten mithin nur teilweise eine rechtliche Normierung.[501]

c) Bestimmungen über die Eigentums- und Vermögensverhältnisse

Die Unterkommission zur Ausarbeitung der Bestimmungen über die Ehe legte ihren Arbeiten die Ergebnisse einer vom Ministerium der Justiz durchgeführten Umfrage zugrunde. Das Ministerium der Justiz wollte mit Hilfe dieser Reprä-

---

498 § 3 des Entwurfs vom 02.09.1964, a.a.O. (Fn. 496).

499 § 4 des Entwurfs vom 02.09.1964, a.a.O. (Fn. 496).

500 Vgl. §§ 42, 49 FGB.

501 Vgl. § 5 FGB.

sentativumfrage einen Einblick in die tatsächlichen gesellschaftlichen Verhältnisse der Ehepaare bekommen. Die Umfrage wurde in den Monaten Februar und März 1964 im Chemiefaserwerk Premnitz, im Steinkohlewerk „Martin Hopp“ in Zwickau, im Bergarbeiterkrankenhaus Erlabrunn, in der Humboldt-Universität, im Obersten Gericht, in der Obersten Staatsanwaltschaft und im Ministerium der Justiz durchgeführt.[502] Die Umfrageergebnisse bestätigten die Grundsätze, von denen bereits frühere FGB-Entwürfe ausgingen. So wurde das Vermögen, das der gemeinsamen Lebensführung diente, von den Eheleuten ganz überwiegend als gemeinsames Vermögen betrachtet. Dagegen wurden die Sachen, die den persönlichen Bedürfnissen eines Ehegatten dienten oder die von einem Ehegatten für dessen berufliche oder andere Zwecke genutzt wurden, überwiegend als Vermögen dieses Ehepartners angesehen.[503] Hinsichtlich der Ersparnisse gab es kein einheitliches Bild; sie wurden entweder als gemeinsames Vermögen oder als Vermögen des Ehegatten betrachtet, aus dessen Arbeit diese Ersparnisse herrührten. Dabei sei die Tendenz zu beobachten gewesen, dass Ehefrauen in dem Maße, in dem sie mit ihrer fortschreitenden Einbeziehung in den Erwerbsprozess in die Lage versetzt wurden, Ersparnisse zurückzulegen, daran interessiert waren, diese Ersparnisse als ihre eigenen zu behandeln, über die sie selbstständig verfügen könnten.[504] Bei der Überarbeitung des ehelichen Güterrechts wurden die Ergebnisse dieser Umfrage berücksichtigt. Zum Vergleich wurden die Regelungen der Gesetze beziehungsweise der Entwürfe hinsichtlich der vermögensrechtlichen Beziehungen der Ehegatten in den sozialistischen Ländern Ungarn, Polen, CSSR, Rumänien, Bulgarien und RSFSR untersucht. Das Ergebnis der Untersuchung war, dass in diesen Ländern die Gütergemeinschaft der ge-

---

502 Vgl. Ministerium der Justiz, Hauptabteilung Recht, Plan für die Vorbereitung und Durchführung der Repräsentativumfrage vom 03.02.1964, aus BArch, DP 1 SE Nr. 2981/2.

503 Vgl. Göldner, Aufwendungen für die Familie und vermögensrechtliche Beziehungen zwischen den Ehegatten, in NJ 1965, S. 238, 239.

504 Vgl. Göldner, Aufwendungen für die Familie und vermögensrechtliche Beziehungen zwischen den Ehegatten, a.a.O. (Fn. 503).

setzliche Güterstand war oder werden sollte. Abweichende vertragliche Regelungen waren allerdings möglich.[505]
Die Regelungen über das eheliche Güterrecht erfuhren auch nach der Überarbeitung durch die Grundkommission keine wesentlichen Änderungen.[506] Demnach sollte nur dasjenige gemeinsames Vermögen der Eheleute sein, was von einem oder beiden Ehegatten während der Ehe durch Arbeit oder aus Arbeitseinkünften erworben wurde und entweder der gemeinsamen Lebensführung der Familie diente oder gemeinsam genutzt wurde.[507] Als weitere Vermögensmasse gab es das individuelle Vermögen jedes Ehepartners, welches sich aus dem sonstigen Vermögen, das der Ehepartner vor der Eheschließung oder während der Ehe erworben hatte, bestand.[508] Mit der Begründung, dass die Umfrage gezeigt habe, dass insbesondere hinsichtlich der Eigentumsverhältnisse an Ersparnissen unterschiedliche Auffassungen innerhalb der Bevölkerung vertreten wurden, ließ der FGB-Entwurf von dem Grundsatz abweichende Vereinbarungen der Eheleute zu. Dabei wurde betont, dass mit dieser Regelung dem Umstand Rechnung getragen werde, dass sich die Gesellschaft noch in einem Entwicklungsprozess befinde hin zur sozialistischen Ehegemeinschaft, in der alle ideellen und materiellen Interessen zusammenflössen.[509] Es waren nicht nur abweichende Regelungen hinsichtlich der Ersparnisse möglich, die von dem Grundsatz des gemeinsamen Vermögens nicht erfasst waren, da sie weder „der gemeinsamen Lebensführung" dienten noch „überwiegend gemeinsam genutzt" wurden, sondern auch die Vereinbarung einer Gütertrennung. Dies ergibt sich aus der Formulierung: „Die Ehegatten können auch vereinbaren, dass alle Sachen zum persönlichen Vermögen jeweils des Ehegatten gehören sollen, der sie erworben hat."[510] Hin-

---

505 Vgl. Rechtliche Regelung der Vermögensbeziehungen der Ehegatten in den Familiengesetzbüchern der Volksrepubliken Ungarn, Polen, CSSR, Rumänien und Bulgarien sowie der RSFSR, aus BArch, DP 1 SE Nr. 2980/1, fol. 152 ff.

506 Vgl. Vorlage der Grundkommission „ Die Ehe", aus BArch, DP 1 SE Nr. 2977/1, fol. 342.

507 Vgl. § 17 des FGB-Entwurfs vom 02.09.1964, a.a.O. (Fn. 496).

508 Vgl. § 17 Abs. 2 des FGB-Entwurfs vom 02.09.1964, a.a.O. (Fn. 496).

509 Vgl. Göldner, Aufwendungen für die Familie und vermögensrechtliche Beziehungen zwischen den Ehegatten, a.a.O. (Fn. 503), S. 240.

510 § 18 Abs. 1 lit. b) des FGB-Entwurfs vom 02.09.1964, a.a.O. (Fn. 496).

sichtlich der Verfügungsbefugnis der Ehegatten wurde dem sozialistischen Vorbild entsprechend von dem Grundsatz ausgegangen, dass Verfügungen über das gemeinschaftliche Eigentum das beiderseitige Einverständnis voraussetzten, aber von jedem alleine getroffen werden könnten.[511] Die Beschränkung hinsichtlich der Verfügungsbefugnis über das persönliche Vermögen wurde wie im Entwurf von 21.06.1960 aufrechterhalten. Demnach sollte es einer Zustimmung des Ehepartners bedürfen, wenn es sich bei den persönlichen Dingen, über die verfügt wurde, um Grundstücke oder Gegenstände, die zum Hausrat gehörten und überwiegend gemeinsam genutzt wurden, handelte.[512] Auf den Gutglaubensschutz bei Rechtsgeschäften dieser Art wurde weiterhin verzichtet.

Ein umstrittener Diskussionspunkt war die Regelung über die Unterhaltszahlung eines Ehepartners, der die Fortführung der ehelichen Gemeinschaft ablehnte, aber noch nicht geschieden war oder dessen Scheidungsantrag abgewiesen worden war. Während der § 15 EheVO einen Unterhaltsanspruch grundsätzlich bejahte, wenn der Unterhaltsverpflichtete nach Abweisung der Scheidungsklage die häusliche Gemeinschaft ablehnte, wurde im Rahmen der Arbeiten 1958 – 1960 auf das Erfordernis einer Scheidungsklage verzichtet und grundsätzlich ein Unterhaltsanspruch bereits bei Ablehnung der häuslichen Gemeinschaft eines Ehepartners bejaht.[513] Nunmehr wurde zwar auf das Erfordernis einer Scheidungsklage weiterhin verzichtet, ein Unterhaltsanspruch aber davon abhängig gemacht, dass der Unterhaltsberechtigte wegen Alters, Krankheit oder der Sorge für die Kinder nicht in der Lage war, seinen Unterhalt selbst zu verdienen. Diese Regelung sollte den bisherigen Unterhalt der Familie sichern, ohne jedoch „jungen unbelasteten arbeitsfähigen Frauen ein parasitäres Einkommen zu sichern.“[514] Die Grundkommission war sich darüber einig, dass an die Zumutbarkeit der Arbeitsaufnahme nicht die gleichen hohen Anforderungen

---

511 Vgl. Göldner, Aufwendungen für die Familie und vermögensrechtliche Beziehungen zwischen den Ehegatten, a.a.O. (Fn. 503), S. 240.

512 Vgl. § 19 des Entwurfs vom 02.09.1964, a.a.O. (Fn. 496).

513 Vgl. § 14 (2) des FGB-Entwurfs vom 20.07.1959, a.a.O. (Fn. 381).

514 Vgl. Protokoll der 5. Tagung der FGB-Grundkommission am 26.05.1964, aus BArch, DP 1 SE Nr. 2977/1, fol. 333 ff.

wie bei der Geltendmachung eines Unterhaltsanspruchs nach der Scheidung gestellt werden dürften.[515]

d) Die elterliche Sorge

In dem Abschnitt „Stellung der staatlichen Organe und gesellschaftlichen Organisationen“ innerhalb des Kapitels „Elterliche Sorge“ wurde erstmals die Unterstützung durch diese Einrichtungen bei der Erziehung der Kinder gesetzlich geregelt. So sollten „insbesondere die Organe der Volksbildung, des Gesundheits- und Sozialwesens sowie die gesellschaftlichen Organisationen, die Arbeitskollektive, die Elternbeiräte und Hausgemeinschaften“ die Eltern unterstützen. Besondere Aufmerksamkeit sollte den allein stehenden Müttern und Vätern gelten.[516]

e) Rechtsstellung des nichtehelichen Kindes

Um die „gesellschaftliche Gleichstellung“[517] des nichtehelichen Kindes zu betonen, wurde im Entwurf auf einen eigenen Regelungsabschnitt für nichteheliche Kinder verzichtet. Stattdessen wurden die die nichtehelichen Kinder betreffenden Fragen gemeinsam mit den Normen bezüglich der ehelichen Kinder im Kapitel über Eltern und Kinder geregelt. Die Begriffe „nichtehelich“ oder „unehelich“ fanden keine Verwendung. Die Nichtehelichkeit wurde vielmehr umschrieben. So waren dies die Kinder, deren Eltern bei der Geburt nicht miteinander verheiratet waren.

Wie bereits zu Beginn der Arbeiten am FGB war die Frage, ob das nichteheliche Kind gegenüber seinem Vater und den Verwandten väterlicherseits erbberechtigt sein sollte, umstritten.[518] Um mögliche Entscheidungshilfen zu bekommen, wurden von den Botschaftern der DDR in Polen, der CSSR, Ungarn, Rumänien und Bulgarien Berichte über die Rechtsstellung des nichtehelichen Kindes in den

---

515 Vgl. Protokoll der 5. Tagung der FGB-Grundkommission am 26.05.1964, a.a.O. (Fn. 514), fol. 334.

516 Vgl. §§ 52, 53 des Entwurfs vom 02.09.1964, a.a.O. (Fn. 496).

517 Begründung des Entwurfs des Familiengesetzbuches vom 18.03.1965, aus BArch, DY 34 Nr. 4295.

518 Vgl. I. Kapitel 3. d) nichteheliche Kinder; II. Kapitel 7. a) dd) nichteheliche Kinder.

jeweiligen Ländern angefordert, die dann von der Abteilung Recht ausgewertet wurden.[519]

Dieses Thema bildete auch im letzten Arbeitsabschnitt den Tagesordnungspunkt zweier Sitzungen, da man sich innerhalb der Grundkommission zunächst nicht einigen konnte.[520] Die Unterkommission für die Ausarbeitung der Bestimmungen über die Beziehungen zwischen Eltern und Kindern hatte sich für das volle Erbrecht des nichtehelichen Kindes ausgesprochen. Dies wurde damit begründet, dass das Erbrecht auf dem Prinzip der Abstammung wurzele. Für eine abweichende Regelung beim nichtehelichen Kind wurde keine Rechtfertigung gesehen. Alle Väter sollten die gleiche Verantwortlichkeit tragen.[521] Dieser Auffassung folgten unter anderem Grandke, Fröhbrodt, Walther, Einhorn[522] und Göldner.[523] Auch der DFD sprach sich dafür aus, dass das Verhältnis des nichtehelichen Kindes zu seinen leiblichen Verwandten die gleiche rechtliche Qualität haben solle wie die eines ehelichen Kindes zu seinen Verwandten, so dass es diesbezüglich keiner besonderen Regelungen im FGB bedürfe.[524]

Auf der Sitzung der Grundkommission am 03.07.1964 vermochten sich die Vertreter eines umfassenden Erbrechts jedoch nicht durchzusetzen. Die Mehrheit der Kommissionsmitglieder sprach sich gegen das volle Erbrecht aus und befürwortete Differenzierungen. Man wollte dem Umstand Rechnung tragen,

---

519 Vgl. HA Recht, Auswertung der Berichte der Botschafter der DDR in den Volksrepubliken Polen, CSSR, Ungarn, Rumänien und Bulgarien zur Rechtsstellung des nichtehelichen Kindes, aus BArch, DP 1 SE Nr. 2980/2, fol. 51 ff.

520 Vgl. Protokoll der 4. Tagung der Grundkommission zur Ausarbeitung des FGB am 24.04.1964, aus BArch, DP 1 SE Nr. 2977/1, fol. 347 ff. und Protokoll der 6. Tagung der FGB-Grundkommission am 03.07.1964, aus BArch, DP 1 SE Nr. 2977/1, fol. 297 ff.

521 Vgl. Ansorg, Vorbemerkungen zum zweiten Teil: Eltern und Kinder, aus BArch, DY 34 Nr. 2319.

522 Vgl. Protokoll der 4. Tagung der Grundkommission zur Ausarbeitung des FGB am 24.04.1964, a.a.O. (Fn. 520), fol. 347 ff.

523 Vgl. Göldner, Protokoll der 6. Tagung der FGB-Grundkommission am 03.07.1964, a.a.O. (Fn. 520), fol. 299.

524 Vgl. Schreiben der Vorsitzenden des DFD, Vorlage für das Sekretariat, Betrifft: Antwortschreiben an Minister der Justiz, Frau Dr. H. Benjamin, zum Entwurf des Familiengesetzbuches der DDR, vom 02.11.1964, aus BArch, DY 34 Nr. 357, fol. 175.

dass das nichteheliche Kind in der Regel bei der Mutter aufwuchs und zu dem Vater, der häufig eine eigene Familie hatte, keine Bindung hatte. Der Inhalt dieser differenzierten Regelung ging in zwei unterschiedliche Richtungen. Hallgasch sprach sich dafür aus, dem nichtehelichen Kind lediglich einen Geldanspruch gegen die Erben zur Sicherung des Unterhaltes zuzugestehen.[525] Nathan sprach sich dagegen für ein volles Erbrecht bis zur wirtschaftlichen Selbstständigkeit des Kindes aus. Das Erbrecht führte er wie die Unterkommission auf die Verwandtschaft bzw. Abstammung zurück. Er hielt aber eine Differenzierung aufgrund des natürlichen Unterschiedes zwischen ehelichen und nichtehelichen Kindern für erforderlich. Eine gemäß der Verfassung untersagte Diskriminierung des nichtehelichen Kindes, sah Nathan in dieser unterschiedlichen Regelung nicht, da die Verfassung nicht die natürlichen Unterschiede, sondern lediglich die willkürlichen Nachteile beseitigen wolle.[526] Bis zur wirtschaftlichen Selbstständigkeit des nichtehelichen Kindes hielt Nathan es für erforderlich, dass die Interessen der Familie des Mannes hinter denen des Kindes zurücktraten. Für den Vorschlag Nathans sprachen sich unter anderem auch Jansen, Rohde, Thoms und Häuptner aus.[527] Diese Regelung setzte sich letztlich auch durch.

Insgesamt herrschte Einigkeit darüber, dass eine umfassende Regelung der Rechtsstellung des nichtehelichen Kindes die Regelung des Erbrechts des Kindes gegenüber seinem Vater und dessen Verwandten mit umfassen musste. Ebenso war sich die Kommission bewusst, dass die erbrechtlichen Regelungen grundsätzlich kein Bestandteil des Familiengesetzbuches waren, sondern von der Rechtssystematik her in das Zivilgesetzbuch gehörten. Von der Abteilung für Rechts- und Staatsfragen und der Arbeitsgruppe Frauen des ZK der SED wurde in einer Stellungnahme vom 06.10.1964 vorgeschlagen, die Regelung als Grundlage für die öffentliche Diskussion mit im Gesetz zu belassen, damit hier-

---

525 Vgl. Halgasch, Protokoll der 4. Tagung der Grundkommission zur Ausarbeitung des FGB am 24.04.1964, a.a.O. (Fn. 520), fol. 347 und Protokoll der 6. Tagung der FGB-Grundkommission am 03.07.1964, a.a.O. (Fn. 520), fol. 297.

526 Vgl. Nathan, Protokoll der 6. Tagung der FGB-Grundkommission am 03.07.1964, a.a.O. (Fn. 520), fol. 298 f.

527 Vgl. Protokoll der 6. Tagung der FGB-Grundkommission am 03.07.1964, a.a.O. (Fn. 520), fol. 298 ff.

über diskutiert werden konnte, sie später aber als Durchführungsbestimmung in das Einführungsgesetz zum Familiengesetzbuch aufzunehmen.[528] Dementsprechend wurde verfahren. Die Bestimmung über das Erbrecht wurde bis zum Inkrafttreten des Zivilgesetzbuches in das Einführungsgesetz zum Familiengesetzbuch der DDR aufgenommen.[529]

f) Verwandtschaftliche Beziehungen

Der FGB-Entwurf schränkte die gesetzliche Unterhaltspflicht auf den Verwandtenkreis vom Enkel bis zu den Großeltern ein. Im Laufe der Arbeiten wurde die Unterhaltspflicht der Großeltern weiter dahingehend eingeschränkt, dass sie nur zum Unterhalt eines minderjährigen Enkels verpflichtet sein sollten.[530] Hinsichtlich der Unterhaltsansprüche zwischen volljährigen Verwandten ging das Gesetz von dem Grundsatz aus, dass sich jeder Bürger durch „Verwirklichung seines Rechts auf Arbeit selbst unterhalten kann oder bei Arbeitsunfähigkeit, Aufnahme eines Studiums und in ähnlichen Fällen Rente, Krankengeld, Stipendium, usw. erhält."[531] Die nächsten Verwandten sollten daher nur in Ausnahmefällen unterhaltsverpflichtet sein.

Ein erster Arbeitsabschnitt endete mit der Schlusslesung des umfassend überarbeiteten Gesamtentwurfs des FGB auf der 7. Sitzung der Grundkommission am 31.08.1964.[532] Dieser Entwurf wurde vom Ministerrat am 02.09.1964 nebst Begründung herausgegeben.[533]

---

528 Vgl. Abteilung für Staats- und Rechtsfragen und der Arbeitsgruppe Frauen des ZK der SED, Stellungnahme zur Vorlage des Ministeriums der Justiz – Entwurf des Familiengesetzbuches – vom 06.10.1964, aus BArch, DP 1 VA Nr. 7548, fol. 88 ff.

529 Vgl. § 9 (1) des Einführungsgesetzes zum Familiengesetzbuch der DDR vom 20.12.1965, GBl. I, S.19.

530 Vgl. § 82 des Entwurfs aus dem Jahr 1965, der Grundlage der öffentlichen Diskussion war, in NJ 1965, S. 259 ff.

531 Benjamin, Das Familiengesetzbuch – Grundgesetz der Familie, in NJ 1965, S.1, S. 6.

532 Vgl. Protokoll der 7. Tagung der FGB-Grundkommission am 31.08.1964, a.a.O. (Fn. 495), fol. 254 ff.

533 Vgl. Ministerrat der Deutschen Demokratischen Republik, Entwurf eines Familiengesetzbuches der Deutschen Demokratischen Republik vom 02.09.1964 und

7. Kritik am Entwurf durch die Partei und andere gesellschaftliche Gruppen

In der dreimonatigen Pause zwischen der 7. und 8. Sitzung der FGB-Grundkommission wurde der Entwurf vom 02.09.1964 dem Politbüro des ZK der SED, dem Verfassungs- und Rechtsausschuss der Volkskammer sowie dem DFD und FDGB zur Stellungnahme zugeleitetet.[534] Der Entwurf stieß bei der Abteilung für Staats- und Rechtsfragen und der Arbeitsgruppe Frauen beim ZK auf Widerstand.[535] In einer Stellungnahme vom 06.10.1964 wurde kritisiert, dass der Gesetzentwurf „nicht genügend auf die Förderung und Festigung der Beziehungen in Ehe und Familie und auf die weitere Herausbildung einer sozialistischen Verhaltens- und Lebensweise" eingehe. Bestimmungen für Konfliktfälle würden einen zu großen Teil des Gesetzes ausmachen. Insbesondere fehlten Aussagen über die Bedeutung der „Ehe und Familie als kleinste Zelle der Gesellschaft" und darüber, dass „eine der wichtigsten Aufgaben und der wesentliche Inhalt der Ehe" darin bestehe, für den „Fortbestand der Gesellschaft zu sorgen".[536] Es müsse betont werden, dass die Gesellschaft „den Aufgaben der Eltern und der Familie bei der Erziehung und Heranbildung der jungen Generation eine

---

Begründung des Entwurfs des Familiengesetzbuches vom 02.09.1964, beides aus BArch, DP 1 VA Nr. 1927.

534 Vgl. Stellungnahme der Abteilung Staats- und Rechtsfragen und der Arbeitsgruppe Frauen zur Vorlage des Ministeriums der Justiz – Entwurf des Familiengesetzbuches – vom 06.10.1964, aus BArch, DA 5 Nr. 4251; Stellungnahme der Arbeitsgruppe „Familiengesetzbuch" des Verfassungs- und Rechtsausschusses der Volkskammer der DDR zum Entwurf des Familiengesetzbuches der DDR vom 10.11.1964, aus BArch, DA 5 Nr. 4251; Bundesvorstand des DFD, Antwortschreiben an Minister der Justiz, Frau Dr. H. Benjamin, zum Entwurf des Familiengesetzbuches der DDR vom 02.11.1964, aus BArch, DY 34 Nr. 357, fol. 169 ff; Sekretariatsinformationen vom 28.10.1964, aus BArch, DY 34 Nr. 24889.

535 Vgl. Stellungnahme der Abteilung Staats- und Rechtsfragen und der Arbeitsgruppe Frauen zur Vorlage des Ministeriums der Justiz – Entwurf des Familiengesetzbuches – vom 06.10.1964, a.a.O. (Fn. 534).

536 Vgl. Stellungnahme zur Vorlage des Ministeriums der Justiz – Entwurf des Familiengesetzbuches – vom 06.10.1964, a.a.O. (Fn. 534).

große Bedeutung“ beimesse und die „Leistungen der Eltern“ dabei besonders würdige und anerkenne.[537]

Des Weiteren wurden die Regelungen über die Vermögensbeziehungen der Eheleute kritisiert. Es seien zu viele Vorschriften, die diesen Bereich regelten und damit „kommerzialisierten“, und es bliebe unklar, welches Verhalten der Ehegatten erwartet und vom Gesetz gefördert werde, wobei eine Tendenz in Richtung Gütertrennung bemerkbar sei. Unter Hinweis auf einen 1963 erarbeiteten Entwurf für ein Gesetz über Ehe und Familie in der UdSSR wurde die Vermögensgemeinschaft als den für die sozialistische Gemeinschaft geeignetesten Güterstand angesehen und Art. 12 dieses Gesetzentwurfs[538] als Grundorientierungshilfe für die weitere Arbeit vorgeschlagen.[539] Abschließend regten die Abteilung für Staats- und Rechtsfragen und die Arbeitsgruppe Frauen an, das Gesetz insgesamt allgemeinverständlicher zu formulieren und die Regelung von unverständlichen Einzelheiten Durchführungsverordnungen oder der Rechtsprechung zu überlassen.

Die vom DFD eingeholte Stellungnahme bestätigte im Wesentlichen die genannten Kritikpunkte. Auch der Bundesvorstand des DFD kritisierte die zum Teil schwer verständlichen Formulierungen mit dem Hinweis, dass das Familiengesetzbuch zum „Handbuch der Familie“ werden solle, was einfache und verständliche Regelungen voraussetze. Die vermögensrechtlichen Regelungen wur-

---

537 Stellungnahme zur Vorlage des Ministeriums der Justiz – Entwurf des Familiengesetzbuches – vom 06.10.1964, a.a.O. (Fn. 534).

538 Art. 12: Eigentum der Eheleute: „Das Vermögen, das sich die Eheleute während der Ehe erworben haben, gehört ihnen gemeinsam. Die Eheleute haben die gleichen Rechte des Besitzes, der Nutzung und der Verfügung über dieses Vermögen.
Die Eheleute genießen die gleichen Rechte auf das Vermögen auch in dem Falle, wenn einer von beiden durch Haushalt, Kindererziehung oder aus anderen triftigen Gründen kein eigenes Einkommen hatte.
Im Falle der Teilung des gemeinsamen Vermögens der Eheleute erhalten sie je die Hälfte. In Ausnahmefällen kann das Gericht von einer gleichmäßigen Verteilung des Vermögens an die Eheleute Abstand nehmen, wenn dies die Interessen der Kinder oder die Interessen eines der Ehepartner erfordern. Das Vermögen, das den Eheleuten vor der Eheschließung gehörte, oder das sie während der Ehe geschenkt oder vererbt bekamen, ist Eigentum des jeweiligen Ehepartners...“

539 Vgl. Stellungnahme zur Vorlage des Ministeriums der Justiz – Entwurf des Familiengesetzbuches – vom 06.10.1964, a.a.O. (Fn. 534).

den nicht so scharf kritisiert wie von den ZK-Abteilungen, aber es wurde sehr deutlich, dass die vermögensrechtlichen Beziehungen der Ehegatten in nur einer Vorschrift geregelt und die vorgesehene „Sachgemeinschaft“ zu einer Vermögensgemeinschaft der Eheleute werden sollte. Begrüßt wurden die Regelungen über die Scheidung. Abschließend wurde angeregt, auf die Bezeichnung „Stiefelternteil“ oder „Stiefkind“ zu verzichten, da diese Bezeichnungen einen „bitteren Beigeschmack“ hätten und damit nicht dem angestrebten Verhältnis zwischen beiden gerecht werden würden.[540]

Die Arbeitsgruppe „Familiengesetzbuch“ des Verfassungs- und Rechtsausschusses der Volkskammer der DDR hatte sich in mehreren Beratungen mit dem FGB-Entwurf befasst und ging in ihrer Stellungnahme vom 10.11.1964 ebenfalls davon aus, dass es einer nochmaligen Überarbeitung des Entwurfs bedürfe.[541] Neben ideologischen Aspekten wurde insbesondere kritisiert, dass der Entwurf nicht erkennen lasse, welche Regelung hinsichtlich des Güterrechts favorisiert werde. Es wurde angeregt, zu überdenken, ob nicht dem gemeinschaftlichen Eigentum als „dem materiellen Fundament für ein gesundes Gedeihen von Ehe und Familie“ der Vorrang gewährt werden sollte.[542]

Die Stellungnahme des FDGB zeigte dagegen, dass eine grundsätzliche Zustimmung zu dem bisherigen Entwurf bestand. Mit Beschluss vom 30.10.1964 stimmte der Bundesvorstand dem Entwurf zu, bat allerdings darum, einzelne Hinweise bei der Überarbeitung zu berücksichtigen. Insbesondere wurde angeregt, das gesamte Erbrecht mit in das Familiengesetzbuch aufzunehmen, da dieses unter den herrschenden sozialistischen Verhältnissen dem Familienrecht näher stünde als dem Zivilrecht.[543]

---

540 Vgl. Bundesvorstand des DFD, Antwortschreiben an Minister der Justiz, Frau Dr. H. Benjamin, zum Entwurf des Familiengesetzbuches der DDR vom 02.11.1964, a.a.O. (Fn. 534).

541 Vgl. Stellungnahme der Arbeitsgruppe „Familiengesetzbuch“ des Verfassungs- und Rechtsausschusses der Volkskammer der DDR, a.a.O. (Fn. 534).

542 Vgl. Stellungnahme der Arbeitsgruppe „Familiengesetzbuch“ des Verfassungs- und Rechtsausschusses der Volkskammer der DDR, a.a.O. (Fn. 534).

543 Vgl. Sekretariatsinformationen vom 28.10.1964, aus BArch, DY 34 Nr. 24889.

Vollständig abgelehnt wurde der FGB-Entwurf nach wie vor von den Kirchen, die insbesondere die ideologische Ausrichtung des Entwurfs kritisierten.[544] Sie sah die in der Verfassung garantierte Glaubens- und Gewissensfreiheit durch die umfassende Ausrichtung des Gesetzes auf den Sozialismus sowie die Verpflichtung der Eltern, sich selbst und die Kinder an dieser Anschauung auszurichten, mithin zu Erbauern des Sozialismus zu erziehen, gefährdet.[545] Der Gesetzentwurf sei eine „unrechtmäßige Beschlagnahme des Menschen und des intimsten Raumes der Familie durch den Staat".[546] Auch wurde jede moralische oder ökonomische Nötigung der Mutter zur Aufnahme und Ausübung eines Berufs abgelehnt.[547]

8. Die Überarbeitung des Entwurfs

Nach einer etwa dreimonatigen Pause tagte die Grundkommission am 17.11.1964, um den FGB-Entwurf offiziell im Hinblick auf die Festrede Walter Ulbrichts zum 15. Jahrestag der DDR[548] zu überarbeiten.[549] Tatsächlich diente die Sitzung dazu, sich mit den zwischenzeitlich eingegangenen Stellungnahmen, insbesondere der Kritik der Abteilung für Staats- und Rechtsfragen und der Arbeitsgruppe Frauen beim Zentralkomitee, auseinander zu setzen.[550] Die Stellungnahmen der Kirche wurden ignoriert. Die Stellungnahme der ZK-Abteilungen wurde dagegen sehr ernst genommen und eigens hierfür in Vorbereitung auf die

---

544 Vgl. Schreiben der Konferenz der ev. Kirchenleitungen in der Deutschen Demokratischen Republik an Herrn Stoph vom 12.07.1965, aus BArch, DP 2 Nr. 1322.

545 Vgl. Brief des Erzbischofs und Bischofs von Berlin Dr. Alfred Bengsch an den Ministerpräsidenten Stoph, aus BArch, DP 2 Nr. 1322.

546 Vgl. Brief des Erzbischofs und Bischofs von Berlin Dr. Alfred Bengsch an den Ministerpräsidenten Stoph, a.a.O. (Fn. 545).

547 Vgl. Brief des Erzbischofs und Bischof von Berlin Dr. Alfred Bengsch an den Ministerpräsidenten Stoph, a.a.O. (Fn. 545); vgl. Schreiben der Konferenz der ev. Kirchenleitungen in der Deutschen Demokratischen Republik an Herrn Stoph vom 12.07.1965, a.a.O. (Fn. 544).

548 Abgedruckt im ND vom 07.10.1964, S. 3 ff.

549 Vgl. Tagesordnung, Protokoll der 8. Sitzung der FGB-Grundkommission am 17.11.1964, aus BArch, DP 1 SE Nr. 2977, fol. 80 ff.

550 Vgl. Protokoll der 8. Sitzung der FGB-Grundkommission am 17.11.1964, a.a.O. (Fn. 549).

Sitzung der Grundkommission eine Diskussionsgrundlage erarbeitet.[551] Es wurden zwei Lösungswege gesehen, um der Kritik Rechnung zu tragen. Zum einen bestand die Möglichkeit, den vorliegenden Entwurf entsprechend den Hinweisen zu ergänzen und umzuarbeiten. Zum anderen hätte man die gesamte Konzeption, wie sie immerhin vom Ministerrat bestätigt worden war, zugunsten einer neuen Konzeption aufgeben können. Danach war ein programmatisches Gesetz über die Familie in der DDR ergänzt durch ein Ausführungsgesetz zur Regelung des Familienrechts in der DDR beabsichtigt.[552] Hinsichtlich der güterrechtlichen Regelungen wurde festgestellt, dass es zunächst einer weiteren Beratung innerhalb der Grundkommission darüber bedurfte, ob an der Konzeption des vorliegenden Entwurfs festgehalten werden oder vom Normalfall der vollständigen Gütergemeinschaft ausgegangen werden sollte.[553]
Auf der Sitzung am 17.11.1964 einigte sich die Grundkommission darauf, die vorliegende Konzeption nicht aufzugeben, sondern entsprechend zu überarbeiten. Hinsichtlich des Güterrechts einigte man sich ohne grundsätzliche Diskussionen darauf, das gemeinsame Vermögen zu erweitern.[554] Angesichts der Tatsache, dass man sich innerhalb der Grundkommission etwa ein halbes Jahr zuvor noch einig darüber gewesen war, dass es auch im Hinblick auf die durchgeführte Umfrage keiner Überarbeitung des Güterrechts bedürfe,[555] ist dieses Ergebnis erstaunlich. Die grundsätzliche Frage der Gütertrennung oder Gütergemeinschaft wurde nicht diskutiert. Ein Grund mag darin liegen, dass die Stellungnahmen des ZK und des DFD diesbezüglich eindeutig waren. Des Weiteren war

---

551 Vgl. Diskussionsgrundlage für die Beratung der Stellungnahme der Abteilung Staats- und Rechtsfragen beim ZK der SED zum Entwurf des Familiengesetzbuches, aus BArch, DP 1 VA Nr. 7548, fol. 66 ff.

552 Vgl. Diskussionsgrundlage für die Beratung der Stellungnahme der Abteilung Staats- und Rechtsfragen beim ZK der SED zum Entwurf des Familiengesetzbuches, a.a.O. (Fn. 551), fol. 66.

553 Vgl. Diskussionsgrundlage für die Beratung der Stellungnahme der Abteilung Staats- und Rechtsfragen beim ZK der SED zum Entwurf des Familiengesetzbuches, a.a.O. (Fn. 551), fol. 69.

554 Vgl. Protokoll der 8. Sitzung der FGB-Grundkommission am 17.11.1964, a.a.O. (Fn. 549).

555 Vgl. Protokoll der 5. Tagung der FGB-Grundkommission am 26.05.1964, a.a.O. (Fn. 514), fol. 333 ff.

Nathan, der die Gütertrennung favorisierte und sich verstärkt für diese einsetzte, auf dieser Sitzung nicht anwesend. Die weitere Diskussion über den Güterstand bezog sich lediglich auf die einzelnen Regelungen hinsichtlich des Umfangs des gemeinsamen Vermögens.

Am Ende der Sitzung wurde eine Redaktionsgruppe bestehend aus Einhorn, Kern, Glöckner, Grandke, Kuhrig, Göldner und Eberhardt gebildet, die die Aufgabe hatte, den Entwurf vom 02.09.1964 entsprechend den Ergebnissen dieser Sitzung erneut zu überarbeiten.[556] Die Redaktionsgruppe schloss ihre Arbeit mit der Ausarbeitung des Entwurfs vom 21.12.1964[557] ab. Hinsichtlich des gesetzlichen Güterstandes wurde die Masse des gemeinsamen Vermögens durch den Wegfall der Einschränkung, dass nur dasjenige gemeinsames Vermögen werden sollte, was der gemeinsamen Lebensführung diente oder überwiegend gemeinsam genutzt wurde, erweitert. Ausdrücklich wurden neben den erworbenen Sachen nunmehr auch Vermögenswerte und Ersparnisse zum gemeinsamen Vermögen gezählt. Zum persönlichen Vermögen der Ehegatten sollten nicht mehr die Sachen gehören, deren Wert gemessen am gemeinschaftlichen Einkommen unverhältnismäßig groß war. Andere individuelle Vereinbarungen waren weiterhin möglich. Die Vereinbarung einer vollständigen Gütertrennung war allerdings ausgeschlossen. Vereinbarungen, dass Sachen, die der gemeinsamen Lebensführung dienten oder überwiegend gemeinsam genutzt wurden, einem Ehepartner allein gehörten, sollten ebenfalls unwirksam sein.[558]

Das Regel-Ausnahmeverhältnis hinsichtlich des gemeinsamen und persönlichen Vermögens wurde damit umgekehrt. Dem Entwurf wurde auf diese Weise eine „Grundorientierung"[559] in Richtung Vermögensgemeinschaft gegeben.

Den weiteren Kritikpunkten des ZK wurde insbesondere durch eine ideologische Überarbeitung der Präambel, der Grundsätze sowie des Teils „Eltern und Kinder", die erst im Entwurf vom 10.02.1965 ihren Abschluss fand, Rechnung getragen. Die Präambel wurde nunmehr mit dem Satz eingeleitet: „Die Familie ist

---

556 Vgl. Protokoll der 8. Sitzung der FGB-Grundkommission am 17.11.1964, a.a.O. (Fn. 549), fol. 86.

557 Vgl. FGB-Entwurf vom 21.12.1964, aus BArch, DP 1 VA Nr. 6498.

558 Vgl. § 12 des FGB-Entwurfs vom 21.12.1964, a.a.O. (Fn. 557).

559 Begründung des Entwurfs des Familiengesetzbuches vom 18.03.1965, aus DY 34 Nr. 4295.

die kleinste Zelle der Gesellschaft."[560] Die Bedeutung der Familie für die Gesellschaft sowie die Pflicht des Staates und der Gesellschaft, die Familie zu schützen und zu fördern, wurde in der Präambel und in den Grundsätzen noch stärker betont. Die Pflichten der Eltern wurden im Teil „Eltern und Kinder" besonders herausgestellt. Der Begriff der „elterlichen Sorge" wurde ersetzt durch den umfassenderen Begriff des „elterlichen Erziehungsrechts". Den Regelungen wurde eine Grundsatzbestimmung vorangestellt, in der einleitend betont wurde, dass die Erziehung der Kinder „eine bedeutende staatsbürgerliche Aufgabe der Eltern" sei, „die dafür staatliche und gesellschaftliche Anerkennung und Würdigung" fänden.[561] Der Inhalt des Erziehungsrechts wurde noch detaillierter beschrieben als in den Entwürfen zuvor. So sollten die Eltern unter anderem „durch verantwortungsbewußte Erfüllung ihrer Erziehungspflichten und durch eigenes Vorbild [...] ihre Kinder zur sozialistischen Einstellung zum Lernen und zur Arbeit, zur Achtung vor den arbeitenden Menschen, zur Einhaltung der Regeln des sozialistischen Zusammenlebens, zur Solidarität, zum sozialistischen Patriotismus und Internationalismus" erziehen.[562] Auch waren bei den Kindern bestimmte, mit der „sozialistischen Persönlichkeit" „untrennbar" verbundene, Eigenschaften wie „Bescheidenheit, Ehrlichkeit, Hilfsbereitschaft und die Achtung vor dem Alter" herauszubilden.[563] Die Erziehung sollte ebenfalls die „Vorbereitung zu einem späteren verantwortungsbewußten Verhalten zur Ehe und Familie" beinhalten.

Das Erziehungsrecht umfasste neben der Erziehung und Betreuung des Kindes im engeren Sinne auch die rechtliche Vertretung, die Unterhaltspflicht sowie die Vermögenssorge.[564] Mit dem Begriff des elterlichen Erziehungsrechts wurde die Schwerpunktverlagerung auf die Erziehungspflicht der Eltern deutlich. Die übrigen Rechte und Pflichten der Eltern neben der Erziehung der Kinder wurden nur noch als Mittel zum Zweck der Erziehung angesehen.[565]

---

560 Präambel des Entwurfs von 1965, a.a.O. (Fn. 530).

561 Vgl. § 42 des Entwurfs von 1965, a.a.O. (Fn. 530).

562 § 42 des Entwurfs von 1965, a.a.O. (Fn. 530).

563 Vgl. § 40 des Entwurfs von 1965, a.a.O. (Fn. 530).

564 Vgl. § 43 des Entwurfs von 1965, a.a.O. (Fn. 530).

565 Vgl. Brümmer, Die Entwicklung des elterlichen Sorge- und Erziehungsrechts in der DDR, a.a.O. (Fn. 90), S. 32.

Der Entwurf vom 10.02.1965, der entsprechend den Beratungsergebnissen der Grundkommission in ihrer Sitzung vom 06.01.1965[566] überarbeitet worden war, wurde dem Politbüro der SED zur Stellungnahme zugeleitet.

9. Beratung im Politbüro

Auf der Sitzung des Politbüros des ZK der SED am 16.02.1965 wurde der von Benjamin vorgestellte FGB-Entwurf beraten und bestätigt.[567] Der Entwurf war entsprechend dem Beschluss des Politbüros vom selben Tage nochmals zu überarbeiten. Bei den zehn angeführten Änderungen handelte es sich in erster Linie um redaktionelle Änderungen. In der Präambel sollte hervorgehoben werden, dass man sich zurzeit noch in einer Übergangsphase befände und die Familienbeziehungen noch nicht von allen „Entstellungen der bürgerlichen Gesellschaft" befreit worden seien.[568] Die Formulierung über die Erziehung der Kinder sollte auf ihre Übereinstimmung mit der Formulierung im Gesetz über das sozialistische Bildungssystem überprüft werden.[569] Ebenso wurde der Beschlussentwurf über die öffentliche Diskussion des Familiengesetzbuches im Grundsatz bestätigt.[570] Der Beschluss sollte dahingehend ergänzt werden, dass eine Kommission zur Leitung der Diskussion zu bilden war, die sich aus Vertretern des Politbüros, des Präsidiums des Ministerrates sowie aus Vertretern des Präsidiums des Nationalrates unter der Leitung von Benjamin zusammensetzen sollte.[571]

---

566 Vgl. Protokoll der 9. Sitzung der FGB-Grundkommission am 06.01.1965, aus BArch, DP 1 SE Nr. 2978/2, fol. 501 ff.

567 Vgl. Protokoll über die Sitzung des Politbüros des ZK am 16.02.1965, Protokoll Nr. 7/ 65, aus DY 30/J IV 2/2 A/1082, fol. 3.

568 Vgl. Beschluss des Politbüros vom 16.02.1965 zum Entwurf des Familiengesetzbuches, aus DY 30/J IV 2/2 A/1082, fol. 11 f.

569 Vgl. Beschluss des Politbüros vom 16.02.1965 zum Entwurf des Familiengesetzbuches, a.a.O. (Fn. 568), fol. 12.

570 Vgl. Protokoll über die Sitzung des Politbüros des ZK am 16.02.1965, Protokoll Nr. 7/ 65, a.a.O. (Fn. 567), fol. 4.

571 Vgl. Beschluss des Politbüros vom 16.02.1965 zum Entwurf des Familiengesetzbuches, a.a.O. (Fn. 568), fol. 12.

10. Öffentliche Diskussion des Entwurfs im Zeitraum von April bis September 1965

Nachdem der FGB-Entwurf entsprechend den Vorgaben des Politbüros überarbeitet worden war, wurde er[572] einschließlich seiner Begründung[573] mit Beschluss des Ministerrates vom 18.03.1965 als Diskussionsgrundlage für die in der Zeit von Mitte April bis Ende Juli 1965 vorgesehene öffentliche Diskussion bestätigt.[574] Der Zeitraum zur Durchführung der öffentlichen Diskussion wurde später verlängert und dauerte bis zum 30.09.1965 an.

a) Bildung einer zentralen Kommission zur Leitung der öffentlichen Diskussion des Entwurfs des Familiengesetzbuches

Der Verlauf der Diskussion wurde von staatlicher Seite noch stärker beeinflusst als 1954. So wurde zunächst entsprechend dem Beschluss des Politbüros vom 16.02.1965 eine zentrale Kommission zur Leitung der öffentlichen Diskussion des Entwurfs des Familiengesetzbuches gebildet, der die Aufgabe zukam, den Anlauf und Verlauf der Diskussion in allen Kreisen der Bevölkerung entsprechend dem Beschluss des Ministerrates vom 18.03.1965 zu sichern. Die Kommission sollte ferner regelmäßig berichten sowie bei eventuellen Schwierigkeiten die erforderlichen Maßnahmen einleiten. Die zentrale Kommission konstituierte sich am 02.04.1965. Den Vorsitz hatte Benjamin als Justizministerin. Während Eberhardt auf den ersten beiden Sitzungen zunächst als Gast geführt wurde, wechselte sein Status auf der 3. Sitzung der zentralen Kommission zum Mitglied, und er wurde zum Sekretär ernannt.[575] Als Vertreter des Politbüros wa-

---

572 Vgl. Entwurf des Familiengesetzbuches der Deutschen Demokratischen Republik vom 18.03.1965, aus BArch, DY 30/IV A 2/13/200.

573 Vgl. Begründung des Entwurfs des Familiengesetzbuches vom 18.03.1965, aus BArch, DY 34 Nr. 4295.

574 Vgl. Beschluss über die öffentliche Diskussion des Entwurfs des FGB vom 18.03.1965, aus BArch, DP 1 SE Nr. 2982/1, fol. 491.

575 Vgl. Protokoll über die in der konstituierenden Sitzung am 02.04.1965 gefassten Beschlüsse und festgelegten Maßnahmen, aus BArch, DP 1 SE Nr. 2985/1, fol. 15; Protokoll über die in der 2. Sitzung am 03.05.1965 gefassten Beschlüsse und festgelegten Maßnahmen, aus BArch, DY 34 Nr. 4295; Protokoll über die in der 3. Sitzung am 24.05.1965 gefassten Beschlüsse und festgelegten Maßnahmen, aus BArch, DY 34 Nr. 4295.

ren Ingeborg Lange und Klaus Sorgenicht Mitglieder der Kommission. Sorgenicht war mit der Aufgabe betraut worden, die Kommission nach den Vorgaben des Politbüros zusammenzustellen. Etwa die Hälfte der Mitglieder waren Mitglieder der Grundkommission, so unter anderem Anita Grandke, Eberhardt Mannschatz, Rainer Arlt, Wolfgang Oerter, Elfriede Göldner und später Eberhardt. Darüber hinaus waren von der Presse Yvonne Freyer („Für Dich"), Lehmann (Staatliches Rundfunkkomitee), Karl Kennecke (Deutscher Fernsehfunk), Lothar Hahn (Presseamt) und Hertha Classen (Stellvertreterin des Vorsitzenden des staatlichen Rundfunkkomitees und Intendantin des Berliner Rundfunks) Mitglieder der Kommission.[576] Weitere Mitglieder waren als Vertreter der Parteien Hinrich Jensen (CDU), Wilhelm Feldmann (NDPD), Gerhard Lindner (LDPD), Ernst Schietsch (DBD) und als Vertreter anderer Interessenverbände Margarete Müller (FDGB), Ilse Thiele (DFD), Hans Trilsch (Vereinigung demokratischer Juristen Deutschlands), Harald Winter (Zentralrat FDJ), Marianne Lorf (Humboldt-Universität, Pädagogisch-Psychologisches Institut), Ursula Wrusch als Leiterin des Bäuerinnenaktivs beim Landwirtschaftrat der DDR sowie Horst Mädicke (1. Vizepräsident der GzVwK).[577] Auf den insgesamt sieben Sitzungen in der Zeit vom 02.04.1965 bis zum 17.08.1965 nahmen jeweils zwischen 20 und 25 Personen teil, wobei die Zusammensetzung wechselte.

Am 14.04.1965 eröffnete Benjamin in Berlin im Rahmen einer Pressekonferenz die Diskussion durch Übergabe des Entwurfs an die Öffentlichkeit. Neben Benjamin saßen im Präsidium der Pressekonferenz Grandke, Jensen als Vertreter des Nationalrates, Thiele als Vertreterin des DFD, ein Vertreter des FDGB-Bundesvorstandes sowie ein Vertreter der FDJ.[578]

---

576 Die Kommission wurde auf der 2. Tagung am 03.05.1965 um die Mitglieder Mädecke und Hahn erweitert, vgl. Protokoll über die in der 2. Sitzung am 03.05.1965 gefassten Beschlüsse und festgelegten Maßnahmen, a.a.O. (Fn. 575).

577 Vgl. Protokoll über die in der konstituierenden Sitzung am 02.04.1965 gefassten Beschlüsse und festgelegten Maßnahmen, aus BArch, DP 1 SE Nr. 2 985/1, fol. 15; Kommission zur Leitung der Diskussion über den Entwurf des Familiengesetzbuches, aus BArch, DP 1 SE Nr. 2985/1, fol. 3 ff.

578 Vgl. Zentrale Kommission zur Leitung der öffentlichen Diskussion des Entwurfs des Familiengesetzbuches, Protokoll über die in der konstituierenden Sitzung am 02.04.1965 gefassten Beschlüsse und festgelegten Maßnahmen, a.a.O. (Fn. 577), fol. 18.

Ziel der öffentlichen Diskussion war die Erhöhung der Akzeptanz des neuen Familiengesetzbuches in der Bevölkerung. Ihr sollte auf diese Weise das Gefühl vermittelt werden, an der Gesetzgebung aktiv beteiligt gewesen zu sein.
Benjamin betonte auf der Pressekonferenz, dass es bei der Diskussion weder um eine Diskussion einzelner juristischer Institutionen noch um eine allgemeine Diskussion gehe, sondern erklärte: „Es kommt darauf an, in der Erkenntnis des Zusammenhangs zwischen der Weiterentwicklung der Familie und unserer Perspektive bis 1970 und 1980 schon die Diskussion über den Gesetzentwurf zu einer Weiterentwicklung unserer sozialistischen Demokratie, zu einer Entwicklung der Anschauungen über Ehe und Familie in der sozialistischen Gesellschaft zu machen.“[579]

b) Diskussion in der Bevölkerung

Anders als 1954 wurde die öffentliche Diskussion als Diskussion innerhalb der Bevölkerung und als Fachdiskussion geführt.
Bei der Diskussion in der Bevölkerung ging es nicht unbedingt um einen offenen Meinungsaustausch. Die Teilnehmer der Veranstaltungen waren sorgfältig ausgewählt. So gab es Einwohnerversammlungen in den Gemeinden und Veranstaltungen in einzelnen Betrieben. Es gab auch spezielle Veranstaltungen unter anderem für Frauen, Jugendliche, Schüler bestimmter Klassenstufen, Tierärzte, Steuerberater, Lehrer, Einzelhändler, NDPD-Mitglieder, Rentner, Arbeiter und Schöffen. Auffallend waren die diversen Frauenforen und Frauenversammlungen, die stattfanden.[580] Die Diskussion innerhalb der Bevölkerung wurde von den Ausschüssen der Nationalen Front getragen. Die in der Nationalen Front vereinigten Parteien und Massenorganisationen, insbesondere der DFD und der FDGB, organisierten Veranstaltungen und Gesprächsrunden und sicherten damit einen den Vorgaben der Partei entsprechenden Ablauf. Auch das Sekretariat des Zentralrates der FDJ beschloss am 13.04.1965 die Mitarbeit an der öffentlichen

---

579 Ausführungen des Ministers der Justiz, Frau Dr. Hilde Benjamin, auf der internationalen Pressekonferenz des Presseamtes beim Vorsitzenden des Ministerrates am 14.04.1965 in Berlin, aus BArch, DY 34 Nr. 4295, fol. 13.

580 Vgl. Übersichten der Veranstaltungen zum Entwurf des Familiengesetzbuches, aus BArch, DY 30/IV A 2/13/202.

Diskussion.[581] Als Referenten dieser Veranstaltungen wurden vorrangig Richter und Notare eingesetzt. Zur Vorbereitung auf die Diskussion wurden sie in der Zeit vom 12. – 24.04.1965 im Rahmen so genannter Stützpunktseminare geschult, „die allgemeine Bevölkerungsdiskussion mit großer Sachkunde weitgehend inhaltlich zu gestalten und zu bestimmen“.[582]
Sowohl die Ziele wie auch die Themen für die Veranstaltungen waren vom Ministerium der Justiz vorgegeben.
Nach dem Beschluss des Ministerrates vom 18.03.1965 sollte die öffentliche Diskussion folgenden Zwecken dienen:

- „die Bevölkerung über die Rolle von Ehe und Familie in der gegenwärtigen Etappe der staatlichen Entwicklung aufzuklären,
- den vorgelegten Gesetzentwurf zu erläutern und dabei zu betonen, dass seine Bestimmungen in erster Linie durch die Bürger selbst in bewußter Gestaltung ihres Familienlebens verwirklicht werden,
- zur Ausgestaltung des Entwurfs Vorschläge und kritische Hinweise zu erhalten,
- zur Verbesserung der Tätigkeit der Rechtspflegeorgane und der Organe der Jugendhilfe, insbesondere durch eine differenzierte Einbeziehung gesellschaftlicher Kräfte in Verfahren und bei der Überwindung von Konflikten beizutragen.“[583]

---

581 Vgl. Beschluss des Sekretariats des Zentralrates der FDJ über die Mitarbeit an der öffentlichen Diskussion über den Entwurf des FGB vom 13.04.1965, aus BArch, DP 1 SE Nr. 2988/2, fol. 143.

582 Ministerium der Justiz, Rundverfügung Nr. 11/1965, Betr.: Anleitung zur Führung der fachlichen Diskussion über den Entwurf des Familiengesetzbuches und zur Vorbereitung der Richter und Notare auf die Durchführung der öffentlichen Diskussion, aus BArch, DP 1 SE Nr. 2985/1, fol. 459.

583 Zentrale Kommission zur Leitung und Koordinierung der FGB-Diskussion, Anleitung zur Durchführung der öffentlichen Diskussion über den Entwurf des Familiengesetzbuches vom 07.04.1965, aus BArch, DY 30/IV A 2/13/201, fol. 19 f.

Entsprechend der Anleitung für die Aussprachen standen folgende Themenkomplexe im Mittelpunkt der Veranstaltungen:

- „die Rolle und Funktion von Ehe und Familie in der sozialistischen Gesellschaft und ihr Schutz durch Staat und Gesellschaft,
- der Zusammenhang und die Wechselbeziehungen zwischen der ökonomischen Entwicklung der Gesellschaft und der Gestaltung und Entwicklung der Beziehungen in der Familie, insbesondere der beruflichen und gesellschaftlichen Tätigkeit der Familienmitglieder,
- die Stellung der staatlichen Organe und gesellschaftlichen Organisationen und die Rolle der gesellschaftlichen Kräfte bei der Verwirklichung des sozialistischen Familienrechts,
- die weitere Förderung der Gleichberechtigung von Mann und Frau in der Etappe des umfassenden Aufbaus des Sozialismus,
- die Rechte, Pflichten und Verantwortung der Eltern gegenüber ihren Kindern,
- die Ehe und Familie in Westdeutschland und die Funktion des bürgerlichen Familienrechts.“[584]

c) Fachliche Diskussion

Die fachlichen Diskussionen sollten sichern, „dass alle Juristen in den Organen der Rechtspflege und die Rechtsanwälte tief in die Probleme der Entwicklung der Familie in der sozialistischen Gesellschaft und ihre Beziehungen zu den ökonomischen, politischen und kulturellen Aufgaben“ des „Staates eindringen, sich zur Sicherung der einheitlichen Anwendung des Gesetzes nach seinem Inkrafttreten mit den Bestimmungen vertraut machen und sachkundige Vorschläge

---

[584] Anleitung zur Durchführung der öffentlichen Diskussion über den Entwurf des Familiengesetzbuches vom 07.04.1965, a.a.O. (Fn. 583), fol. 20.

zum Entwurf unterbreiten".[585] Die Direktoren der Bezirks- und Kreisgerichte trugen für die Vorbereitung und Durchführung der Fachdiskussionen die Verantwortung. Es wurde eine enge Zusammenarbeit mit den Staatsanwälten der Bezirke und Kreise, den Leitern der staatlichen Notariate und den Rechtsanwälten vorausgesetzt.
Die Fachdiskussionen sollten nicht unabhängig von der Diskussion innerhalb der Bevölkerung geführt werden. Vielmehr sollten die in der Diskussion innerhalb der Bevölkerung angesprochenen Fragen aufgegriffen und weitergeführt werden, um den diese Diskussionen leitenden Juristen Argumentationshilfen zu geben.
Die Teilnehmer an den Fachdiskussionen rekrutierten sich nicht lediglich aus Juristen. Die Vereinigung der demokratischen Juristen Deutschlands (VdJD) hatte die Aufgabe, neben Richtern, Staatsanwälten, Notaren und Rechtsanwälten unter anderem auch Angehörige der Volkspolizei, Ärzte, Lehrer und Erzieher in die Fachdiskussionen einzubeziehen.
Die Fachdiskussionen wurden entsprechend dem Beschluss des Ministeriums der Justiz vom 18.03.1965 jeweils zu den folgenden Hauptkomplexen geführt:

- „Die Bedeutung der Grundsatzbestimmungen (§§ 1 – 4) bei der Anwendung der einzelnen Bestimmungen.
- Die Bedeutung von Ehe und Familie für die Gesellschaft und für jeden einzelnen Bürger und die sich daraus ergebenen Aufgaben für Staatsorgane und gesellschaftliche Kräfte, die differenzierte Einbeziehung gesellschaftlicher Kräfte in familienrechtlichen Gerichtsverfahren der verschiedenen Art.
- Der Unterschied zwischen dem Beitrag zum Familienaufwand und der Leistung von Unterhalt.
- Die unterschiedliche Regelung des Unterhaltsanspruches des minderjährigen oder noch nicht wirtschaftlich selbstständigen volljährigen Kindes gegen seine Eltern und Großeltern und des Unterhaltsanspruches des Volljährigen gegen seine Verwandten.
- Der Unterhalt des geschiedenen Ehegatten.

[585] Ministerium der Justiz, Rundverfügung Nr. 11/1965, a.a.O. (Fn. 582), fol. 457.

- Die Eigentums- und Vermögensverhältnisse der Ehegatten.
- Die Entscheidung über die elterliche Erziehung und ihre Abänderung.
- Die teilweise differenzierte Rechtsstellung der Kinder, deren Eltern verheiratet sind und deren Eltern nicht verheiratet sind, und die Gründe für diese Regelung."[586]

d) Zusammenarbeit mit der Presse

Auch die Zusammenarbeit mit den Medien war anders als 1954 genau organisiert. So hatten die Bezirks- und Kreissekretariate der Nationalen Front jeweils einen Richter oder anderen Mitarbeiter der Rechtspflegeorgane zu bestimmen, der für die Zusammenarbeit mit der Presse und dem Rundfunk verantwortlich war und in Zusammenarbeit mit den Redaktionen einen genauen Zeitplan ausarbeitete, wann einzelne Beiträge erscheinen sollten. Die Art und der Umfang der Berichterstattung sowie die Themen, über die im Zusammenhang mit der Diskussion über den Entwurf des FGB berichtet wurde, waren vom Ministerium der Justiz vorgegeben. Bereits vor Beginn der öffentlichen Diskussion wurden die Medien mit den Argumentationshinweisen Nr. 34[587] darüber in Kenntnis gesetzt, welche Diskussionsschwerpunkte zu setzen seien. So sollten insbesondere folgende Themenkomplexe herausgestellt werden:

- „die gesicherte soziale Existenz der Familien in der DDR,
- die Herausbildung neuer menschlicher Beziehungen in der Gesellschaft, die die Familien beeinflußten und bereicherten,
- die Familie als wesentliche Grundlage der sozialistischen Gesellschaft,

---

586 Präsidium des Ministerrates, Beschluss über die öffentliche Diskussion des Entwurfs des Familiengesetzbuches vom 18.03.1965, a.a.O. (Fn. 574), fol. 491.

587 Vgl. Agitationskommission, Argumentationshinweise Nr. 34 vom 19.03.1965, aus BArch, DY 34 Nr. 4296.

- die Gleichberechtigung der Frau, die durch den sozialistischen Staat und die sozialistische Gesellschaftsordnung gesichert war, bestimmte entscheidend den Charakter der Familie,
- die Verantwortung der Eltern für Erziehung der Kinder, die zur gemeinsamen Aufgabe und Anliegen von Eltern und Gesellschaft geworden war,
- trotz Gleichberechtigungsgesetz von 1957 gab es in Westdeutschland lediglich die formale aber keine gesellschaftliche Gleichberechtigung der Frau."[588]

Um den gewünschten Diskussionsverlauf sicherzustellen, wurde die Presse während der laufenden Diskussion angeleitet, eine neue Schwerpunktsetzung bei der Berichterstattung vorzunehmen. Dem ging voraus, dass die zentrale Kommission auf ihrer Sitzung vom 24.05.1965 erheblichen Lenkungsbedarf sah, da die Fragen des Heiratsalters, des gemeinsamen Familiennamens und des Schuldausspruchs innerhalb der Bevölkerung noch immer ein häufiges Diskussionsthema waren und die Diskussionsrunden teilweise ausschließlich bestimmten. So führte Benjamin am 26.05.1965 ein Pressegespräch mit der ständigen zentralen Pressegruppe sowie den bezirklichen Presseorganen durch und gab die folgenden, auf der Sitzung der zentralen Kommission beschlossenen, Hinweise für die weitere publizistische Tätigkeit:

1. „Keine formale Umfrage in der Bevölkerung über aus dem gesellschaftlichen Zusammenhang gelöste Familienrechtsfragen,
2. keine besondere und ausschließliche Behandlung mehr: des Ehemündigkeitskomplexes (Heiratsalter), der Familiennamenregelung, des Ehescheidungskomplexes, besonders der so genannten Schuldfrage,
3. stärkere Herausarbeitung der Grundsätze des Entwurfs, in Verbindung damit besondere Aufmerksamkeit den Zuschriften, die darüber Aufschluß geben,

588 Agitationskommission, Argumentationshinweise Nr. 34 vom 19.03.1965, a.a.O. (Fn. 587).

wie es in unseren Familien zugeht, wie die Beziehungen in den Familien gestaltet werden.
In diesem Zusammenhang soll auch das Eltern-Kind-Verhältnis, Inhalt und Umfang der elterlichen Erziehung sowie das Zusammenwirken des Elternhauses mit der Schule und anderen gesellschaftlichen Kräften lebendig orientierend mit im Mittelpunkt stehen.

4. Einbeziehung auch der Mediziner, Pädagogen und Psychologen in die publizistische Kampagne.“[589]

e) Ergebnisse der Diskussion

Das Politbüro entschied auf seiner Sitzung am 03.08.1965, dass die öffentliche Diskussion zu verlängern sei. Der FGB-Entwurf sollte dem Politbüro erst nach den Wahlen[590] zur Beratung vorgelegt werden.[591] Somit wurde die öffentliche Diskussion bis zum 30.09.1965 verlängert. An ihr sollen bei rund 34 000 Veranstaltungen über 750 000 Personen teilgenommen haben.[592]
Der FGB-Entwurf fand sowohl in der Diskussion innerhalb der Bevölkerung wie auch in den fachlichen Diskussionen grundsätzliche Zustimmung. Die Kritik bezog sich jeweils auf einzelne Teilbereiche. Obwohl die Diskussion „einzelner juristischer Institutionen“ vermieden werden sollte, war sie doch erfolgt. So wurde überwiegend die Festsetzung des Ehemündigkeitsalters auf 18 Jahre abgelehnt[593] und eine Heraufsetzung auf 21 Jahre befürwortet, da die mangelnde

---

589 FGB-Pressebericht für den Zeitraum vom 24.05 - 05.06.1965 vom 04.06.1965, aus BArch, DY 34 Nr. 4295.

590 Gemeint waren die Wahlen zu den Kreistagen und Stadtverordnetenversammlungen am 10.10.1965.

591 Vgl. Protokoll Nr. 28/65 der Sitzung des Politbüros des Zentralkomitees am 03.08.1965, aus BArch, DY 30/J IV 2/2 A/1108, fol. 4.

592 Vgl. Benjamin, Das Familiengesetzbuch – Grundgesetz der Familie, in NJ 1966, S. 1, 3. Demnach gab es bis zum 30.09.1965 33 973 Veranstaltungen, an denen insgesamt 752 671 Personen teilnahmen.

593 Ausweislich des Berichts über die Diskussion zum Entwurf des Familiengesetzbuches vom 20.08.1965 lehnten 78 % derjenigen, die sich zu diesem Punkt geäußert hatten, eine Ehemündigkeit mit 18 Jahren ab.

Stabilität der Ehen auf eine verfrühte Eheschließung zurückgeführt wurde.[594] Neben der Ehemündigkeit wurde die Namensfrage häufig diskutiert. Für die Möglichkeit, dass jeder Ehepartner seinen Namen nach der Eheschließung behalten könne, sprachen sich nur wenige aus.[595] Sowohl bei der allgemeinen Bevölkerungsdiskussion wie auch bei den Fachdiskussionen wurde die Wiedereinführung des Verlöbnisses gefordert. Die Regelung der Eigentums- und Vermögensverhältnisse fand überwiegend Zustimmung. Hinsichtlich der Ersparnisse wurden unterschiedliche Meinungen vertreten. Überwiegend wurden die Ersparnisse aber, wie im Entwurf vorgesehen war, zum gemeinsamen Vermögen gezählt.[596] Die aus den Eigentums- und Vermögensverhältnissen resultierende gemeinsame Schuldenhaftung wurde dagegen kritisiert. Es wurde die Gefahr gesehen, dass durch leichtfertiges Verhalten eines Ehepartners der andere benachteiligt werden könnte. Es wurden daher Haftungsbeschränkungen angeregt.[597] Des Weiteren wurde eine Berücksichtigung des Verschuldens zumindest hinsichtlich der Scheidungsfolgen gefordert.[598] Frauen mit einem nichtehelichen Kind forderten einen eigenen Unterhaltsanspruch gegen den Vater, wenn sie wegen fehlender Unterbringungsmöglichkeit oder Krankheit des Kindes nicht arbeiten konnten.[599] Das Erbrecht des nichtehelichen Kindes wurde in der Regel als Bestandteil des Familienrechts angesehen.[600]

---

594 Vgl. Ergebnisse der öffentlichen Diskussion nach Paragraphen geordnet, zu § 5: Heiratsalter, aus BArch, DP 1 SE Nr. 2891/1.

595 Vgl. Bericht über die Diskussion zum Entwurf des FGB vom 20.08.1965, aus BArch, DP 1 VA Nr. 1930.

596 Vgl. Ergebnisse der öffentlichen Diskussion nach Paragraphen geordnet, zu § 13: Eigentums- und Vermögensverhältnisse, a.a.O. (Fn. 594).

597 Vgl. Bericht über die Diskussion zum Entwurf des FGB vom 20.08.1965, a.a.O. (Fn. 595).

598 Vgl. Bericht über die Diskussion zum Entwurf des FGB vom 20.08.1965, a.a.O. (Fn. 595).

599 Vgl. Bericht über die Diskussion zum Entwurf des FGB vom 20.08.1965, a.a.O. (Fn. 595).

600 Vgl. Bericht über die Diskussion zum Entwurf des FGB vom 20.08.1965, a.a.O. (Fn. 595).

11. Nochmalige Überarbeitung des Entwurfs im Juni 1965

Auf der 4. Sitzung der zentralen Kommission am 14.06.1965 wurde beschlossen, eine Arbeitsgruppe zu bilden, die für die Überarbeitung des Gesetzes nach Abschluss der öffentlichen Diskussion zuständig war. Neben Einhorn, der die Arbeitsgruppe leitete, waren Grandke, Kern, Glöckner, Rohde und Eberhardt Mitglieder dieser Arbeitsgruppe.[601]

Obwohl die öffentliche Diskussion bis zum 30.09.1965 andauerte, erstellte die neu gebildete Arbeitsgruppe bereits auf Grundlage der bis zum 26.06.1965 eingegangenen Vorschläge einen Bericht mit Änderungsvorschlägen, der der zentralen Kommission vorgelegt wurde.[602] Dieser Bericht wurde auf der 6. Sitzung der Zentralen Kommission am 19.07.1965 beraten. Den Vorschlägen der Arbeitsgruppe wurde ganz überwiegend zugestimmt.[603] Im Einzelnen wurde Folgendes beschlossen:

a) Eheschließung

Entsprechend der häufigen Forderung der Bevölkerung wurde das Verlöbnis wieder aufgenommen. Von einer gesonderten Regelung wurde abgesehen. Die Möglichkeit eines Verlöbnisses sollte lediglich in der Vorschrift über die Grundsätze im Kapitel über die Eheschließung erwähnt werden. Der Forderung, das Ehemündigkeitsalter heraufzusetzen, wurde unter Hinweis auf die geistige Entwicklung der jungen Menschen nicht nachgekommen.[604] Einem Mann, der mit der Wahlfähigkeit und Wehrfähigkeit eine „hohe staatsbürgerliche Verantwor-

---

601 Vgl. Zentrale Kommission zur Leitung der öffentlichen Diskussion des Entwurfs des Familiengesetzbuches, Protokoll der 4. Sitzung am 14.06.1965, aus BArch, DY 34 Nr. 4295; Ministerium der Justiz-Arbeitsgruppe FGB-Bericht der Arbeitsgruppe zur Überprüfung der bereits vorliegenden Vorschläge zum FGB-Entwurf und zu anderen Gesetzen vom 12.07.1965, aus BArch, DY 34 Nr. 4296.

602 Vgl. Bericht der Arbeitsgruppe zur Überprüfung der bereits vorliegenden Vorschläge zum FGB-Entwurf und zu anderen Gesetzen vom 12.07.1965, aus BArch, a.a.O. (Fn. 601).

603 Vgl. Zentrale Kommission zur Leitung der öffentlichen Diskussion des Entwurfes des FGB, Protokoll der 6. Sitzung vom 19.07.1965, aus BArch, DY 34 Nr. 4296.

604 Vgl. Zentrale Kommission zur Leitung der öffentlichen Diskussion des Entwurfes des FGB, Protokoll der 6. Sitzung vom 19.07.1965, a.a.O. (Fn. 603).

tung für die Entwicklung und den Schutz der Arbeiter- und Bauernmacht auferlegt" bekomme, dürfe nicht die Möglichkeit der Gründung einer Familie versagt werden.[605]

Die Möglichkeit der Ehepartner, ihren bisherigen Familiennamen zu behalten, wurde zwar als „konsequente Durchsetzung der Gleichberechtigung" gesehen, diese würde aber „zum Nachteil der Gemeinsamkeit in der Ehe" überspitzt werden.[606] Der Änderungsvorschlag der Arbeitsgruppe, wonach statt eines getrennten Familiennamens beschränkt auf die Generation des Trägers die Führung eines Doppelnamens durch den Ehegatten, dessen Name nicht der Name der Familie wird,[607] zulässig sein sollte, wurde zwar von der zentralen Kommission angenommen,[608] konnte sich aber nicht durchsetzen. Das Prinzip eines einheitlichen Familiennamens wurde letztlich dadurch gewahrt, dass die Ehepartner sich auf einen gemeinsamen Familiennamen einigen mussten. Dies konnte derjenige des Mannes oder derjenige der Frau sein.

b) Güterrecht

Hinsichtlich des gemeinschaftlichen Vermögens blieb es bei der Regelung, dass dieses grundsätzlich an während der Ehe erworbenen Sachen, Vermögenswerten und Ersparnissen entstehen sollte. Demnach sollte grundsätzlich das während der Ehe erworbene Vermögen gemeinsames Vermögen sein.[609]

Die Regelung des Entwurfs, dass ein Ehegatte für persönliche Verbindlichkeiten, unabhängig davon, wann diese entstanden waren, nicht nur mit seinem Vermögen, sondern auch mit dem gemeinschaftlichen Vermögen haftet,[610]

---

605 Vgl. Benjamin, Das Familiengesetzbuch – Grundgesetz der Familie, a.a.O. (Fn. 592), S. 4.

606 Bericht der Arbeitsgruppe zur Überprüfung der bereits vorliegenden Vorschläge zum FGB-Entwurf und zu anderen Gesetzen vom 12.07.1965, a.a.O. (Fn. 601).

607 Vgl. Bericht der Arbeitsgruppe zur Überprüfung der bereits vorliegenden Vorschläge zum FGB-Entwurf und zu anderen Gesetzen vom 12.07.1965, a.a.O. (Fn. 601).

608 Vgl. Zentrale Kommission zur Leitung der öffentlichen Diskussion des Entwurfes des FGB, Protokoll der 6. Sitzung vom 19.07.1965, a.a.O. (Fn. 603).

609 Vgl. Zentrale Kommission zur Leitung der öffentlichen Diskussion des Entwurfes des FGB, Protokoll der 6. Sitzung vom 19.07.1965, a.a.O. (Fn. 603).

610 Vgl. § 16 des Entwurfs von 1965, a.a.O. (Fn. 530).

wurde aufgrund zahlreicher Einwände geändert. Während der Entwurf in „Überspitzung des Gemeinschaftsgedankens“[611] den uneingeschränkten Zugriff auf das gemeinschaftliche Vermögen vorsah, wurde die Haftung mit dem Gemeinschaftsvermögen auf persönliche Verbindlichkeiten und Unterhaltsverpflichtungen beschränkt, die während der Ehe entstanden waren. Ferner wurde die Subsidiarität der Haftung mit dem Gemeinschaftsvermögen geregelt. Darüber hinaus bekam der andere Ehegatte ein Widerspruchsrecht mit der Folge, dass das Gericht auf Antrag des Gläubigers festzulegen hatte, inwieweit Teile des gemeinschaftlichen Eigentums und Vermögens der Haftung unterlagen. Gleichzeitig wurde ihm das Recht eingeräumt, vorzeitig die Auflösung der Vermögensgemeinschaft zu fordern.[612]
Eine weitere Einschränkung wurde mit der Begründung abgelehnt, dass die Schuldenhaftung ein Ausfluss der Vermögensgemeinschaft sei.
Diese Vorschläge wurden von der Zentralen Kommission angenommen.[613]

c) Unterhaltsrecht

Eine Neuerung stellte die Regelung dar, dass neben den Ehegatten nunmehr auch die minderjährigen und volljährigen Kinder zum Familienunterhalt beitragen sollten.[614]

d) Scheidungsrecht

Die öffentliche Diskussion hatte durch die immer wieder geforderte Wiedereinführung des Verschuldensprinzips gezeigt, dass sich die Anschauungen vieler Bürger noch immer nicht geändert hatten. Sie forderten zumindest die Aufnahme eines ausdrücklichen Schuldspruchs in den Tenor des Urteils, wenn schon nicht das Verschuldensprinzip wiedereingeführt werden sollte. Nur auf

---

611 Aus der Begründung des Familiengesetzbuches der DDR durch den Minister der Justiz, Dr. Hilde Benjamin, in der 17. Sitzung der Volkskammer am 20.12.1965, in NJ 1966, S. 1, 5.

612 Vgl. Bericht der Arbeitsgruppe zur Überprüfung der bereits vorliegenden Vorschläge zum FGB-Entwurf und zu anderen Gesetzen vom 12.07.1965, a.a.O. (Fn. 601).

613 Vgl. Zentrale Kommission zur Leitung der öffentlichen Diskussion des Entwurfes des FGB, Protokoll der 6. Sitzung vom 19.07.1965, a.a.O. (Fn. 603).

614 Vgl. § 12 FGB.

diese Weise könnten bei einem hohen Grad an Schuld die Einheit von Recht und Moral gewährleistet und die Folgen der Scheidung gerecht geregelt werden.[615] Bereits die Arbeitsgruppe sah in einer Wiederaufnahme des Verschuldensprinzips einen Rückschritt in der Entwicklung und lehnte diese Forderung ab. Ein Schuldausspruch im Tenor wurde für unnötig erachtet, weil das Gesetz ohnehin eine gründliche Aufklärung durch das Gericht vorsah und dies eine klare Stellungnahme des Gerichts zur Folge haben musste. Das Gericht könne ansonsten von seiner eigentlichen Aufgabe, den Konflikt zu überwinden, abgelenkt werden.[616] Letztlich wurde dem Gericht die Möglichkeit eingeräumt, bei den Folgen der Scheidung das Verhalten der Ehegatten, das zur Scheidung geführt hatte, noch weitgehender als bei den Entwürfen zuvor, zu berücksichtigen. So wurde bei den Regelungen über das Erziehungsrecht der Eltern nach der Scheidung,[617] über einen eventuellen Unterhaltsanspruch zwischen den geschiedenen Eheleuten[618] und über die Entscheidung hinsichtlich der Ehewohnung[619] die Berücksichtigung „der Umstände der Ehescheidung“ mit aufgenommen.
Durch die neue Formulierung der Generalklausel des Scheidungstatbestandes: „wenn die Ehe ihren Sinn für die Ehegatten und für die Kinder und d a m i t für die Gesellschaft verloren hat,“ wurde suggeriert, dass letztlich nur darauf abgestellt werde, ob die Ehe für die Eheleute und die Kinder noch einen Sinn habe.[620] Ansonsten erfuhr das Scheidungsrecht keine weiteren wesentlichen Änderungen. Die Zentrale Kommission stimmte den Vorschlägen der Arbeitsgruppe in vollem Umfang zu.[621]

---

615 Vgl. Wolff, Ehescheidung und Schuld, in NJ 1965, S. 416, 418.

616 Vgl. Benjamin, Das Familiengesetzbuch – Grundgesetz der Familie, a.a.O. (Fn. 592), S.5.

617 Vgl. § 25 Abs. 2 FGB.

618 Vgl. § 28 FGB.

619 Vgl. § 34 FGB.

620 Bericht der Arbeitsgruppe zur Überprüfung der bereits vorliegenden Vorschläge zum FGB-Entwurf und zu anderen Gesetzen vom 12.07.1965, a.a.O. (Fn. 601).

621 Vgl. Zentrale Kommission zur Leitung der öffentlichen Diskussion des Entwurfes des FGB, Protokoll der 6. Sitzung vom 19.07.1965, a.a.O. (Fn. 603).

e) Umgangrecht

Der endgültige Entwurf des FGB ging davon aus, dass der nichtsorgeberechtigte Elternteil nach der Scheidung die Befugnis zum persönlichen Umgang mit dem Kind behalten sollte. Während dies bereits in § 11 der EheVO von 1955 so geregelt war, wurde das Umgangsrecht in einigen Entwürfen von der Zustimmung der Mutter oder des Rates des Kreises abhängig gemacht werden.[622] Über Art und Umfang des Umgangsrechts sollten sich beide Elternteile in der Weise einigen, dass „die Entwicklung und Erziehung des Kindes gefördert" werde.[623]

f) Nichteheliche Kinder

Eine wesentliche Änderung wurde hinsichtlich der Feststellung der Vaterschaft vorgenommen. Der Entwurf sah vor, denjenigen als Vater festzustellen, der mit der Mutter innerhalb der Empfängniszeit geschlechtlich verkehrt hatte. Durch die nunmehr aufgenommene Beschränkung: „Das gilt nicht, wenn [...] die Vaterschaft eines anderen Mannes wahrscheinlicher ist", wurde die Mehrverkehrseinrede insofern wieder eingeführt, als die Feststellung, dass die Vaterschaft eines anderen Mannes wahrscheinlicher war, zur Klageabweisung führte.[624] Der andere mögliche Vater sollte in das Verfahren einbezogen und gegebenenfalls als Vater festgestellt werden.[625] Der wesentliche Unterschied zu der in § 1717 BGB geregelten Mehrverkehrseinrede wurde darin gesehen, dass diese häufig dazu führte, dass keine Vaterschaft festgestellt wurde. Die nunmehr aufgenommene Regelung wurde dagegen als Verwirklichung der „verfassungsrechtlichen Pflicht zur Unterstützung allein stehender Eltern" gesehen, die das Ziel hatte, „die Entwicklung des Kindes genauso zu sichern, wie das bei in der Ehe geborenen der Fall" sei.[626] Sie wurde mit dem Interesse des Kindes an der Feststellung seines richtigen Vaters begründet.

---

622 Vgl. III. Kapitel 3. c) cc) Sorgerecht; III. Kapitel 4. b) dd) elterliche Sorge.

623 § 27 Abs. FGB.

624 Vgl. Granzow, Das neue Familiengesetzbuch der DDR, in FamRZ 1966, S.217 ff.

625 Vgl. Grandke, Familienrecht, S. 293.

626 Grandke, Familienrecht, S. 293.

g) Annahme an Kindes statt

Neu war die Regelung, wonach nunmehr die Annahme an Kindes statt nicht mehr, wie in den vorherigen Entwürfen vorgesehen, durch einen Vertrag erfolgen sollte, sondern durch einen staatlichen Akt. Es sollte ein Beschluss des Organs der Jugendhilfe erforderlich sein, „weil die Gestaltung so tief greifender familienrechtlicher Beziehungen, wie sie durch eine Annahme an Kindes Statt ausgelöst werden, durch Vertrag“ den „Rechtsvorstellungen nicht mehr“[627] entspreche.

Insgesamt hatte sich gezeigt, dass die Regelung des Familienrechts einen gewissen Umfang erforderte. Die angestrebte sehr knappe Regelung und die Vermeidung jeglichen Konfliktstoffs ließen wesentliche Fragen offen.

Die Änderungen wurden, obwohl die Diskussion offiziell noch bis zum 30.09.1965 andauerte, bereits auf der 10. Sitzung der FGB-Grundkommission am 27. und 28.08.1965 beraten.[628] Dies war die letzte Sitzung der FGB-Grundkommission vor der Verabschiedung des Familiengesetzbuches, die das FGB zum Gegenstand hatte. Auf einer weiteren Sitzung am 03.12.1965 wurde ausschließlich über die Familienverfahrensordnung beraten. Im Ergebnis dieser 10. Sitzung stellte Benjamin fest, dass der überarbeitete Entwurf im Wesentlichen bestätigt wurde. Nach einer nochmaligen Überarbeitung durch die Redaktionskommission im Hinblick auf die Beratungsergebnisse der 10. Sitzung wurde der Entwurf am 06.10.1965 fertig gestellt.[629]
Als Ergebnis der öffentlichen Diskussion wurden insgesamt 230 Änderungen am FGB-Entwurf vorgenommen.[630]

---

627 Benjamin, Das Familiengesetzbuch – Grundgesetz der Familie, a.a.O. (Fn. 592), S. 6.

628 Vgl. Protokoll der 10. Sitzung der FGB-Grundkommission am 27./28.08.1965, aus DP 1 SE Nr. 2978/2.

629 Vgl. Entwurf des Familiengesetzbuches der Deutschen Demokratischen Republik vom 06.10 1965, aus BArch, DP 1 VA 1930.

630 Vgl. HA Recht, betr.: Beratung des Familiengesetzbuches im Staatsrat, Vermerk vom 26.11.1965, aus BArch, DP 1 VA Nr. 1930.

12. Zustimmung des DFD

Das Präsidium des Bundesvorstandes des DFD erklärte am 02.09.1965 im Namen des DFD seine volle Zustimmung zu dem FGB-Entwurf.[631] Der DFD bejahte den tragenden Gedanken des Gesetzentwurfs, wonach die Ehe eine für das Leben geschlossene Gemeinschaft war, in der sich die Partner lieben und achten sollten. Ferner unterstrich der DFD den auf Schutz und Förderung der Familie erweiterten Grundrechtsschutz. Die Festlegung des Ehemündigkeitalters auf 18 Jahre wurde ebenso wie die Aufnahme des Verlöbnisses in den Gesetzestext begrüßt. Darüber hinaus kündigte der DFD seine Mithilfe bei der Gestaltung glücklicher und harmonischer Familienbeziehungen durch neu zu schaffende Ehe- und Familienberatungsstellen an und sprach sich nochmals ausdrücklich für die Vermögensgemeinschaft aus.[632]

13. Verabschiedung des FGB

a) Vorlage an das Politbüro

Am 13.10.1965 legte Benjamin stellvertretend für die Kommission zur Ausarbeitung des Familiengesetzbuches den überarbeiteten Entwurf des Familiengesetzbuches sowie den Entwurf des Einführungsgesetzes zum Familiengesetzbuch dem Politbüro des Zentralkomitees der SED vor.[633] Bereits zuvor wurde der Entwurf auf der Sitzung der Frauenkommission des Politbüros am 14.09.1965 beraten. Die nach der öffentlichen Diskussion vorgenommenen Änderungen wurden als sehr gelungen bewertet. Es wurden daher lediglich weitere sprachliche, nicht aber inhaltliche Verbesserungsvorschläge unterbreitet.[634]
Bevor das Politbüro über den FGB-Entwurf entschied, holte es eine Stellungnahme der Arbeitsgruppe Frauen und der Abteilung für Staats- und Rechtsfragen ein. Am 22.10.1965 erklärten diese sich mit dem vorliegenden FGB-Entwurf

---

[631] Vgl. Demokratischer Frauenbund Deutschlands – Bundesvorstand –Stellungnahme des DFD zum Entwurf des Familiengesetzbuches, aus BArch, DY 31 Nr. 266, fol. 83 ff.

[632] Vgl. Stellungnahme des DFD zum Entwurf des Familiengesetzbuches, a.a.O. (Fn. 631).

[633] Vgl. Vorlage an das Politbüro des ZK der SED vom 13.10.1965 aus, BArch, DP 1 VA Nr. 1930.

[634] Vgl. Notizen aus der Beratung des überarbeiteten FGB-Entwurfs in der Frauenkommission des Politbüros, aus BArch, DP 1 VA Nr. 1926.

einverstanden. Es wurde auf die zwischen dem Ministerium der Justiz und dem Ministerium des Innern offene Frage der Möglichkeit eines Doppelnamens hingewiesen. Weder die Arbeitsgruppe Frauen noch die Abteilung Staats- und Rechtsfragen sah eine Notwendigkeit der Regelung dieses Ausnahmefalles im FGB, so dass vorgeschlagen wurde, diese Möglichkeit im Personenstandsrecht zu regeln. Dies geschah etwa ein halbes Jahr nach Inkrafttreten des FGB mit dem Gesetz zur Änderung des Personenstandgesetzes vom 13.10.1966.[635] Als einzige Änderung wurde empfohlen, die Möglichkeit der Führung getrennter Namen bei Eheleuten zu streichen.[636] Dieser Empfehlung wurde nachgekommen.

Auf der Sitzung des Politbüros des ZK der SED am 09.11.1965 wurden der FGB-Entwurf und der Entwurf des Einführungsgesetzes angenommen und bereits der Termin für die erste Lesung in der Volkskammer bekannt gegeben, die am 20.12.1965 stattfinden sollte.[637]

b) Beratung im Ministerrat

Am 11.11.1965 wurde das FGB im Präsidium des Ministerrates beraten und einschließlich der nachgereichten Änderungen gemeinsam mit dem Einführungsgesetz bestätigt.[638] Der Minister wurde beauftragt, die Gesetze vor dem Staatsrat und der Volkskammer zu begründen.[639]

---

635 Vgl. § 25 (2) des Gesetzes über das Personenstandswesen (Personenstandsgesetz) vom 16.11.1956 in der Fassung des Gesetzes zur Änderung des Personenstandsgesetzes vom 13.10.1966, GBl. I, S. 87:
„Liegt ein berechtigtes Interesse vor, kann einem Ehegatten bei Eheschließung das Recht eingeräumt werden, dem gewählten gemeinsamen Familiennamen seinen bisherigen Familiennamen hinzuzufügen."

636 Vgl. Stellungnahme der Arbeitsgruppe Frauen und der Abteilung Staats- und Rechtsfragen zum überarbeiteten Entwurf des Familiengesetzbuches, aus BArch, a.a.O. (Fn. 631) fol. 9.

637 Vgl. Protokoll der Sitzung des Politbüros des ZK vom 09.11.1965, Protokoll Nr. 43/65, aus BArch, DY 30/J IV 2/2 A/1123, fol. 6.

638 Vgl. HA Recht, Betr.: Beratung des FGB im Präsidium des Ministerrates am 11.11.1965, Vermerk vom 12.11.1965, aus BArch, DA 1 Nr. 4838.

639 Vgl. HA Recht, Betr.: Beratung des FGB im Präsidium des Ministerrates am 11.11.1965, Vermerk vom 12.11.1965, a.a.O. (Fn. 638).

c) Beratung im Staatsrat

Am 26.11.1965 wurde der Entwurf auf der 22. Sitzung des Staatsrates beraten. An der Beratung nahmen Benjamin, Ziegler, Grandtke, Mannschatz und Kern als Gäste teil. Weitere Gäste waren Lange als Vorsitzende der Frauenkommission beim Politbüro der SED und Kurt Turba als Vorsitzender der Jugendkommission beim Politbüro.[640] Benjamin stellte den FGB-Entwurf vor und betonte die Orientierung auf „die Förderung und Festigung der Beziehungen in Ehe und Familie und auf die weitere Herausbildung einer sozialistischen Verhaltens- und Lebensweise".[641] Der Entwurf habe große politische Bedeutung erlangt, da er den von Ulbricht zum 15. Jahrestag der DDR entwickelten Grundsatz verwirkliche, „weitere wesentliche grundrechtliche Fundamente der deutschen Volksmacht zu schaffen."[642]

Die Mitglieder des Staatsrates beschlossen die Überweisung des Entwurfs an die Volkskammer.[643] Der Volkskammer wurde empfohlen, die erste und zweite Lesung des Familiengesetzbuches zu verbinden und den Entwurf dem Verfassungs- und Rechtsausschuss, dem Jugendausschuss, dem Ausschuss für Arbeit und Sozialpolitik sowie dem Ausschuss für Volksbildung zu vorherigen Beratung vorzulegen.[644]

---

640 Vgl. HA Recht, Betr.: Beratung des Familiengesetzbuches im Staatsrat, Vermerk vom 26.11.1965, aus BArch, DP 1 VA Nr. 1930.

641 Vgl. Familiengesetzbuch vom Volk geprüft, gewogen und für gut befunden, in ND vom 27.11.1965, S. 1.

642 Vgl. Familiengesetzbuch vom Volk geprüft, gewogen und für gut befunden, a.a.O. (Fn. 641).

643 Vgl. Beschluss des Staatsrates der DDR über die Überweisung des Entwurfs des Familiengesetzbuches an die Volkskammer vom 26.11.1965, aus BArch; DA 1 Nr. 4838.

644 Vgl. Beschluss des Staatsrates der DDR über die Überweisung des Entwurfs des Familiengesetzbuches an die Volkskammer vom 26.11.1965, a.a.O. (Fn. 643).

d) Vorlage an die Volkskammer

aa) Beratung in den Ausschüssen

Am 10.12.1965 beriet der Jugendausschuss der Volkskammer den FGB-Entwurf. Im Mittelpunkt stand das Prinzip der Beziehung Gesellschaft – Familie.[645] Bis auf zwei Änderungsvorschläge, die die Zusammenarbeit des Vormundes mit erzieherischen Kräften und die Schaffung von Vorschuleinrichtungen betrafen, wurde der Entwurf gebilligt.[646]

Ebenfalls am 10.12.1965 beriet der Verfassungs- und Rechtsausschuss der Volkskammer die vorliegenden Entwürfe des FGB und des EGFGB, welchen beiden zugestimmt wurde. Der Ausschuss würdigte beide Gesetze als „einen entscheidenden Baustein bei der Errichtung des Gebäudes" des „sozialistischen Rechts."[647] Es wurde festgestellt, dass nunmehr die gesellschaftliche Entwicklung die erforderliche Reife erlangt habe. Es sei daher notwendig, „die verfassungsmäßigen Grundlagen einer sozialistischen Familienpolitik zu bestimmen und die grundrechtlichen Fundamente dieses gesellschaftlichen Bereichs auszubauen".[648] Der Entwurf des FGB habe sich vollständig von den ursprünglichen bürgerlichen Vorstellungen gelöst. Die in der bürgerlichen Gesetzgebung übliche Form der Regelung von Konfliktfällen sei überwunden. Der Entwurf gehe von der harmonisch entwickelten, nach sozialistischen Grundsätzen lebenden Ehe und Familie aus. Der große Vorzug des Gesetzes wurde darin gesehen, dass es „aufs engste Rechtsnormen und moralische Anforderungen" verknüpfe.[649]

---

645 Vgl. Der Stellvertreter des Ministers, Vermerk vom 11.12.1965, betr.: Beratung des Entwurfs des FGB im Jugendausschuss der Volkskammer, aus BArch, DP 1 VA Nr. 1930.

646 Vgl. Der Stellvertreter des Ministers, Vermerk vom 11.12.1965, betr.: Beratung des Entwurfs des FGB im Jugendausschuss der Volkskammer, a.a.O. (Fn. 645).

647 Arlt, Stellungnahme des Verfassungs- und Rechtsausschusses zur zusammengefassten 1. und 2. Lesung des Familiengesetzbuches der Deutschen Demokratischen Republik in der Volkskammer am 20.12.1965, in StuR 1966, S. 450.

648 Arlt, a.a.O. (Fn. 647), S. 450 f.

649 Vgl. Arlt, a.a.O. (Fn. 647), S. 450 f.

Das Familiengesetzbuch wurde als Vorbild eines künftigen gesamtdeutschen Rechts bezeichnet.[650]

bb) Erste und zweite Lesung in der Volkskammer

Auf der 17. Sitzung der Volkskammer am 20.12.1965 begründete Benjamin das Familiengesetzbuch. Sie betonte dabei, dass das FGB mehr als ein Gesetzbuch sein solle. Es solle zum „Grundgesetz der Familie“, zum „Buch der Familie“ werden.[651] Im FGB seien Moral und Recht eng verflochten, worin die „charakteristische Erziehungsfunktion des sozialistischen Rechts“ sichtbar werde. Gleichzeitig verwies sie auf die Aufgaben, die den Bürgern, den Staatsorganen und gesellschaftlichen Organisationen bei der Durchsetzung des Gesetzes zukommen würden.[652]

Die erste und zweite Lesung des Gesetzes wurden, wie vom Staatsrat angeregt, zusammengelegt und das Familiengesetzbuch als Drucksache Nr. 50 und das Einführungsgesetz als Drucksache Nr. 49 verabschiedet.[653]

Am 01.04.1966 trat somit die erste geschlossene Kodifikation des Familienrechts in Kraft.[654]

---

650 Vgl. Arlt, a.a.O. (Fn. 647), S. 451.

651 Aus der Begründung des Familiengesetzbuches der DDR durch den Minister der Justiz, Dr. Hilde Benjamin, in der 17. Sitzung der Volkskammer am 20.12.1965, in NJ 1966, S. 1 ff.

652 Vgl. Begründung des Familiengesetzbuches, a.a.O. (Fn. 651).

653 Vgl. 17. Sitzung der Volkskammer der DDR am Montag, den 20.12.1965, aus BArch, DA 1 Nr. 4838; GBl. I, 1966, S.1ff. und S. 19 ff.

654 Die Inhaltsübersicht des Familiengesetzbuches der DDR ist im Anhang abgedruckt.

V. Zusammenfassung des Inhalts der Entwürfe und des Gesetzes

1. Namensrecht

Die Regelung des Namensrechts war bereits bei den ersten Ausarbeitungen umstritten. Die Diskussionen hielten bis zur Verabschiedung des FGB an. Insbesondere wurde die Möglichkeit, einen Doppelnamen zu führen, diskutiert. So meinte man, mit einem Doppelnamen beider Partner zum einen dem Gleichheitsgrundsatz gerecht werden zu können, weil die Frau nicht mehr den Namen des Mannes annehmen musste. Zum anderen wollte man dem Prinzip der einheitlichen Namenstragung der Ehepartner gerecht werden. Dennoch konnte sich die Möglichkeit des Doppelnamens zunächst nicht durchsetzen. Da die EheVO von 1955 diesbezüglich keine Regelung enthielt, galt bis zum Inkrafttreten des FGB der § 1355 BGB, der vorsah, dass die Frau nach der Eheschließung den Namen des Mannes erhielt. Im Unterschied zum BGB führte die Frau den Namen des Mannes als eigenen Namen, so dass ihr dieser nach einer Scheidung nicht mehr auf Wunsch des Mannes aberkannt werden konnte. Dies wurde bereits im Jahre 1950 von der Rechtsprechung festgestellt. Mit dem FGB wurde eine neue gesetzliche Regelung geschaffen, die vorsah, dass sich die Ehepartner auf einen gemeinsamen Namen einigen mussten. Dies konnte derjenige des Mannes oder derjenige der Frau sein. Die Führung eines Doppelnamens wurde erst mit Inkrafttreten des Personenstandsgesetzes am 01.01.1982 unter engen Voraussetzungen möglich.

2. Güterrecht/Unterhaltsrecht

Der DFD empfahl im Rahmen der Sitzungen des Ausschusses des Deutschen Volksrates für Recht und Rechtspflege in den Jahren 1948/49 die so genannte Zugewinnstgemeinschaft für das zukünftige Familienrecht, da man der Auffassung war, dieser Güterstand würde die Gleichberechtigung der Ehepartner gewährleisten und sowohl der im Haushalt tätigen wie auch der berufstätigen Frau gerecht werden. Das Güterrecht des BGB, welches als gesetzlichen Güterstand die Verwaltung und Nutznießung des Vermögens der Ehefrau durch den Ehemann vorsah, wurde durch Art. 30 Abs. 2 der Verfassung der DDR von 1949 außer Kraft gesetzt, da es gegen den Gleichberechtigungsgrundsatz verstieß. Bis zum Inkrafttreten des FGB wurde diese Regelungslücke zunächst durch die

Rechtsprechung gefüllt. Diese sprach sich bereits frühzeitig für die Gütertrennung aus, die durch einen Ausgleichsanspruch modifiziert worden war und damit im Wesentlichen der Zugewinngemeinschaft entsprach. Dieser Güterstand wurde mit Inkrafttreten des FGB am 01.04.1966 abgelöst vom gesetzlichen Güterstand der „Eigentums- und Vermögensgemeinschaft".

Die Frage, ob die Gütertrennung oder die Gütergemeinschaft der für die sozialistischen Eheverhältnisse am besten geeignete Güterstand sei, war bis zum Ende der Arbeiten am FGB sehr umstritten. Bereits im Entwurf von 1954 wurde der Gedanke der zuvor favorisierten Gütertrennung von dem der Vermögensgemeinschaft abgelöst. Man vermied hierbei wie auch bei den weiteren Arbeiten im Gesetz die Begriffe „Güterstand", „Gütergemeinschaft" und „Gütertrennung". Es handelte sich um Regelungen über „das Vermögen" oder später über „die Eigentums- und Vermögensverhältnisse der Ehegatten". Hiermit wollte man sich deutlich vom bürgerlichen Familienrecht distanzieren.

Der Gedanke der Vermögensgemeinschaft wurde in der Entwurfsphase zunächst noch recht zaghaft verfolgt. So beschränkte sich das gemeinsame Vermögen lediglich auf das Vermögen, das nach der Eheschließung durch Arbeit oder mit Hilfe von Arbeitseinkünften erworben und gemeinsam genutzt wurde oder der gemeinsamen Lebensführung diente. Die Vereinbarung einer Gütertrennung sollte noch möglich sein. In der endgültigen Fassung des FGB wurde die Vermögensgemeinschaft ausgeweitet auf alle Sachen, Vermögensrechte und Ersparnisse, die die Eheleute nach der Eheschließung erwarben, sofern es sich nicht um ihr Alleineigentum handelte. Die Möglichkeit individueller Vereinbarungen wurde beschränkt. Eine vertragliche Gütertrennung war nicht mehr vorgesehen.

3. Inhalt der elterlichen Sorge

Das MKSchG vom 27.09.1950 regelte erstmalig, dass die elterliche Sorge beiden Eheleuten gemeinschaftlich zustand. Hinsichtlich des Inhalts der elterlichen Sorge war lediglich ausgeführt, dass diese das Recht und die Pflicht umfasste, für die Kinder und ihr Vermögen zu sorgen, sowie das Recht, die Kinder zu vertreten. In der Präambel wurde erstmalig zum Ausdruck gebracht, dass die Erziehung der Kinder nicht mehr nur eine Angelegenheit der Eltern, sondern die Sorge um die Kinder auch eine staatliche Aufgabe sei. In dem Entwurf von 1954 wurde die Erziehung der Kinder nicht mehr nur als ein Recht der Eltern angese-

hen, sondern insbesondere als deren Pflicht gegenüber dem Staat, der Gesellschaft und schließlich gegenüber ihren Kindern. Die Möglichkeiten staatlicher Einflussnahme bis hin zur Kindesentziehung wurden ausgeweitet.
Das Jugendgesetz von 1964 und das Gesetz über das einheitliche Bildungssystem von 1965 gestalteten das elterliche Erziehungsrecht weiter aus und betonten, dass die Erziehung der Kinder nicht mehr nur eine Pflicht gegenüber der Gesellschaft sei, sondern vielmehr auch eine Angelegenheit der gesamten Gesellschaft. Als Erziehungsziel wurde die „Bildung und Entwicklung allseitig harmonisch entwickelter sozialistischer Persönlichkeiten" vorgegeben.
Auch im FGB wurde durch den Regelungsumfang ein deutlicher Schwerpunkt auf das elterliche Erziehungsrecht gesetzt, welches begrifflich die elterliche Sorge ablöste. Erstmals wurde eine Verpflichtung der staatlichen Organe ausgesprochen, die Eltern bei der Erziehung zu unterstützen. Das elterliche Erziehungsrecht wurde inhaltlich umfassend definiert und, um seine Bedeutung zu unterstreichen, in dem Teil „Eltern und Kinder" als erstes Kapitel behandelt und dem Kapitel über die Abstammung vorgezogen.

4. Scheidungsrecht

Das Kontrollratsgesetz war noch überwiegend vom Verschuldensprinzip bestimmt, enthielt aber bereits einen Scheidungstatbestand, der unabhängig vom Verschulden war. War die häusliche Gemeinschaft der Ehepartner seit drei Jahren aufgehoben und infolge einer tiefgreifenden unheilbaren Zerrüttung des ehelichen Verhältnisses die Wiederherstellung einer dem Wesen der Ehe entsprechenden Lebensgemeinschaft nicht zu erwarten, so konnte jeder Ehepartner die Scheidung begehren. Mit der EheVO vom 24.11.1955 wurde eine neue gesetzliche Grundlage für das Scheidungsrecht geschaffen. Entsprechend den zuvor in der Rechtsprechung entwickelten Grundsätzen und dem FGB-Entwurf von 1954 hatte man sich ganz vom Verschuldensprinzip und der Aufzählung einzelner Scheidungsgründe gelöst. Dem Gericht wurde ein großer Ermessensspielraum eingeräumt, indem es nunmehr festzustellen hatte, ob die Ehe ihren Sinn für die Eheleute, für die Kinder und für die Gesellschaft verloren hatte. Hinsichtlich der Scheidungsfolgen wurde dem Gericht die Möglichkeit eingeräumt, das Verschulden eines Ehegatten zu berücksichtigen. Während dies zunächst nur für die Entscheidung vorgesehen war, ob der zu zahlende Unterhalt über die zweijährige Frist hinaus gezahlt werden sollte, wurde dies in der endgültigen Fassung noch ausgeweitet. So waren die Umstände, die zur Scheidung geführt haben, bei der Entscheidung über das Erziehungsrecht der Eltern, bei der Entscheidung über den Unterhalt sowie bei der Entscheidung über die Ehewohnung zu berücksichtigen.

Bereits mit der EheVO verlor die Ehe ihre Versorgungsfunktion. Die EheVO ging von dem Idealbild der berufstätigen Frau aus und sah für den Fall der Scheidung vor, dass jeder Ehepartner sich danach selbst zu versorgen hatte. Ein Unterhaltsanspruch für die Dauer von grundsätzlich maximal zwei Jahren sollte die Ausnahme sein. Diese Regelung wurde in der endgültigen Fassung noch weiter dahingehend verschärft, dass ein solcher Anspruch voraussetzte, dass die Eheleute mindestens ein Jahr verheiratet waren.

5. Rechtsstellung des nichtehelichen Kindes

Ausgehend vom Grundsatz der Gleichberechtigung der Frau und später von dem Grundsatz, dass das Eltern-Kind-Verhältnis auf der biologischen Tatsache der Abstammung beruhe, war man in der DDR bestrebt, das nichteheliche Kind dem ehelichen Kind gleichzustellen. Bereits die einzelnen Länderverfassungen und etwas später auch die Verfassung der DDR sahen diese Gleichstellung vor.

Um die Gleichstellung des nichtehelichen Kindes mit dem ehelichen Kind deutlich hervorzuheben, wurde im FGB auf die Regelung in unterschiedlichen Abschnitten des Gesetzes verzichtet. Sowohl die Regelungen über eheliche wie auch über nichteheliche Kinder befanden sich im dritten Teil des Gesetzes mit der Überschrift: „Eltern und Kinder“. Die Begriffe „ehelich“ und „unehelich“ wurden ersetzt durch entsprechende Umschreibungen.

1950 wurde im MKSchG eine Zielbestimmung über den Unterhalt des nichtehelichen Kindes aufgenommen, wonach dieser sich nach den wirtschaftlichen Verhältnissen beider Elternteile richten sollte. Diese Bestimmung diente der Rechtsprechung zunächst als Entscheidungsgrundlage. Das FGB enthielt keine gesonderte Vorschrift über den Unterhalt des nichtehelichen Kindes. Es wurde demnach zwischen dem Unterhalt ehelicher und nichtehelicher Kinder nicht unterschieden.

Das Erbrecht des nichtehelichen Kindes war ein viel diskutiertes Thema. Umstritten war hierbei nicht nur die Frage, ob das nichteheliche Kind seinem Vater gegenüber einen Erbanspruch hatte, sondern auch, ob es im Hinblick auf die Gleichstellung mit dem ehelichen Kind überhaupt einer entsprechenden Regelung bedurfte und wo eine solche Regelung gegebenenfalls schematisch einzuordnen war. Während der Entwurf von 1954 eine entsprechende Norm enthielt, verzichtete man beim endgültigen Entwurf hierauf mit dem Hinweis, dass diese erbrechtliche Regelung in das Zivilgesetzbuch gehöre. Da die Ausarbeitungen für das ZGB im Zeitpunkt der Verabschiedung des FGB noch andauerten, wurde eine erbrechtliche Regelung vorläufig in das EGFGB aufgenommen. Dieses Erbrecht war allerdings schwächer ausgestaltet als das des ehelichen Kindes. Die volle Gleichstellung wurde erst durch das ZGB herbeigeführt, in dem hinsichtlich des Erbrechts nur noch von den Kindern des Erblassers gesprochen wurde und somit zwischen ehelichen und unehelichen Kindern keine Differenzierung erfolgte.

Das FGB galt bis zum Erlass des Gesetzes zur Änderung des Familiengesetzbuches der DDR am 20.07.1990[655] nahezu unverändert.[656] Es war damit die älteste Kodifikation im DDR-Recht.[657]

---

655 GBl. I, S. 1038.

656 Vgl. Eberhardt, Die Novellierung des Familiengesetzbuches der DDR, in FamRZ 1990, S. 917.

657 Vgl. Eberhardt, Die Novellierung des Familiengesetzbuches der DDR, a.a.O. (Fn. 656), S. 917.

B. Überblick über die Entstehungsgeschichte des Familienprozessrechts

Parallel zu den Entwürfen und Diskussionen für ein neues Familiengesetzbuch verliefen die Überlegungen hinsichtlich einer Regelung des Verfahrensrechts.
Da das Verfahrensrecht nicht durch ein Kontrollratsgesetz geregelt war, unterlag es anders als das materielle Eherecht keiner Sperrwirkung. Umfassende gesetzgeberische Tätigkeiten auf diesem Gebiet blieben allerdings zunächst aus. Es erfolgten lediglich einzelne, den praktischen Bedürfnissen folgende Änderungen.
Mit der Verordnung vom 21.12.1948[658] verwies die Deutsche Justizverwaltung mit Wirkung zum 01.07.1949 sämtliche Familiensachen der ersten Instanz von den Landgerichten an die Amtsgerichte. Dies hatte die praktische Folge, dass sich nunmehr nicht mehr drei Berufsrichter am Landgericht, sondern lediglich ein Richter am Amtsgericht mit den Verfahren beschäftigten. Dies trug dem bereits angeführten Mangel an Richtern und der in der Nachkriegszeit stark zunehmenden Anzahl von Scheidungsverfahren Rechnung.[659] Des Weiteren lagen die Amtsgerichte in der Regel räumlich näher, so dass zum einen den Rechtssuchenden lange Wege erspart blieben, zum anderen aber auch die Zeugen vom erkennenden Gericht unmittelbar vernommen werden konnten und nicht wie zuvor üblich im Wege der Rechtshilfe.[660] Als ein positiver Nebeneffekt wurde es angesehen, dass der Anwaltszwang wegfiel, da auch in diesem Bereich Personalmangel herrschte. Aufgrund der Entnazifizierungsmaßnahmen waren nur noch etwa ein Drittel der 1939 zugelassenen Rechtsanwälte tätig.[661] Mit der ersten Verordnung zur Durchführung der Verordnung betreffend die Übertragung

---

658 Verordnung betreffend die Übertragung von familienrechtlichen Streitigkeiten in die Zuständigkeit der Amtsgerichte, ZVOBl. 1948, S. 588.

659 Vgl. Klose, a.a.O. (Fn. 3), S. 207 ff.

660 Vgl. Nathan, Die Übertragung der Ehesachen an die Amtsgerichte, in NJ 1949, S. 25.

661 Vgl. Nathan, Die Übertragung der Ehesachen an die Amtsgerichte, a.a.O. (Fn. 660), S. 27.

von familienrechtlichen Streitigkeiten an die Amtsgerichte vom 17.05.1949[662] wurde der nach der Regelung der ZPO vorgeschaltete Sühnetermin in den Prozess verlegt. Eine streitige Verhandlung sollte demnach erst nach dem eindeutigen Scheitern des Sühnetermins anberaumt werden. Die Möglichkeit einer Befreiung von dem Sühnetermin wurde erheblich eingeschränkt.
Bereits mit den Arbeiten zum FGB-Entwurf im Jahre 1954 wurde auch über den Entwurf eines neuen Verfahrensrechts diskutiert. Durchgreifende Neuerungen schienen geboten, um die Durchsetzung der familienrechtlichen Vorschriften im Prozess zu gewährleisten.[663] Insbesondere nach Erlass der EheVO vom 24.11.1955 erschien eine Anpassung der Verfahrensvorschriften unumgänglich. Aufgrund der Ermächtigung in § 20 EheVO erließ die Ministerin der Justiz am 07.02.1956 die Eheverfahrensordnung (EheVerfO),[664] die am 20.02.1956 in Kraft trat. Mit der Eheverfahrensordnung wurde nicht das gesamte Prozessrecht neu gestaltet. Es war vielmehr so, dass neben einzelnen neuen Regelungen die Regeln der ZPO grundsätzlich weiterhin anwendbar blieben, allerdings mit der Einschränkung, dass sie nun im Sinne der Verordnung auszulegen waren.[665] Besondere Bedeutung wurde dem vorbereitenden Verfahren beigemessen. Es sollte „der Aussöhnung und der Erziehung der Parteien mit dem Ziele, die Ehe und Familie zu festigen",[666] dienen. Es war Aufgabe der Richter, erzieherisch auf die Parteien einzuwirken und „höchstpersönliche, aber auch für den Staat höchst bedeutsame gesellschaftliche Verhältnisse"[667] zu gestalten. Das streitige Verfah-

---

662 Erste Verordnung zur Durchführung der Verordnung betreffend der Übertragung von familienrechtlichen Streitigkeiten an die Amtsgerichte vom 17.05.1949, ZVOBl. 1949, S. 325.

663 Vgl. Grundthesen für die Gestaltung des Prozesses in Familiensachen vom 01.09.1954, aus BArch, DP 2 Nr. 44.

664 Anordnung zur Anpassung der Vorschriften über das Verfahren in Ehesachen an die Verordnung über Eheschließung und Eheauflösung – Eheverfahrensordnung – vom 07.02.1956, GBl. I, S. 145.

665 Vgl. § 1 der EheVerfO.

666 § 2 Abs. 2 EheVerfO.

667 Ostmann, Welche prozeßrechtlichen Aufgaben stellt das neue Familienrecht?, in NJ 1955, S. 227, 233 f.

ren wurde erst eröffnet, wenn die Aussöhnungsversuche endgültig gescheitert waren.

Der Familienprozess wurde von drei Grundprinzipien bestimmt:[668]

1. Das Prinzip der objektiven Wahrheit
   Das Gericht hatte im Zusammenwirken mit den am Verfahren Beteiligten in jeder Lage des Verfahrens die gesamten für die Entscheidung erheblichen Umstände von Amts wegen zu ermitteln.
2. Die moralisch-erzieherische Funktion des Prozesses
   Das gesamte Verfahren in Familiensachen sollte zur Achtung vor dem Gesetz, zur verantwortungsbewussten Gestaltung der persönlichen und vermögensrechtlichen Beziehungen zwischen den Ehegatten, zwischen Eltern und Kindern und zwischen Verwandten erziehen, die Überreste der kapitalistischen Anschauungen in Familienangelegenheiten überwinden helfen und im Interesse der Gesellschaft der Entwicklung und Festigung der Familie dienen.
3. Das Prinzip der Gleichberechtigung
   Die Gerichte waren angehalten, das Prinzip der Gleichberechtigung während des gesamten Verfahrens zu beachten und der gesamte Prozessablauf sollte alle Beteiligten zur Achtung der Gleichberechtigung erziehen.

Bereits 1962 wurde das Bedürfnis nach Erlass einer eigenständigen Familienprozessordnung nicht mehr gesehen, weil mit der Fertigstellung des Entwurfs

---

668 Vgl. Ostmann, Welche prozeßrechtlichen Aufgaben stellt das neue Familienrecht?, a.a.O. (Fn. 667), 228 f; Hauptabteilung Gesetzgebung, Grundthesen für die Gestaltung des Prozesses in Familiensachen, aus BArch, DP 1 VA Nr. 1211, fol. 1 f.

einer neuen ZPO, die alle Besonderheiten des familienrechtlichen Verfahrens mit erfassen sollte, in nächster Zeit gerechnet wurde.[669]
Demgemäß stimmte die FGB-Grundkommission auf der Sitzung am 03.04.1964 dem Vorschlag der Unterkommission zu, keine vollständige Familienprozessordnung zu erarbeiten, sondern die notwendigen Bestimmungen ähnlich der Eheverfahrensordnung in einer Übergangsregelung zusammenzufassen.[670] Zu diesem Zweck wurde nach der zunächst letzten Sitzung der FGB-Grundkommission am 06.01.1965 eine weitere Unterkommission „Prozessrecht" gebildet, deren Aufgabe es war, den vorliegenden Entwurf einer FPO vom 09.03.1964 dem Ergebnis der bisherigen Sitzungen der Grundkommission anzupassen.[671]
Am 17.03.1966 erließ der Ministerrat entsprechend seiner Ermächtigung in § 28 des Einführungsgesetzes zum Familiengesetzbuch der Deutschen Demokratischen Republik[672] die Verordnung zur Anpassung der Bestimmungen über das gerichtliche Verfahren in Familiensachen an das Familiengesetzbuch der Deutschen Demokratischen Republik (FVO),[673] die gleichzeitig mit dem FGB am 01.04.1966 in Kraft trat. Dieser Verordnung lag die EheVerfO von 1956 zugrunde, die entsprechend dem nunmehr vorliegenden FGB und der von den Gerichten mit der Anwendung der EheVerfO gemachten Erfahrungen ergänzt worden war.[674] Während die EheVerfO lediglich das Scheidungsverfahren regelte, regelte die FVO Ehesachen und sonstige Familiensachen, unter anderem das Verfahren bei der Feststellung oder Anfechtung der Vaterschaft. Die FVO hatte keinen Vollständigkeitsanspruch, da sie bewusst als eine Übergangslösung bis zum Inkrafttreten der ZPO konzipiert worden war.

669 Vgl. Wolfram, Zur weiteren Arbeit am Entwurf eines Familiengesetzbuches, in NJ 1962, S. 568, 572 f.

670 Vgl. Protokoll der Sitzung der FGB-Kommission am 03.04.1964, a.a.O. (Fn. 474), fol. 378.

671 Vgl. Schreiben HA Gesetzgebung vom 28.12.1964, betr.: Verfahrensrechtliche Bestimmungen zum FGB, aus BArch, DP 1 SE Nr. 2979/1, fol. 83.

672 GBl. I, S. 19.

673 GBl. II, S. 171.

674 Vgl. Krüger, Das gerichtliche Verfahren, in NJ 1966, S. 132.

Eine endgültige Regelung erfuhr das Familienprozessrecht erst mit Inkrafttreten des Gesetzes über das gerichtliche Verfahren in Zivil-, Familien- und Arbeitsrechtssachen – Zivilprozessordnung– vom 19.06.1975.[675]

675 GBl. I, S. 533.

C. Kritik und Würdigung

Gesetze sind Ausdruck gesetzgeberischer Wertentscheidungen, die entweder bereits bestehende Ethik und Moral widerspiegeln oder als Instrument eingesetzt werden, neue Ethik- und Moralvorstellungen in der Gesellschaft zu verankern.
Im Gegensatz zur Bundesrepublik berücksichtigte das Familienrecht der DDR nicht die traditionell gewachsenen Auffassungen von Ehe und Familie in der Bevölkerung. Der Bevölkerung sollten vielmehr neue Moralvorstellungen, losgelöst von den bürgerlichen Anschauungen über die Ehe und Familie, vermittelt und ihr Bewusstsein im Laufe der Zeit dem Recht angepasst werden.
Ziel des FGB war die Erziehung der Bevölkerung zu sozialistischen Persönlichkeiten. Diese erzieherische Funktion des Gesetzes kam an vielen Stellen, insbesondere bei der Präambel und den Grundsätzen, zum Ausdruck und wurde im Laufe der Ausarbeitungen immer stärker betont.

Das Familienrecht der DDR kann im Hinblick auf die Beseitigung gleichberechtigungswidriger Vorschriften im Vergleich zum bundesdeutschen Familienrecht als fortschrittlich bezeichnet werden.
Die Rechte der Frauen im Sinne einer echten Gleichberechtigung wurden ausgeweitet und verstärkt. Bereits die Verfassung der DDR von 1949 stellte fest, dass alle Gesetze und Bestimmungen, die der Gleichberechtigung der Frau entgegenstanden, aufgehoben waren.

Die frühzeitige Lösung vom patriarchalischen Prinzip des BGB bereits 1950 mit dem MKSchG führte in der DDR nicht nur zur Aufhebung des Verwaltungs- und Nutzungsrechts des Ehemannes, sondern auch zur Aufhebung des Alleinvertretungsrechtes des Mannes bei der Kindererziehung. Die Frau hatte ein uneingeschränktes Recht auf Arbeit. In der Bundesrepublik war man wesentlich zurückhaltender hinsichtlich der weiteren rechtlichen Umsetzung der Gleichberechtigung beider Geschlechter. Die Entscheidungsbefugnis des Mannes in gemeinsamen Angelegenheiten wurde erst etwa sieben Jahre später als in der DDR mit dem Gleichberechtigungsgesetz von 1957 aufgehoben. Der Frau wurde ein uneingeschränktes Recht auf Arbeit nach knapp zwanzig weiteren Jahren mit dem 1. EheRG von 1976 zugestanden.

Fortgeschrittener war das FGB im Vergleich zum bundesdeutschen Recht auch im Hinblick auf die Regelungen über das nichteheliche Kind. Bereits 1950 stellte das MKSchG fest, dass die nichteheliche Geburt kein Makel sei. Der Mutter standen die vollen elterlichen Rechte zu. Das FGB unterschied nicht mehr zwischen ehelichen und nichtehelichen Kindern. In der Bundesrepublik dagegen erhielt die Mutter eines nichtehelichen Kindes 1961 mit dem Familienrechtsänderungsgesetz zunächst die Möglichkeit, die Übertragung der elterlichen Sorge auf sich zu beantragen. Erst mit dem Gesetz über die rechtliche Stellung der nichtehelichen Kinder[676] vom 19.08.1969, welches am 01.07.1970 in Kraft trat, erhielt die Mutter grundsätzlich die elterliche Sorge für das nichteheliche Kind. Eine Beschränkung erfolgte durch die gesetzliche Amtspflegschaft bei der Feststellung der Vaterschaft, für die Geltendmachung von Unterhaltsansprüchen und bei der Regelung von Erb- und Pflichtteilsrechten. Diese Beschränkung wurde erst fast zwanzig Jahre später durch das Kindschaftsrechtsreformgesetzes[677] vom 16.12.1997 und das Beistandschaftsgesetz[678] (BeistandschG) vom 04.12.1997 aufgehoben. Ein verwandtschaftliches Verhältnis zwischen dem Vater und dem nichtehelichen Kind wurde 1969 mit dem Gesetz über die rechtliche Stellung der nichtehelichen Kinder begründet; die Unterscheidung bei der Feststellung der Abstammung zwischen ehelichen und nichtehelichen Kindern wurde 1997 mit dem Kindschaftsreformgesetz aufgegeben.

In der DDR erfolgte bereits 1955 mit der Verordnung über die Eheschließung und Eheauflösung die Abkehr vom Verschuldensprinzip bei der Scheidung. In der Bundesrepublik galt dieses noch etwa zwanzig Jahre weiter bis zum 1. EheRG vom 1976. Allein die frühzeitige Abkehr vom Verschuldensprinzip kann allerdings nicht als fortschrittlich bezeichnet werden. Zu berücksichtigen ist dabei, was an dessen Stelle trat. Während es in der Bundesrepublik das Zerrüttungsprinzip war, war es in der DDR die Generalklausel, nach der eine Ehe nur zu scheiden war, wenn diese ihren Sinn verloren hatte. Die Beurteilung des Sinnverlustes oblag dem Richter. Somit wurden das Verschuldensprinzip und die Aufzählung objektiver Scheidungsgründe ersetzt durch einen weitgehend

---

676 BGBl. I, S. 1243.

677 BGBl. I, S. 2942.

678 BGBl. I, S. 2846.

unbestimmten Rechtsbegriff („Sinnverlust"), der letztlich der mehr oder weniger willkürlichen Konkretisierung durch den Richter überlassen blieb. Die Machtstellung der Richter wurde mit der Schaffung der Generalklausel erweitert und die Scheidungsvoraussetzungen mangels objektiver Tatbestandsmerkmale der Beeinflussung durch die Eheleute entzogen.

Die in der DDR angestrebte Gleichberechtigung der Frau bedeutete allerdings nicht unbedingt eine neue Freiheit der Frau in dem Sinne, dass sie sich nunmehr frei und unbeeinflusst für eine Tätigkeit als Hausfrau oder für eine Berufstätigkeit entscheiden konnte. Den Gesetzgeber motivierten nicht vorrangig emanzipatorische Gründe, sondern er bezweckte, unter anderem zunächst wegen eines Mangels an Arbeitskräften, die verpflichtende Einbeziehung der Frauen in den Arbeitsprozess. Gleichzeitig war dies auch politisch motiviert und sollte eine klare Distanzierung zum bürgerlichen Rechtssystem der Bundesrepublik verdeutlichen. Durch die Propagierung des Idealbildes der arbeitenden Frau sowie durch gesetzliche Regelungen wie den grundsätzlichen Wegfall des Unterhaltsanspruchs nach der Scheidung wurde Druck auf die Frauen zur Arbeitsaufnahme ausgeübt. In der gesellschaftlichen Realität überwog allerdings zunächst ebenso wie in der Bundesrepublik die so genannte Hausfrauenehe, so dass die Arbeitsaufnahme der Frauen zu einer Doppelbelastung führte. Als positiv wiederum ist die aufgrund der Erwerbstätigkeit einsetzende wirtschaftliche Unabhängigkeit der Frauen zu sehen. Letztlich wurde damit eine Entwicklung in Gang gesetzt, die noch heute in den neuen Bundesländern fortwirkt. So ist die Berufstätigkeit der Frauen nahezu eine Selbstverständlichkeit, die durch eine umfassende Kinderbetreuung ermöglicht und unterstützt wird.

Ein Grund dafür, dass sich in der Bundesrepublik die Reform des Familienrechts wesentlich zurückhaltender vollzog, mag darin liegen, dass man nach den Kriegsunruhen wieder zurück zur Normalität wollte, welche sich auch in der bürgerlichen Ehe ausdrückte. Insbesondere aufgrund der Erfahrungen der nationalsozialistischen Zeit vermied man jegliche staatliche Eingriffsmöglichkeiten in den Bereich der Ehe und Familie. Durch Reformen befürchtete man eine Destabilisierung ehelicher Lebensverhältnisse, die der Bevölkerung gerade jetzt wieder Schutz und Sicherheit bieten sollten. Das FGB schaffte dagegen zahlreiche Möglichkeiten der staatlichen und gesellschaftlichen Einflussnahme in das

Institut der Ehe und der Familie. Einen geschützten Kernbereich gab es nicht mehr. Die Ehe wurde als staatliche Institution und die Kindererziehung als staatliche und gesellschaftliche Aufgabe gesehen. Selbst das Arbeitskollektiv und die Hausgemeinschaft wurden zur Unterstützung der Eltern bei der Erziehung ihrer Kinder verpflichtet (§ 44 FGB). Die Verpflichtung der Eltern zur Inanspruchnahme der staatlichen und gesellschaftlichen Möglichkeiten bei der Kindererziehung wurde ausdrücklich geregelt (§ 49 Abs. 1 FGB).

Während in der DDR das Familienrecht den tatsächlichen Lebensverhältnissen zunächst voraus war, hinkte es in der Bundesrepublik der neuen Wirklichkeit nach. Doch kann die Frage, ob das Familienrecht der DDR insgesamt fortschrittlicher war als in der Bundesrepublik letztlich nicht losgelöst vom gesellschaftspolitischen Hintergrund beurteilt werden.
In der DDR wurde das Individuum zugunsten der Gesellschaft aufgegeben. Aus Sicht einer Gesellschaft, deren Verfassung die Freiheit und Individualität des Einzelnen schützt, kann dies kaum als fortschrittlich bezeichnet werden. Diese Beurteilung lässt allerdings die bereits dargestellte Fortschrittlichkeit einzelner Regelungen losgelöst vom gesellschaftspolitischen Hintergrund unberührt.

Anhang

1. Entwurf des Gesetzes zur Neuordnung des Familienrechts aus dem Jahre 1950 (Inhaltsübersicht)

2. Entwurf eines Familiengesetzbuches von Juni 1954 (Inhaltsübersicht)

3. Familiengesetzbuch vom 20.12.1965 (Inhaltsübersicht)

Quellen- und Literaturverzeichnis

A. Ungedruckte Quellen

I. Volkskammer

DA 1	Nr. 4838	Familiengesetzbuch

II. Ministerium der Justiz

1. Bestand Verwaltungsarchiv (VA)

DP 1 VA	Nr. 122	FGB-Entwürfe (12.07.1954 – 24.06.1955)
DP 1 VA	Nr. 135	Entwurf für ein Gesetz zur Neuordnung des Familienrechts
DP 1 VA	Nr. 182	Ausarbeitungen zum FGB und zur FPO (02.12.54 – 20.07.59)
DP 1 VA	Nr. 243	Stellungnahmen der Kirche zum FGB (31.08.54 – 15.04.55)
DP 1 VA	Nr. 1211	Anleitungsmaterial zur Verfahrensdurchführung in Familiensachen
DP 1 VA	Nr. 1924	Material der Kommission zur Erarbeitung eines Familiengesetzbuches (1957/58)
DP 1 VA	Nr. 1925	Material der Kommission zur Erarbeitung eines Familiengesetzbuches (1959 – 1962)
DP 1 VA	Nr. 1926	Material zum FGB
DP 1 VA	Nr. 1927	Grundkommission FGB (1. – 4. Sitzung)
DP 1 VA	Nr. 1930	Materialien zum FGB 1965/66
DP 1 VA	Nr. 6483	Sitzungsprotokolle der FGB-Grundkommission 1952
DP 1 VA	Nr. 6498	Sitzungsprotokolle FGB-Grundkommission (1. – 4. und 6. – 8. Sitzung)
DP 1 VA	Nr. 6633	Entwurf für ein Gesetz zur Neuordnung des Familienrechts (1950), Originalmanuskript des er-

		sten Entwurfs für eine Neuregelung des Rechts des nichtehelichen Kindes
DP 1 VA	Nr. 6872	Entwurf zum Familiengesetzbuch (1955)
DP 1 VA	Nr. 7185	Sitzungsprotokolle der FGB-Kommission vom 01.12., 06.12., 15.12.1952 und 18.05.1953
DP 1 VA	Nr. 7198	Reform des Familienrechts, 1950 – 1955
DP 1 VA	Nr. 7463	Kontrollratsgesetze Nr. 1 – 28
DP 1 VA	Nr. 7548	Familiengesetzbuch
DP 1 VA	Nr. 7888	Materialien zum Zivilrecht
DP 1 VA	Nr. 7892	Familiengesetz 1952 – 1954
DP 1 VA	Nr. 7893	Familiengesetz, 1952
DP 1 VA	Nr. 7894	Familienrecht, Protokolle des Ausschusses für Recht und Rechtspflege (1948/49), Ausarbeitungen 1954/55
DP 1 VA	Nr. 8002	Reform des Familienrechts, 1947 – 1949
DP 1 VA	Nr. 8031	Gesetz über Mutter- und Kinderschutz und die Rechte der Frau
DP 1 VA	Nr. 8035	Gesetz über Mutter- und Kinderschutz, Rechte der Jugend (des Kindes), Anfragen zur Familienrechtsreform
DP 1 VA	Nr. 8150	Familiengesetzbuchmaterialien (Entwurf, Begründung), 1959 – 1960
DP 1 VA	Nr. 9065	Schaffung Familiengesetzbuch (FGB), Allgemeiner Schriftverkehr: 1962
DP 1 VA	Nr. 9066	Schaffung Familiengesetzbuch (FGB), Allgemeiner Schriftverkehr: 1962
DP 1 VA	Nr. 9067	Schaffung Familiengesetzbuch (FGB), Allgemeiner Schriftverkehr: 1960 –1963

2. Bestand Sicherungserschließung (SE)

DP 1 SE	Nr. 1842/4	Erarbeitung von Rechtsvorschriften
DP 1 SE	Nr. 2263/1	Entwurf Familiengesetzbuch der DDR 1954 – 1956
DP 1 SE	Nr. 2891/1	Ergebnisse der öffentlichen Diskussion

DP 1 SE	Nr. 2977	Material der Grundkommission
DP 1 SE	Nr. 2978/2	Material der Grundkommission
DP 1 SE	Nr. 2979/1	FGB, 1963 – 1964
DP 1 SE	Nr. 2980	Material zum FGB, 1962 – 1966
DP 1 SE	Nr. 2981/2	Unterhaltszahlung/eheliches Güterrecht, Ergebnisse der Diskussion
DP 1 SE	Nr. 2982	Material zum FGB
DP 1 SE	Nr. 2985	Material zum FGB, 1965
DP 1 SE	Nr. 2988	Material zum FGB, 1965

III. Oberstes Gericht

DP 2	Nr. 44	Material zum FGB
DP 2	Nr. 1322	Material zum FGB
DP 2	Nr. 2883	Zur Geschichte der Rechtspflege der DDR 1949 – 1961

IV. Sozialistische Einheitspartei Deutschlands (SED)

1. Parteitage

DY 30/IV 1/V/1
DY 30/IV 1/VI/1

2. Parteikonferenzen

DY 30/IV 1/2/1

3. Politbüro

DY 30/J IV 2/2 A/1082
DY 30/J IV 2/2 A/1108

DY 30/J IV 2/2 A/1123
DY 30/IV 2/ 1/265
DY 30/IV A 2/13/200
DY 30/IV A 2/13/201
DY 30/IV A 2/13/202
DY 30/J IV 2/2/374
DY 30/J IV 2/2/392
DY 30/J IV 2/2/549

V. Freier Deutscher Gewerkschaftsbund (FDGB)

DY 34	Nr. 357	Material zum Familiengesetzbuch
DY 34	Nr. 2319	Material zum Straf- und Familiengesetzbuch
DY 34	Nr. 4295	Erarbeitung des Familiengesetzbuches Teil 1
DY 34	Nr. 4296	Erarbeitung des Familiengesetzbuches Teil 2
DY 34	Nr. 24889	Material zum FGB

VI. Demokratischer Frauenbund Deutschlands (DFD)

DY 31	Nr. 266	Materialien zum FGB

VII. SMAD-Befehle

DX 1	Nr. 110/45	SMAD – Befehl Nr. 110
DX 1	Nr. 253/46	SMAD – Befehl Nr. 253
DX 1	Nr. 332/46	SMAD – Befehl Nr. 332

VIII. Volkskammer

DA 5	Nr. 4251	Familiengesetzbuch 1964/66

B. Gedruckte Quellen

I. Zeitungen

Neues Deutschland vom 15.06.1954, 01.02.1958, 23.12.1961, 07.10.1964, 27.11.1965

II. Literatur

ARLT, Rainer	Stellungnahme des Verfassungs- und Rechtsausschusses zur zusammengefaßten 1. und 2. Lesung des Familiengesetzbuches der Deutschen Demokratischen Republik in der Volkskammer am 20. Dezember 1965, in StuR 1966, S. 450 ff.
ARTZT, Werner	Das eheliche Güterrecht, in NJ 1954, S. 363
ders	Zur Gestaltung des ehelichen Güterrechts in der DDR, in NJ 1958, S. 159 ff.
BADSTÜBNER, Rolf als Leiter eines Autorenkollektivs	Geschichte der Deutschen Demokratischen Republik, hg. vom Wissenschaftlichen Beirat für Geschichtswissenschaft beim Ministerium für Hoch- und Fachschulwesen, Berlin, 1984
BENJAMIN, Hilde	Einige Bemerkungen zum Entwurf eines Familiengesetzbuches, in NJ 1954, S. 349 ff.
dies.	Zum Abschluß der allgemeinen Diskussion über den Familiengesetzentwurf, in NJ 1954, S. 724 f.
dies.	Die gesellschaftlichen Grundlagen und der Charakter des FGB-Entwurfs, in NJ 1965, S. 225 ff.

dies. Das Familiengesetzbuch – Grundgesetz der Familie. Aus der Begründung des Familiengesetzbuches der DDR durch den Minister der Justiz, Dr. Hilde Benjamin, in der 17. Sitzung der Volkskammer am 20. Dezember 1965, in NJ 1965, S. 1 ff.

dies. Das Familiengesetzbuch – Grundgesetz der Familie, in NJ 1966, S. 1 ff.

BREITHAUPT, Dirk Rechtswissenschaftliche Biographie DDR, Berlin 1993

BROSZAT, Martin
WEBER, Hermann SBZ – Handbuch: Staatliche Verwaltungen, Parteien, gesellschaftliche Organisationen und ihre Führungskräfte in der Sowjetischen Besatzungszone Deutschlands 1945 – 1949, 2. Auflage, München 1993

BRÜMMER, Gisela Die Entwicklung des elterlichen Sorge- und Erziehungsrechts in der DDR, aus der Schriftenreihe Annales Universitatis Saraviensis, Rechts- und Wirtschaftswissenschaftliche Abteilung, Bd. 91, Berlin, 1980

BRUNNER, Georg Einführung in das Recht der DDR, 2. Auflage, München, 1979

EBERHARDT, Karl-Heinz Die Novellierung des Familiengesetzbuches der DDR, in FamRZ 1990, S. 917 ff.

EGGERS-LORENZ, Ottegebe Über die Feststellung der nichtehelichen Vaterschaft, in NJ 1954, S. 566 ff.

ENGELS, Friedrich Der Ursprung der Familie, des Privateigentums und des Staates, Berlin, 1946

GÖLDNER, Elfriede — Aufwendungen für die Familie und vermögensrechtliche Beziehungen zwischen Ehegatten, in NJ 1965, S. 238 ff.

GOTSCHE, Otto — Die neuen Aufgaben der Rechtspflege in der Etappe des umfassenden Aufbaus des Sozialismus, in NJ 1963, S. 257 ff.

GRANDKE, Anita u.a. (Autorenkollektiv) — Familienrecht, Lehrbuch, Berlin 1976

GRANZOW, Charlotte — Das neue Familiengesetzbuch der DDR, in FamRZ 1966, S. 217 ff.

HATTENHAUER, Hans — Über Volksrichterkarrieren, Berichte aus den Sitzungen der Joachim Jungius-Gesellschaft der Wissenschaften e.V., Hamburg, Jahrgang 13, 1995, Heft 1

HEINRICH, Wilhelm
KLAR, Herbert — Die Rechtsprechung des Obersten Gerichts auf dem Gebiet des Familienrechts, in NJ 1953, S. 537 ff.

KERN, Herbert — Der XXII. Parteitag der KPdSU und die Aufgaben der Justizorgane in der DDR, in NJ 1961, S. 833 ff.

KLESSMANN, Christoph — Die doppelte Staatsgründung, Deutsche Geschichte 1945 – 1955, Bonn, 1991

KLOSE, Bernhard — Ehescheidung und Ehescheidungsrecht in der DDR – ein ostdeutscher Sonderweg?, Baden-Baden, 1996

KRÜGER, Gerhard — Das gerichtliche Verfahren in Familiensachen, in NJ 1966, S. 132 ff.

LEHMANN, Hans Georg	Deutschland-Chronik, 1945 bis 2000, Bonn 2000
NATHAN, Hans	Die Übertragung der Ehesachen an die Amtsgerichte, in NJ 1949, S. 25 ff.
ders.	Zur Neugestaltung des Familienrechts, in NJ 1949, S. 102 ff.
ders.	Eheschließung, persönliche Rechte und Pflichten der Ehegatten, Beendigung der Ehe, in NJ 1954, S. 358
ders.	Die Regelung des Unterhalts nach der Ehescheidung, in NJ 1954, S. 560 ff.
ders.	Das Familienrecht als Faktor der Erziehung zur Demokratie, in StuR 1954, S. 567 ff.
ders.	Gedanken zum sozialistischen Güterrecht, in NJ 1958, S. 120 ff.
ders.	Das eheliche Güterrecht nach dem letzten Entwurf zum Familiengesetzbuch, in NJ 1958, S. 529 ff.
NEUMANN, Hans	Unter welchen Vorraussetzungen steht der unschuldig geschiedenen Ehefrau ein Unterhaltsanspruch gegen den früheren Ehemann zu?, in NJ 1953, S. 555
OSTMANN, Helmut	Welche prozeßrechtlichen Aufgaben stellt das neue Familienrecht?, in NJ 1955, S. 227 ff.
ders	Die Verordnung über Eheschließung und Eheauflösung, in NJ 1955, S. 725

POLAK, Karl — Bericht der Kommission des Staatsrates über die von ihr ausgearbeiteten Maßnahmen zur weiteren Vervollkommnung der sozialistischen Rechtspflege, in NJ 1963, S. 225 ff.

RANKE, Hans — Der Entwurf des neuen Familiengesetzbuches der Deutschen Demokratischen Republik – ein Dokument der demokratischen Gesetzlichkeit, in Staat und Recht 1954, S. 733 ff.

ROSENTHAL, Walther — Aufgaben, Methoden und Aufbau der sowjetischen Justiz, aus: Die Justiz in der sowjetischen Besatzungszone Deutschlands, aus: Bonner Berichte aus Mittel- und Ostdeutschland, Hrs: Bundesministerium für gesamtdeutsche Fragen, 4. Auflage, Bonn/ Berlin, 1959

SCHLICHT, Götz — Das Familien- und Familienverfahrensrecht der DDR; aus: Studien des Instituts für Ostrecht, Band 21, Tübingen/ Basel, 1970

SCHUBERT, Werner — Die Projekte der Weimarer Republik zur Reform des Nichtehelichen-, des Adoptions- und des Ehescheidungsrechts, Paderborn/ München/ Wien/ Zürich, 1986

SCHWAB, Dieter — Familienrecht, 6. Aufl., München, 1991

STEINIGER, Alfons — Zur Systematik des Rechts der antifaschistisch-demokratischen Ordnung, in NJ 1951, 158 ff.

ULBRICHT, Walter — Der Kampf um den Frieden, für den Sieg des Sozialismus, für die nationale Wiedergeburt Deutschlands als friedliebender demokratischer Staat, Berlin, 1958 *ders.* Die Rolle des sozialistischen Staates bei der Gestaltung des entwickelten gesellschaftlichen Systems des Sozialismus, in StuR 1968, 1730 ff.

WEBER, Hermann DDR, Grundriß der Geschichte, Hannover, 1991

WESKAMM, Wilhelm Stellungnahme des katholischen Episkopates zu dem Entwurf eines Familiengesetzbuches der Deutschen Demokratischen Republik, in FamRZ 1954, S. 231 f.

WOLFF, Friedrich Ehescheidung und Schuld, in NJ 1965, S. 416 ff.

WOLFRAM, Margarete Zur weiteren Arbeit am Entwurf eines Familiengesetzbuches, in NJ 1962, S. 568 ff.

ZIEGER, Gottfried Das Familienrecht in beiden deutschen Staaten, Rechtsentwicklung, Rechtsvergleich, Kollisionsprobleme, Symposium 05. – 10. Oktober 1990, aus: Schriften zur Rechtslage Deutschlands, Bd. 4, Köln, Berlin, Bonn, München

RECHTSHISTORISCHE REIHE

Band	1	Studien zu den germanischen Volksrechten. Gedächtnisschrift für Wilhelm Ebel. Vorträge gehalten auf dem Fest-Symposion anläßlich des 70. Geburtstages von Wilhelm Ebel am 16. Juni 1978 in Göttingen. Götz Landwehr (Hrsg.) 1982.
Band	2	Hans Poeschel: Die Statuten der Banken, Sparkassen und Kreditgenossenschaften in Hamburg und Altona von 1710 bis 1889. 1978.
Band	3	Thomas Kolbeck: Juristenschwemmen, Untersuchungen über den juristischen Arbeitsmarkt im 19. und 20. Jahrhundert. 1978.
Band	4	Norbert Hempel: Richterleitbilder in der Weimarer Republik. 1978.
Band	5	Rolf Stratmann: Die Scheinbußen im mittelalterlichen Recht. 1978.
Band	6	Martin C. Lockert: Die niedersächsischen Stadtrechte zwischen Aller und Weser. Vorkommen und Verflechtungen. Eine Bestandsaufnahme. 1979.
Band	7	Joachim Rückert/Wolfgang Friedrich: Betriebliche Arbeiterausschüsse in Deutschland, Großbritannien und Frankreich im späten 19. und frühen 20. Jahrhundert. Eine vergleichende Studie zur Entwicklung des kollektiven Arbeitsrechts. 1979.
Band	8	Peter Bender: Die Rezeption des römischen Rechts im Urteil der deutschen Rechtswissenschaft. 1979.
Band	9	Friedrich Karl Alsdorf: Untersuchungen zur Rechtsgestalt und Teilung deutscher Ganerbenburgen. 1980.
Band	10	Dietmar Willoweit/Winfried Schich (Hrsg.): Studien zur Geschichte des sächsisch-magdeburgischen Rechts in Deutschland und Polen (Sammelband). 1980.
Band	11	Brigitte Hempel: Der Entwurf einer Polizeiordnung für das Herzogtum Sachsen-Lauenburg aus dem Jahre 1591. 1980.
Band	12	Klaus-Detlev Godau-Schüttke: Rechtsverwalter des Reiches. Staatssekretär Dr. Curt Joël. 1981.
Band	13	Rainer Polley: Anton Friedrich Justus Thibaut (AD 1772-1840) in seinen Selbstzeugnissen und Briefen. Teil 1: Abhandlung. Teil 2: Briefwechsel. Teil 3: Register zum Briefwechsel. 1982.
Band	14	Michael Wettengel: Der Streit um die Vogtei Kelkheim 1275-1276. Ein kanonischer Prozeß.1981.
Band	15	Otto Wilhelm Krause: Naturrechtler des sechzehnten Jahrhunderts. Ihre Bedeutung für die Entwicklung eines natürlichen Privatrechts. 1982.
Band	16	Helga Spindler: Von der Genossenschaft zur Betriebsgemeinschaft. Kritische Darstellung der Sozialrechtslehre Otto von Gierkes. 1982.
Band	17	Holger Otte: Gustav Radbruchs Kieler Jahre 1919 - 1926. 1982.
Band	18	Rüdiger Teuner: Die fuldische Ritterschaft 1510 - 1656. 1982.
Band	19	Gerhard Dilcher/Rudolf Hoke/Gian Savino Pene Vidari/Hans Winterberg (Hrsg.): Grundrechte im 19. Jahrhundert. 1982.
Band	20	Karl-Hans Schloßstein: Die westfälischen Fabrikengerichtsdeputationen - Vorbilder, Werdegang und Scheitern. 1982.
Band	21	Birger Schulz: Der Republikanische Richterbund (1921-1933). 1982.
Band	22	Engelbert Krause: Die gegenseitigen Unterhaltsansprüche zwischen Eltern und Kindern in der deutschen Privatrechtsgeschichte. 1982.

Band 23 Meent W. Francksen: Staatsrat und Gesetzgebung im Großherzogtum Berg (1806-1813). 1982.

Band 24 Gerd von Sonnleithner: Bearbeitung des Handelsrechts durch Ignaz von Sonnleithner in seinem "Leitfaden über das österreichische Handels- und Wechselrecht". 1982.

Band 25 Rudolf Palme: Rechts-, Wirtschafts- und Sozialgeschichte der inneralpinen Salzwerke bis zu deren Monopolisierung. 1983.

Band 26 Helen Bosshard: Pestalozzis Staats- und Rechtsverständnis und seine Stellung in der Aufklärung. 1983.

Band 27 Jens Jessen: Die Selbstzeugnisse der deutschen Juristen. Erinnerungen, Tagebücher und Briefe. Eine Bibliographie. 1983.

Band 28 Günter Martin Jensen: Das Domanium Waldeck. Die rechtliche Zuordnung eines Fürstenvermögens. 1984.

Band 29 Johann Heinrich Kumpf: Petitionsrecht und öffentliche Meinung im Entstehungsprozeß der Paulskirchenverfassung 1848/49. 1983.

Band 30 Sabine Frey: Rechtsschutz der Juden gegen Ausweisungen im 16. Jahrhundert. 1983.

Band 31 Dietrich Joswig: Die germanische Grundstücksübertragung. 1984.

Band 32 Andreas Baryli: Konzessionssystem contra Gewerbefreiheit. Zur Diskussion der österreichischen Gewerberechtsreform 1835 bis 1860. 1984.

Band 33 Gerhard Oberkofler: Studien zur Geschichte der österreichischen Rechtswissenschaft. 1984.

Band 34 Rudolf Lauda: Kaufmännische Gewohnheit und Burgrecht bei Notker dem Deutschen. Zum Verhältnis von literarischer Tradition und zeitgenössischer Realität in der frühmittelalterlichen Rhetorik. 1984.

Band 35 Jens Jensen: Die Ehescheidung des Bischofs Hans von Lübeck von Prinzessin Julia Felicitas von Württemberg-Weiltingen AD 1648-1653. Ein Beitrag zum protestantischen Ehescheidungsrecht im Zeitalter des beginnenden Absolutismus. 1984.

Band 36 Horst Schröder: Friedrich Karl von Savigny. Geschichte und Rechtsdenken beim Übergang vom Feudalismus zum Kapitalismus in Deutschland. 1984.

Band 37 Andreas Hatzung: Dogmengeschichtliche Grundlagen und Entstehung des zivilrechtlichen Notstands. 1984.

Band 38 Matthias Klasen: Das Billwerder Landrecht. Landrecht und Landgericht in den Hamburger Elbmarschen. 1985.

Band 39 Rainer Jamin: Aufbau, Tätigkeit und Verfahren der Auseinandersetzungsbehörden bei der Durchführung der preußischen Agrarreformen. 1985.

Band 40 Henry Winter: Teilschuld, Gesamtschuld und unechte Gesamtschuld. Zur Konzeption der §§ 420 ff. BGB - Ein Beitrag zur Entstehungsgeschichte des BGB. 1985.

Band 41 Hermann Eichler: Verfassungsbewegung in Amerika und Europa. 1985.

Band 42 Dagmar Bandemer: Heinrich Albert Zachariae. Rechtsdenken zwischen Restauration und Reformation. 1985.

Band 43 Eva-Christine Frentz: Das Hamburgische Admiralitätsgericht (1623-1811). Prozeß und Rechtsprechung. 1985.

Band 44 Karl Lillig: Rechtsetzung im Herzogtum Pfalz-Zweibrücken während des 18. Jahrhunderts. Ein Beitrag zur Geschichte der territorialen Rechtsbildung. 1985.

Band 45 Walter Weber: Die Entwicklung der Sparkassen zu selbständigen Anstalten des öffentlichen Rechts. Ein Beitrag zur Entwicklung des Anstaltsbegriffs im 19. Jahrhundert. 1985.

Band 46 Bärbel Baum: Der Stabreim im Recht. Vorkommen und Bedeutung des Stabreims in Antike und Mittelalter. 1986.

Band 47 Hans Popp: Die nationalsozialistische Sicht einiger Institute des Zivilprozeß- und Gerichtsverfassungsrechts. 1986.

Band 48 John Karl-Heinz Montag: Die Lehrdarstellung des Handelsrechts von Georg Friedrich von Martens bis Meno Pöhls. Die Wissenschaft des Handelsrechts im ersten Drittel des 19. Jahrhunderts. 1986.

Band 49 Volker D. Anhäusser: Das internationale Obligationenrecht in der höchstrichterlichen Rechtsprechung des 19. Jahrhunderts. 1986.

Band 50 Udo Beer: Die Juden, das Recht und die Republik. Verbandswesen und Rechtsschutz 1919-1933. 1986.

Band 51 Herbert Grziwotz: Der moderne Verfassungsbegriff und die "Römische Verfassung" in der deutschen Forschung des 19. und 20. Jahrhunderts. 1986.

Band 52 Ralf Conradi: Karl Friedrich Eichhorn als Staatsrechtslehrer. Seine Göttinger Vorlesung über "Das Staatsrecht der deutschen Bundesstaaten" nach einer Kollegmitschrift aus dem Wintersemester 1821/22. 1987.

Band 53 Dieter Dannreuther: Der Zivilprozeß als Gegenstand der Rechtspolitik im Deutschen Reich 1871 - 1945. Ein Beitrag zur Geschichte des Zivilprozeßrechts in Deutschland. 1987.

Band 54 Stephan Felix Pauly: Organisation, Geschichte und Praxis der Gesetzesauslegung des (Königlich) Preußischen Oberverwaltungsgerichtes 1875 - 1933. 1987.

Band 55 Rüdiger Schulz: Die Entstehung des Seerechts des Allgemeinen Deutschen Handelsgesetzbuches unter besonderer Berücksichtigung der Bestimmungen über die Reederei, den Schiffer und die Schiffsmannschaft. 1987.

Band 56 Reinhold Reis: Deutsches Privatrecht in den Weistümern der Zenten Schriesheim und Kirchheim. 1987.

Band 57 Jürgen Christoph: Die politischen Reichsamnestien 1918 - 1933. 1987.

Band 58 Gerhard Oberkofler/Eduard Rabofsky: Hans Kelsen im Kriegseinsatz der k.u.k.-Wehrmacht. Eine kritische Würdigung seiner militärtheoretischen Angebote. 1988.

Band 59 Arne Wulff: Staatssekretär Prof. Dr. Dr. h.c. Franz Schlegelberger. 1876-1970. 1991.

Band 60 Gerhard Köbler (Hrsg.): Wege europäischer Rechtsgeschichte. Karl Kroeschell zum 60. Geburtstag. 1987.

Band 61 Rüdiger Hütte: Der Gemeinschaftsgedanke in den Erbrechtsreformen des Dritten Reichs. 1988.

Band 62 Markus Göldner: Politische Symbole der europäischen Integration. Fahne, Hymne, Hauptstadt, Paß, Briefmarke, Auszeichnungen. 1988.

Band 63 Wolfgang Kröner: Freiheitsstrafe und Strafvollzug in den Herzogtümern Schleswig, Holstein und Lauenburg von 1700 bis 1864. 1988.

Band 64 Werner Gaile: Die Norder Theelacht. 1988.

Band 65 Karl v. Kempis: Andreas Gaill (1526 - 1587). Zum Leben und Werk eines Juristen der frühen Neuzeit. 1988.

Band 66 Wolf-Rüdiger Osburg: Die Verwaltung Hamburgs in der Franzosenzeit. 1811-1814. 1988.

Band 67 Christian Schudnagies: Hans Frank. Aufstieg und Fall des NS-Juristen und Generalgouverneurs. 1988.

Band 89 Diethard Bühler: Die Entstehung der allgemeinen Vertragsschluß-Vorschriften im Allgemeinen Deutschen Handelsgesetzbuch (ADHGB) von 1861. Ein Beitrag zur Kodifikationsgeschichte des Privatrechts im 19. Jahrhundert. 1991.

Band 90 Gerhard Oberkofler: Die Vertreter des Römischen Rechts mit deutscher Unterrichtssprache an der Karls-Universität in Prag. Vom Vormärz bis 1945. 1991.

Band 91 Ulrich Andermann: Ritterliche Gewalt und bürgerliche Selbstbehauptung. Untersuchungen zur Kriminalisierung und Bekämpfung des spätmittelalterlichen Raubrittertums am Beispiel norddeutscher Hansestädte. 1991.

Band 92 Heinz Marcus Hanke: Luftkrieg und Zivilbevölkerung. Der kriegsvölkerrechtliche Schutz der Zivilbevölkerung gegen Luftbombardements von den Anfängen bis zum Ausbruch des Zweiten Weltkrieges. 1991.

Band 93 Kirsten Kraglund: Familien- und Erbrecht. Materielles Recht und Methoden der Rechtsanwendung in der Rechtsprechung des Oberappellationsgerichts der vier Freien Städte Deutschlands zu Lübeck. 1991.

Band 94 Reinhard Lorenz: Die politische und rechtliche Stellung des Proletariats in Preußen in der Zeit zwischen den Reformen und der Revolution 1848/49. 1991.

Band 95 Eric Hilgendorf: Die Entwicklungsgeschichte der parlamentarischen Redefreiheit in Deutschland. 1991.

Band 96 Hans J. Reiter: Die Handelsgesellschaft Villeroy & Boch von der Gründung 1836 bis zum Jahr 1878. 1992.

Band 97 Martin Johannes Heller: Reform der deutschen Rechtssprache im 18. Jahrhundert. 1992.

Band 98 Michael Kotulla: Die Tragweite der Grundrechte der revidierten preußischen Verfassung vom 31.01.1850. 1992.

Band 99 Michael Siefener: Hexerei im Spiegel der Rechtstheorie. Das crimen magiae in der Literatur von 1574 bis 1608. 1992.

Band 100 Andreas Ebert-Weidenfeller: Hamburgisches Kaufmannsrecht im 17. und 18. Jahrhundert. Die Rechtsprechung des Rates und des Reichskammergerichtes. 1992.

Band 101 Enno Bommel: Die Entstehung der Verwirkungslehre in der Krise des Positivismus. 1992.

Band 102 Ralph Steppacher: Die Berücksichtigung der bäuerlichen Postulate bei der Entstehung des ZGB und der Revision des OR. Ein Beitrag zur schweizerischen Kodifikationsgeschichte (1893 - 1912). 1992.

Band 103 Martin Fleckenstein: Die Todesstrafe im Werk Carl Joseph Anton Mittermaiers (1787 - 1867). Zur Entwicklungsgeschichte eines Werkbereichs und seiner Bedeutung für Theorie- und Methodenbildung. 1992.

Band 104 Jörn Eckert: Der Kampf um die Familienfideikommisse in Deutschland. Studien zum Absterben eines Rechtsinstitutes. 1992.

Band 105 Jörg Grotkopp: Beamtentum und Staatsformwechsel. Die Auswirkungen der Staatsformwechsel von 1918, 1933 und 1945 auf das Beamtenrecht und die personelle Zusammensetzung der deutschen Beamtenschaft. 1992.

Band 106 Andreas Rohde: Die Garantiehaftung des Vermieters und ihr Verhältnis zum Unmöglichkeitsrecht in dogmengeschichtlicher und modernrechtlicher Sicht. 1992.

Band 107 Tjark Siefke Kunstreich: Gesamtvertretung. Eine historisch-systematische Darstellung. 1992.

Band 108 Jürgen Krüger: Blindheit und Königtum. Die Blindheit des Königs Georg V. von Hannover als verfassungsrechtliches Problem. 1992.

Band 109 Wolfgang Putschek: Ständische Verfassung und autoritäre Verfassungspraxis in Österreich 1933-1938 mit Dokumentenanhang. Verfassung und Verfassungswirklichkeit. Mit einem Anhang: Denkschriften von Rechtsanwalt Dr. Erich Führer 1936/37. 1993.

Band 110 Klaus Hofmann: Die Verdrängung der Juden aus öffentlichem Dienst und selbständigen Berufen in Regensburg 1933-1939. 1993.

Band 111 Franz Kilger: Die Entwicklung des Telegraphenrechts im 19. Jahrhundert mit besonderer Berücksichtigung der technischen Entwicklung. Telegraphenrecht im 19. Jahrhundert. 1993.

Band 112 Wilhelm Brauneder (Hrsg.): Heiliges Römisches Reich und moderne Staatlichkeit. 1993.

Band 113 Thomas Heinrich: Das preußische Nichtehelichenrecht: Von der Aufklärung zur Reaktion. 1993.

Band 114 Gerald Kohl: Jagd und Revolution. Das Jagdrecht in den Jahren 1848 und 1849. 1993.

Band 115 Christian Schudnagies: Der Kriegs- oder Belagerungszustand im Deutschen Reich während des Ersten Weltkrieges. Eine Studie zur Entwicklung und Handhabung des deutschen Ausnahmezustandsrechts bis 1918. 1994.

Band 116 Elisabeth Bellmann: Die Internationale Kriminalistische Vereinigung (1889-1933). 1994.

Band 117 Julia Pfannkuch: Volksrichterausbildung in Sachsen 1945-1950. 1993.

Band 118 Jörg Offen: Von der Verwaltungsgemeinschaft des BGB von 1896 zur Zugewinngemeinschaft des Gleichberechtigungsgesetzes von 1957. 1994.

Band 119 Dorothee Kohlhas-Müller: Untersuchungen zur Rechtsstellung Theoderichs des Großen. 1995.

Band 120 Monika Rose: Das Gerichtswesen des Herzogtums Pfalz-Zweibrücken im 18. Jahrhundert. Ein Beitrag zur territorialen Gerichtsbarkeit im Alten Reich. 1994.

Band 121 Jörn Eckert / Hans Hattenhauer (Hrsg.): Bibel und Recht. Rechtshistorisches Kolloquium 9. - 13. Juni 1992 an der Christian-Albrechts-Universität zu Kiel. 1994.

Band 122 Robert Martin Mizia: Der Rechtsbegriff der Autonomie und die Begründung des Privatfürstenrechts in der deutschen Rechtswissenschaft des 19. Jahrhunderts. 1995.

Band 123 Walther Graf von Plettenberg: Das Fortleben des Liber Iudiciorum in Asturien/León (8. - 13. Jh.). 1994.

Band 124 Wolfgang Schulz: Das deutsche Börsengesetz. Die Entstehungsgeschichte und wirtschaftlichen Auswirkungen des Börsengesetzes von 1896. 1994.

Band 125 Frank Hagemann: Der Untersuchungsausschuß Freiheitlicher Juristen. 1949 – 1969. 1994.

Band 126 Andreas Rethmeier: "Nürnberger Rassegesetze" und Entrechtung der Juden im Zivilrecht. 1995.

Band 127 Edith Grether: Die Poesie der Throne. Die Juristen in der Fruchtbringenden Gesellschaft. 1995.

Band 128 Anna Bartels-Ishikawa: Der Lippische Thronfolgestreit. Eine Studie zu verfassungsrechtlichen Problemen des Deutschen Kaiserreiches im Spiegel der zeitgenössischen Staats. 1995.

Band 129 Jörg Schmidt: Otto Koellreutter 1883-1972. Sein Leben, sein Werk, seine Zeit. 1995.

Band 130 Christian Hattenhauer: Wahl und Krönung Franz II. AD 1792. Das Heilige Reich krönt seinen letzten Kaiser - Das Tagebuch des Reichsquartiermeisters Hieronymus Gottfried von Müller und Anlagen. 1995.

Band 131 Jutta v. der Decken: Das Seearbeitsrecht im Hamburger Stadtrecht von 1301 bis 1603. 1995.

Band 132 Detlev Schmidt: Die Reform des Rechts der Handelsvertreter von 1953. 1995.

Band 133 Gabi Roßdeutscher: Privatautonomie im Scheidungsrecht. Scheidungsbezogene Vereinbarungen in den letzten 200 Jahren. 1995.

Band 134 Harald Kahlenberg: Leben und Werk des Rechtshistorikers Walther Merk. Ein Beispiel für das Verhältnis von Rechtsgeschichte und Nationalsozialismus. 1995.

Band 135 Michael Steitz: Adelbert Düringer am Reichsgericht (1902-1915). Seine aktienrechtlichen Entscheidungen und sein Einfluß auf das Aktienrecht in Deutschland. 1995.

Band 136 Christian Becker: Beata Justorum Translatio. Juristen in schleswig-holsteinischen Leichenpredigten. 1996.

Band 137 Christoph Seiler: Vom Allgemeinen Landrecht zum Bürgerlichen Gesetzbuch. Dargestellt am Beispiel der höchstrichterlichen Judikatur zum kaufrechtlichen Sachmängelgewährleistungsrecht. 1996.

Band 138 Bernd Mayer: Die Vertrauensmännerausschüsse auf den preußischen Steinkohlegruben an der Saar. Entstehung und Wirken. Eine rechtshistorische Untersuchung. 1996.

Band 139 Rochus Scholl: Juden und Judenrecht im Herzogtum Pfalz-Zweibrücken. Ein Beitrag zur Rechtsgeschichte eines deutschen Kleinstaates am Ende des alten Reiches. 1996.

Band 140 Meike Bursch: Judentaufe und frühneuzeitliches Strafrecht. Die Verfahren gegen Christian Treu aus Weener/Ostfriesland 1720-1728. 1996.

Band 141 Markus Hillenbrand: Fürstliche Eheverträge. Gottorfer Hausrecht 1544 - 1773. 1996.

Band 142 Ulf Häder: Das gemeinschaftliche Oberappellationsgericht thüringischer Staaten in Jena. Ein Beitrag zur Geschichte des Gerichtswesens im 19. Jahrhundert. 1996.

Band 143 Andreas Bauer: Das Gnadenbitten in der Strafrechtspflege des 15. und 16. Jahrhunderts. Dargestellt unter besonderer Berücksichtigung von Quellen der Vorarlberger Gerichtsbezirke Feldkirch und des Hinteren Bregenzerwaldes. 1996.

Band 144 Christian Wirth: Der Jurist Johann Andreas Georg Friedrich Rebmann zwischen Revolution und Restauration. 1996.

Band 145 Stefanie Müller: Die Rechtsprechung des Hanseatischen Oberlandesgerichts zum persönlichen Eherecht in Hamburgischen Gerichtsfällen von 1879 -1900. 1996.

Band 146 Jean-Nicolas Morisset: Der Frachtvertrag in der *Ordonnance de la marine* von 1681. 1996.

Band 147 Dirk Lentfer: Die Glogauer Landesprivilegien des Andreas Gryphius von 1653. 1996.

Band 148 Wencke Mull: Die Haftung für Einsturzschäden nach den §§ 836-838 BGB in der Rechtsprechung des Reichsgerichts. 1996.

Band 149 Renate Zelger: Teufelsverträge. Märchen, Sage, Schwank, Legende im Spiegel der Rechtsgeschichte. 1996.

Band 150 Guido Kraß: Das Arrestverfahren in Frankfurt am Main im Spätmittelalter. 1996.

Band 151 F. Benedict Heyn: Die Entwicklung des Eisenbahnfrachtrechts von den Anfängen bis zur Einführung des Allgemeinen Deutschen Handelsgesetzbuches (ADHGB). 1996.

Band 152 Thomas Lang: Die Staats- und Verfassungslehre Carl Salomo Zachariaes. 1996.

Band 153 Michael Hebeis: Karl Anton von Martini (1726-1800). Leben und Werk. 1996.

Band 154 Gerald Hubert: Die Diskussion um die rechtliche Natur der Bizone in den Jahren 1947-1949. 1996.

Band 155 Christof Horn: Die Rechtsprechung des Reichsgerichts in Ehescheidungssachen der Jahre 1900 bis 1905. 1996.

Band 156 Hermann Nehlsen / Georg Brun (Hrsg.): Münchener rechtshistorische Studien zum Nationalsozialismus. 1996.

Band 157 Jan Otto Clemens Kehrberg: Die Entwicklung des Elektrizitätsrechts in Deutschland. Der Weg zum Energiewirtschaftsgesetz von 1935. 1997.

Band 158 Johannes Tradt: Der Religionsprozeß gegen den Zopfschulzen (1791-1799). Ein Beitrag zur protestantischen Lehrpflicht und Lehrzucht in Brandenburg-Preußen gegen Ende des 18. Jahrhunderts. 1997.

Band 159 Dietmar Olsen: Das kaufrechtliche Sachmängelgewährleistungsrecht des Code civil in der Rechtsprechung deutscher Gerichte im 19. Jahrhundert. Ein Beitrag zur Ablösung der Partikularrechte durch das BGB. 1997.

Band 160 Ulrich Bernhardt: Die Deutsche Akademie für Staats- und Rechtswissenschaft „Walter Ulbricht" 1948-1971. 1997.

Band 161 Claudia Susan Hoppe: Die Bürgschaft im Rechtsleben Hamburgs von 1600 bis 1900. 1997.

Band 162 Franz-Rudolf Ecker: Die Entwicklung des Bergrechts im Saarbrücker Steinkohlenrevier bis zum Ende des 18. Jahrhunderts. Ein Vergleich mit dem älteren deutschen Bergrecht. 1997.

Band 163 Anne Katrin Rückert: Politik und Privatrecht in der „konservativen Revolution". 1997.

Band 164 Gisbert Laube: Der Reichskunstwart. Geschichte einer Kulturbehörde 1919-1933. 1997.

Band 165 Nicolas Lührig: Die Diskussion über die Reform der Juristenausbildung von 1945 bis 1995. 1997.

Band 166 Regula Gerber Jenni: Die Emanzipation der mehrjährigen Frauenzimmer. Frauen im bernischen Privatrecht des 19. Jahrhunderts. 1997.

Band 167 Mischa A. Färber: Das gemeinschaftliche Testament in der höchstrichterlichen Rechtsprechung zum Allgemeinen Preußischen Landrecht und zum BGB. Ein Beitrag zur Ablösung der Partikularrechte durch das BGB. 1997.

Band 168 Catherine Antoinette Gasser: Philipp Lotmar 1850-1922. Professor der Universität Bern. Sein Engagement für das Schweizerische Arbeitsrecht. 1997.

Band 169 Lars Immisch: Der sozialistische Richter in der DDR und seine Unabhängigkeit. Der Versuch eines Rechtsvergleiches zum Unabhängigkeitsbegriff in der bundesdeutschen Rechtsordnung. 1997.

Band 170 Jessica Jacobi: Besitzschutz vor dem Reichskammergericht. Die friedenssichernde Funktion der Besitzschutzklagen am Reichskammergericht im 16. Jahrhundert, dargestellt anhand von Kameralisten. 1998.

Band 171 Ewald Hügemann: Die Geschichte des öffentlichen und privaten Mietpreisrechts vom Ersten Weltkrieg bis zum Gesetz zur Regelung der Miethöhe von 1974. 1998.

Band 172 Lutz Rentzow: Die Entstehungs- und Wirkungsgeschichte der Vernewerten Landesordnung für das Königreich Böhmen von 1627. 1998.

Band 173 Sabine Stürmer: Mühlenrecht im Herzogtum Pfalz-Zweibrücken während des 18. Jahrhunderts. Ein Beitrag zum Wirtschaftsrecht eines deutschen Kleinstaates im Alten Reich. 1998.

Band 174 Mario Bogisch: *Nemo testis in re sua*. Das Problem der Zeugnisfähigkeit bei der Anwendung der deutschen Zivilprozeßordnung von 1877. 1998.

Band 175 Rainer Oßwald: Pactane sunt servanda? Freiwilligkeit, Zwang und Unverbindlichkeitserklärungen im islamischen Vertragsrecht malikitischer Schule. 1998.

Band 176 Bettina Kern: Der preußische BGB-Entwurf von 1842. 1998.

Band 177 Inken Fuhrmann: Die Diskussion über die Einführung der fakultativen Zivilehe in Deutschland und Österreich seit Mitte des 19. Jahrhunderts. 1998.

Band 178 Annette Rieck: Der Heilige Ivo von Hélory (1247-1303). Advocatus pauperum und Patron der Juristen. 1998.

Band 179 Frank Bottenberg: Die Hamburgische Strafprozeßordnung von 1869. 1998.

Band 180 Matthias Krauß: Das kursächsische Postrecht von seinen Anfängen bis zum Ende des Alten Reichs. 1998.

Band 181 Torsten Schmidt: Die Entmündigung von den Anfängen des BGB bis zu ihrer Ablösung durch das Institut der Betreuung. 1998.

Band 182 Christian Nunn: Rudolf Müller-Erzbach. 1874-1959. Von der realen Methode über die Interessenjurisprudenz zum kausalen Rechtsdenken (Leben und Werk). 1998.

Band 183 Christian Ortloff: Das staatskirchenrechtliche System Wilhelm Traugott Krugs. Glaubens- und Gewissensfreiheit – eine Forderung der Vernunft. 1998.

Band 184 Christian Hattenhauer: Schuldenregulierung nach dem Westfälischen Frieden. Der sog. § *de indaganda* und seine Umsetzung im Jüngsten Reichsabschied (AD 1648 und 1654). 1998.

Band 185 Werner Schubert: Preußen im Vormärz. Die Verhandlungen der Provinziallandtage von Brandenburg, Pommern, Posen, Sachsen und Schlesien sowie – im Anhang – von Ostpreußen, Westfalen und der Rheinprovinz (1841-1845). 1998.

Band 186 Silvia Schumacher: Das Rechtsverhältnis zwischen Eltern und Kindern in der Privatrechtsgeschichte. 1999.

Band 187 Kai Sommer: Die Strafbarkeit der Homosexualität von der Kaiserzeit bis zum Nationalsozialismus. Eine Analyse der Straftatbestände im Strafgesetzbuch und in den Reformentwürfen (1871-1945). 1998.

Band 188 Jan Erik Backhaus: Volksrichterkarrieren in der DDR. 1999.

Band 189 Ralf Ruhnau: Die Fürstlich Thurn und Taxissche Privatgerichtsbarkeit in Regensburg. Ein Kuriosum der deutschen Rechtsgeschichte. 1999.

Band 190 Antonio Grilli: Die französische Justizorganisation am linken Rheinufer 1797-1803. 1999.

Band 191 Stephanie Kammerloher-Lis: Die Entstehung des Gesetzes über die religiöse Kindererziehung vom 15. Juli 1921. 1999.

Band 192 Jan Telp: Ausmerzung und Verrat. Zur Diskussion um Strafzwecke und Verbrechensbegriffe im Dritten Reich. 1999.

Band 193 Kurt von Pannwitz: Die Entstehung der Allgemeinen Deutschen Wechselordnung. Ein Beitrag zur Geschichte der Vereinheitlichung des deutschen Zivilrechts im 19. Jahrhundert. 1999.

Band 194 Sylvia Busch: Die Entstehung der Allgemeinen Gerichtsordnung für die Preussischen Staaten von 1793/95. Ein Beitrag zur Geschichte der Kodifikationsbewegung und der Reform des Zivilprozesses in Preußen im 18. Jahrhundert. 1999.

Band 195 Dirk Bieresborn: Klage und Klageerwiderung im deutschen und englischen Zivilprozeß. Eine rechtshistorische und rechtsvergleichende Untersuchung unter besonderer Berücksichtigung der Beeinflussung durch das römisch-kanonische Verfahren. 1999.

Band 196 Andreas Thier / Guido Pfeifer / Philipp Grzimek (Hrsg.): Kontinuitäten und Zäsuren in der Europäischen Rechtsgeschichte. Europäisches Forum Junger Rechtshistorikerinnen und Rechtshistoriker München 22.-24. Juli 1998. 1999.

Band 197 Franz Smola: Die Fürstlich Liechtenstein'sche Kunstsammlung. Rechtsfragen zur Verbringung der Sammlung von Wien nach Vaduz in den Jahren 1944/45. 1999.

Band 198 Frank Martin Krauss: Das geteilte Eigentum im 19. und 20. Jahrhundert. Eine Untersuchung zum Fortbestand des Teilungsgedankens. 1999.

Band 199 Matthias Frey: Die spanische Aktiengesellschaft im 18. Jahrhundert und unter dem Código de Comercio von 1829. 1999.

Band 200 Alexandra Gilde: Die Stellung der Frau im Reichsstrafgesetzbuch von 1870/71 und in den Reformentwürfen bis 1919 im Urteil der bürgerlichen Frauenbewegung. Eine Analyse ausgewählter Straftatbestände. 1999.

Band 201 Malte Dießelhorst / Arne Duncker: Hans Kohlhase. Die Geschichte einer Fehde in Sachsen und Brandenburg zur Zeit der Reformation. 1999.

Band 202 Jörg Hillmann: Territorialrechtliche Auseinandersetzungen der Herzöge von Sachsen-Lauenburg vor dem Reichskammergericht im 16. Jahrhundert. 1999.

Band 203 Carsten Engler: Die Kommanditgesellschaft (KG) und die stille Gesellschaft im Allgemeinen Deutschen Handelsgesetzbuch (ADHGB) von 1861. 1999.

Band 204 Vesta Hoffmann-Steudner: Die Rechtsprechung des Reichsgerichts zu dem Scheidungsgrund des § 49 EheG (EheG 1938) in den Jahren 1938-1945. 1999.

Band 205 Michaela Thiele: Die Auflösung von Arbeitsverhältnissen aufgrund Anfechtung und außerordentlicher Kündigung nach der Rechtsprechung des Reichsarbeitsgerichts (1927-1945). 2000.

Band 206 Peter Landau / Hermann Nehlsen / Mathias Schmoeckel (Hrsg.): Karl von Amira zum Gedächtnis. 1999.

Band 207 Marcus Flinder: Die Entstehungsgeschichte des Zivilgesetzbuches der DDR. 1999.

Band 208 Boris Franz Leo Bromm: Die Entstehungsgeschichte des Berufs des Handelsvertreters. Unter besonderer Berücksichtigung der Sozialgesetzgebung in den Jahren von 1871-1933. 2000.

Band 209 Winfried C. J. Eberstein: Das Tierschutzrecht in Deutschland bis zum Erlaß des Reichs-Tierschutzgesetzes vom 24. November 1933. Unter Berücksichtigung der Entwicklung in England. 1999.

Band 210 Patrick Deller: Der „nach dem Vertrage" vorausgesetzte Gebrauch (§ 459 Absatz 1 Satz 1 BGB). Eine kaufrechtliche Untersuchung unter Berücksichtigung rechtshistorischer wie rechtsvergleichender Grundlagen. 2000.

Band 211 Eckard Freiherr von Bodenhausen: Haftung des Geschäftsherrn für Verrichtungsgehilfen im Straßen- und Schienenverkehr. Eine Analyse der Entscheidungen des Reichsgerichts zu § 831 BGB (1900-1945). 2000.

Band 212 Birte Gast: Der Allgemeine Teil und das Schuldrecht des Bürgerlichen Gesetzbuchs im Urteil von Raymond Saleilles (1855-1912). 2000.

Band 213 Hansjörg Michael Huber: Koloniale Selbstverwaltung in Deutsch-Südwestafrika. Entstehung, Kodifizierung und Umsetzung. 2000.

Band 214 Ulf Björner: Die Verfassungsgerichtsbarkeit im Norddeutschen Bund und Deutschen Reich (1867-1918). Eine rechtshistorische Untersuchung über Gerichtsbarkeit im Spannungsfeld von Politik und Recht innerhalb der von Bismarck geschaffenen deutschen Bundesstaaten. 2000.

Band 215 Mathias Freiherr von Rosenberg: Friedrich Carl von Savigny (1779-1861) im Urteil seiner Zeit. 2000.

Band 216 Reinhard Binder-Krieglstein: Österreichisches Adelsrecht 1868-1918/19. Von der Ausgestaltung des Adelsrechts der cisleithanischen Reichshälfte bis zum Adelsaufhebungsgesetz der Republik unter besonderer Berücksichtigung des adeligen Namensrechts. 2000.

Band 217 Claudia-Regine Nerius: Johannes Lehmann-Hohenberg (1851-1925). Eine Studie zur völkischen Rechts- und Justizkritik im Deutschen Kaiserreich. 2000.

Band 218 Ludger Meuten: Die Erbfolgeordnung des Sachsenspiegels und des Magdeburger Rechts. Ein Beitrag zur Geschichte des sächsisch-magdeburgischen Rechts. 2000.

Band 219 Christoph Alexander von Wilcken: Die Reformbestrebungen zum Genossenschaftsgesetz in der Frühzeit der Bundesrepublik. Die Beratungen der Sachverständigenkommission zur Überprüfung des Genossenschaftsrechts 1954 bis 1958 und der Referentenentwurf von 1962. 2000.

Band 220 Verein Junger RechtshistorikerInnen Zürich (Hrsg.): ¿Rechtsgeschichte(n)? ¿Histoire(s) du droit? ¿Storia/storie del diritto? ¿Legal Histori(es)? Europäisches Forum Junger Rechtshistorikerinnen und Rechtshistoriker Zürich 28.-30. Mai 1999. 2000.

Band 221 Hans Christian Schüler: Die Entstehungsgeschichte der Bundesnotarordnung vom 24. Februar 1961. 2000.

Band 222 Nils-Eberhard Schramm: Die Vereinigung demokratischer Juristen (1949-1999). 2000.

Band 223 Silke Anke Torp: Das Rechtsverhältnis zwischen den Eltern und ihren Kindern. Dienstleistungspflicht, Aussteuer und Ausstattung. Eine Analyse der Rechtsprechung des Reichsgerichts und des Reichsarbeitsgerichts zu den Vorschriften der §§ 1616 bis 1625 des Bürgerlichen Gesetzbuches in der Zeit von 1900 bis 1945. 2000.

Band 224 Martin Jürgen Maaß: Die Geschichte des Eigentumsvorbehalts, insbesondere im 18. und 19. Jahrhundert. 2000.

Band 225 Stefanie Langer: Rechtswissenschaftliche Itinerarien. Lebenswege namhafter europäischer Juristen vom 11. bis zum 18. Jahrhundert. 2000.

Band 226 Ulrich Schmitz: Der Unterhaltsanspruch des nichtehelichen Kindes gegen seinen Erzeuger. Die rechtsgeschichtliche und dogmatische Entwicklung im deutschen Recht. 2000.

Band 227 Sebastian Günther: Friedrich Carl von Savigny als Grundherr. 2000.

Band 228 Henning Ibs: Hermann J. Held (1890-1963). Ein Kieler Gelehrtenleben in den Fängen der Zeitläufe. 2000.

Band 229 Matthias Rücker: Wirtschaftswerbung unter dem Nationalsozialismus. Rechtliche Ausgestaltung der Werbung und Tätigkeit des Werberats der deutschen Wirtschaft. 2000.

Band 230 Hendrik Sandmann: Die Entwicklung von Begriff und Inhalt des Wirtschaftchsrechts durch die Rechtswissenschaft in der Weimarer Republik. 2000.

Band 231 Sibylle Müller: Gibt es Menschenrechte bei Samuel Pufendorf? 2000.

Band 232 Karin Olechowski-Hrdlicka: Die gemeinsamen Angelegenheiten der Österreichisch-Ungarischen Monarchie. Vorgeschichte – Ausgleich 1867 – Staatsrechtliche Kontroversen. 2001.

Band 233 Johannes Mierau: Die juristischen Abschluß- und Diplomprüfungen in der SBZ/DDR. Ein Einblick in die Juristenausbildung im Sozialismus. 2001.

Band 234 Jörg Wolff (Hrsg.): Stillstand, Erneuerung und Kontinuität. Einsprüche zur Preußenforschung. 2001.

Band 235 Friedo Schröder: Die anwaltliche Tätigkeit während der nationalsozialistischen Herrschaft. Eine Analyse der anwaltlichen Argumentation in Zivilprozessen anhand der vorhandenen Prozeßakten der Landgerichte Frankenthal, Wiesbaden, Limburg und Frankfurt und der Handakten der *jüdischen Konsulenten* des OLG-Bezirks Frankfurt. 2001.

Band 236 Der Code pénal des Königreichs Westphalen von 1813 mit dem Code pénal von 1810 im Original und in deutscher Übersetzung. Herausgegeben und mit einer Einleitung versehen von Werner Schubert. 2001.

Band 237 Klaus Richter: Deutsches Kolonialrecht in Ostafrika 1885-1891. 2001.

Band 238 Kai von Lewinski: Deutschrechtliche Systembildung im 19. Jahrhundert. 2001.

Band 239 Alexander Herzog: Sittenwidrige Rechtsgeschäfte in der höchstrichterlichen Rechtsprechung aus den Jahren 1948-1965. 2001.

Band 240 Claudia Rönnau: Die Beratungen des Wasserrechtsausschusses der Akademie für Deutsches Recht zu einem Reichswassergesetz (1934-1941). Ein Beitrag zur Dogmatik der Begriffe *Gemeingebrauch* und *Sondergebrauch* in der Zeit des Nationalsozialismus. 2001.

Band 241 Momme Rohlack: Kriegsgesellschaften (1914-1918). Arten, Rechtsformen und Funktionen in der Kriegswirtschaft des Ersten Weltkrieges. 2001.

Band 242 Rolf Geyer: Der Gedanke des Verbraucherschutzes im Reichsrecht des Kaiserreichs und der Weimarer Republik (1871-1933). Eine Studie zur Geschichte des Verbraucherrechts in Deutschland. 2001.

Band 243 Felix Lorenz Benjamin Lehmann: Der Rote Adlerorden. Entstehung und rechtliche Grundlagen (1705-1918). 2002.

Band 244 Marc Ludwig: Der Pfändungsschutz für Lohneinkommen. Die Entstehungs- und Entwicklungsgeschichte der Vorschriften zum Schutz vor Lohnpfändung in Deutschland. 2001.

Band 245 Alexander Wachter: Dorfschule zwischen Pastor und Schulmeister. Zur Säkularisierung des niederhessischen Schulwesens im 19. Jahrhundert. 2001.

Band 246 Richard Scholz: Analyse der Entstehungsbedingungen der reichsgerichtlichen Aufwertungsrechtsprechung. Untersuchung unter besonderer Berücksichtigung der konservativen Geldpolitik der Reichsbank und der Inflationspolitik der Reichsregierung. 2001.

Band 247 Judith Laeverenz: Märchen und Recht. Eine Darstellung verschiedener Ansätze zur Erfassung des rechtlichen Gehalts der Märchen. 2001.

Band 248 Christina Schenk: Bestrebungen zur einheitlichen Regelung des Strafvollzugs in Deutschland von 1870 bis 1923. 2001.

Band 249 Nils Werner: Die Prozesse gegen die Landvolkbewegung in Schleswig-Holstein 1929/32. Ein Beitrag zur Justizkritik in der späten Weimarer Republik. 2001.

Band 250 Wolfgang Walter: Das Duell in Bayern. Ein Beitrag zur bayerischen Strafrechtsgeschichte. 2002.

Band 251 Jörn Eckert / Kjell Å. Modéer (Hrsg.): Geschichte und Perspektiven des Rechts im Ostseeraum. Erster Rechtshistorikertag im Ostseeraum 8.–12. März 2000. 2001.

Band 252 Jan Könighaus: Die Inauguration der Christian-Albrechts-Universität zu Kiel 1665. Symbolgehalt und rechtliche Bedeutung des Universitätszeremoniells. 2002.

Band 253 Andreas Görgen: Rechtssprache in der Frühen Neuzeit. Eine vergleichende Untersuchung der Fremdwortverwendung in Gesetzen des 16. und 17. Jahrhunderts. 2002.

Band 254 Ralf Schäfer: Die Rechtsstellung der Haigerlocher Juden im Fürstentum Hohenzollern-Sigmaringen von 1634-1850. Eine rechtsgeschichtliche Untersuchung. 2002.

Band 255 Regine Schmalhorst: Die Tierhalterhaftung im BGB von 1896. Die Entstehung und Änderung des § 833 BGB sowie eine Analyse der Rechtsprechung des Reichsgerichts bis 1908. 2002.

Band 256 Thomas Hense: Konrad Beyerle. Sein Wirken für Wissenschaft und Politik in Kaiserreich und Weimarer Republik. 2002.

Band 257 Christian Mahlmann: Die Strafrechtswissenschaft der DDR. Klassenkampftheorie und Verbrechenslehre. 2002.

Band 258 Henning Kahmann: Die Bankiers von Jacquier & Securius 1933–1945. Eine rechtshistorische Fallstudie zur "Arisierung" eines Berliner Bankhauses. Mit einem Geleitwort von John Kornblum. 2002.

Band 259 Volker Friedrich Drecktrah: Die Gerichtsbarkeit in den Herzogtümern Bremen und Verden und in der preußischen Landdrostei Stade von 1715 bis 1879. 2002.

Band 260 Andreas Klass: Standes- oder Leistungselite? Eine Untersuchung der Karrieren der Wetzlarer Anwälte des Reichskammergerichts (1693-1806). 2002.

Band 261 Wolfgang Eder: Das italienische Tribunale Speciale per la Difesa dello Stato und der deutsche Volksgerichtshof. Ein Vergleich zwischen zwei politischen Gerichtshöfen. 2002.

Band 262 Albrecht Cordes / Bernd Kannowski (Hrsg.): Rechtsbegriffe im Mittelalter. 2002.

Band 263 Thomas Hildebrandt: Die Brandenburgischen Provinziallandtage von 1841, 1843, und 1845 anhand ausgewählter Verhandlungsgegenstände. 2002.

Band 264 Jan Finzel: Georg Adam Struve (1619–1692) als Zivilrechtler. 2003.

Band 265 Björn Carsten Frenzel: Das Selbstverständis der Justiz nach 1945. Analyse der Rolle der Justiz unter Berücksichtigung der Reden zur *Wiedereröffnung* der Bundes- und Oberlandesgerichte. 2003.

Band 266 Nils Reichhelm: Die marxistisch-leninistische Staats- und Rechtstheorie Karl Polaks. 2003.

Band 267 Raik Schneider: Altrechtliche Personenzusammenschlüsse. Ihre Entwicklung unter besonderer Berücksichtigung des Rechts des Großherzogtums Sachsen-Weimar-Eisenach sowie der Herzogtümer Sachsen-Meiningen und Sachsen-Gotha. 2003.

Band 268 Anke Meier: Die Geschichte des deutschen Konkursrechts, insbesondere die Entstehung der Reichskonkursordnung von 1877. 2003.

Band 269 Stefan Jens Jordan: Leben und Werk des Tübinger Rechtsprofessors Wilhelm Gottlieb Tafinger 1760–1813. 2003.

Band 270 Stefanie Hubig: Die historische Entwicklung des § 23 ZPO. Zum Ursprung und Fortleben des Vermögensgerichtsstandes im deutschen Prozeßrecht des 19. Jahrhunderts. 2003.

Band 271 Michael G. Perband: Der Grundsatz der freien Beweiswürdigung im Zivilprozeß (§ 286 ZPO) in der Rechtsprechung des Reichsgerichts. 2003.

Band 272 Mathias Bouveret: *Die Stellung des Staatsoberhauptes in der parlamentarischen* Diskussion und Staatsrechtslehre von 1848 bis 1918. 2003.

Band 273 Barbara Széchényi: Rechtliche Grundlagen bayerischer Zensur im 19. Jahrhundert. 2003.

Band 274 Sylvia Scharfenberg: Die Entstehungsgeschichte des Beurkundungsgesetzes vom 28. August 1969. 2003.

Band 275 Urte Nesemann: Die schwedische Familiengesetzgebung von 1734 bis zu den Reformgesetzen von 1915 bis 1920 und deren Einfluss auf die Gesetzgebungsprojekte der Weimarer Republik. Unter besonderer Berücksichtigung der Rechtsstellung der Frau und des unehelichen Kindes. 2003.

Band 276 Alexandra Brück: Die Polizeiordnung Herzog Christians von Braunschweig-Lüneburg vom 6. Oktober 1618. 2003.

Band 277 Torsten Landwehr: Das Kommissionsgeschäft in Rechtswissenschaft, Gesetzgebung und Rechtspraxis vom 16. bis zum Ende des 18. Jahrhunderts. 2003.

Band 278 Tassilo Wilhelm Maria Englert: Deutsche und italienische Zivilrechtsgesetzgebung von 1933–1945. Parallelen in der Rechtsetzung und gegenseitige Beeinflussung unter besonderer Berücksichtigung des Familien- und Erbrechts. 2003.

Band 279 Tobias Prang: Der Schutz der Versicherungsnehmer bei der Auslegung von Versicherungsbedingungen durch das Reichsgericht. 2003.

Band 280 Thorsten Lieb: Privileg und Verwaltungsakt. Handlungsformen der öffentlichen Gewalt im 18. und 19. Jahrhundert. 2004.

Band 281 Michael Rühling: Das Ladenschlussgesetz vom 28. November 1956. Vorgeschichte, Entstehung des Gesetzes und weitere Entwicklung. 2004.

Band 282 Kathrin Nawotki: Die schleswigsche Deichstavengerechtigkeit. Vom 17. Jahrundert bis in die Gegenwart. Eine gewohnheitsrechtliche Superfizies an nordfriesischen Deichgrundstücken und ihre Entwicklung. 2004.

Band 283 Erik Nils Voigt: Die Gesetzgebungsgeschichte der militärischen Ehrenstrafen und der Offizierehrengerichtsbarkeit im preußischen und deutschen Heer von 1806 bis 1918. 2004.

Band 284 Dorothea Riedi Hunold: Die Einführung der allgemeinen Wechselfähigkeit in der Schweiz in der zweiten Hälfte des 19. Jahrhunderts. Unter besonderer Berücksichtigung der politischen, wirtschaftlichen und sozialen Verhältnisse. 2004.

Band 285 Thomas Gergen: Pratique juridique de la paix et trêve de Dieu à partir du concile de Charroux (989–1250). Juristische Praxis der Pax und Treuga Dei ausgehend vom Konzil von Charroux (989–1250). 2004.

Band 286 Kathrin Bethkenhagen: Die Entwicklung des Luftrechts bis zum Luftverkehrsgesetz von 1922. 2004.

Band 287 Heiko Lüpkes: Die Verbrechen der Diener des Staats im Allgemeinen Landrecht für die Preußischen Staaten von 1794 und ihre Entwicklung zu den Vergehen und Verbrechen im Amte im Strafgesetzbuch für die Preußischen Staaten von 1851. 2004.

Band 288 Mirco Peter Hirsch: Von der Erbbescheinigung des Preußischen Rechts zum Erbschein des Bürgerlichen Gesetzbuchs. 2004.

Band 289 Bettina Günther: Die Behandlung der Sittlichkeitsdelikte in den Policeyordnungen und der Spruchpraxis der Reichsstädte Frankfurt am Main und Nürnberg im 15. bis 17. Jahrhundert. 2004.

Band 290 Seunghyeon Seong: Der Begriff der *nicht gehörigen Erfüllung* aus dogmengeschichtlicher und rechtsvergleichender Sicht. 2004.

Band 291 Steffen-Werner Meyer: Bemühungen um ein Reichsgesetz gegen den Büchernachdruck. Anläßlich der Wahlkapitulation Leopolds II. aus dem Jahre 1790. 2004.

Band 292 Ulrich Löffler: Instrumentalisierte Vergangenheit? Die nationalsozialistische Vergangenheit als Argumentationsfigur in der Rechtsprechung des Bundesverfassungsgerichts. 2004.

Band 293 Norbert Koch: Die Entwicklung des deutschen privaten Immissionsschutzrechts seit Beginn der Industrialisierung. Unter besonderer Berücksichtigung des Einflusses der höchstrichterlichen Rechtsprechung. 2004.

Band 294 Julius Ludwig Pfeiffer: Das Tierschutzgesetz vom 24. Juli 1972. Die Geschichte des deutschen Tierschutzrechts von 1950 bis 1972. 2004.

Band 295 Bert-Hagen Strodthoff: Die richterliche Frage- und Erörterungspflicht im deutschen Zivilprozeß in historischer Perspektive. 2004.

Band 296 Tim Kannewurf: Die Höfeordnung vom 24. April 1947. Entstehungsgeschichte und Einordnung in die Entwicklung des Anerbenrechts. 2004.

Band 297 Steffi Heine: Die Methodendiskussion nach Inkrafttreten des Bürgerlichen Gesetzbuches und die Gründung des Vereins *Recht und Wirtschaft*. 2004.

Band 298 Anne Marlene Simon-Holtorf: Geschichte des Familienwahlrechts in Frankreich (1871 bis 1945). 2004.

Band 299 Jürgen Busch: Das Germanenbild der deutschen Rechtsgeschichte. Zwischen Wissenschaft und Ideologie. Mit einem Vorwort von Herwig Wolfram. 2004.

Band 300 Jan Kohlmann: Der Marsch zu den Gräbern von Karl und Rosa. Geschichte eines Gedenktages. 2004.

Band 301 Christian Rainer Schlicht: Die kumulative Schuldübernahme in der Rechtsprechung des Reichsgerichts und in der zeitgenössischen Literatur. 2004.

Band 302 Hans Peter Glöckner: Positive Vertragsverletzung. Die Geburt eines Rechtsinstituts. 2006.

Band 303 João Manuel Azevedo Alexandrino Fernandes: Die Theorie der Interpretation des Gesetzes bei Francisco Suárez. 2005.

Band 304 René Funk: Die Wahlprüfung der volksgewählten Abgeordneten der Volksvertretungen im Frühkonstitutionalismus. Eine Untersuchung der Wahlprüfung in den Kammern der Abgeordneten des Großherzogtums Baden, des Königreichs Württemberg und des Großherzogtums Hessen. 2005.

Band 305 Carolin O'Sullivan. Die Ahndung von Rechtsbrüchen der Seeleute im mittelalterlichen hamburgischen und hansischen Seerecht (1301–1482). 2005.

Band 306 Martin Jürgens: Staat und Reich bei Ernst Rudolf Huber. Sein Leben und Werk bis 1945 aus rechtsgeschichtlicher Sicht. 2005.

Band 307 Florian G. Dürselen: Franz Beyerle (1885–1977). Leben, Ära und Werk eines Rechtshistorikers. 2005.

Band 308 Kai Bandilla: Urheberrecht im Kaiserreich. Der Weg zum Gesetz betreffend das Urheberrecht an Werken der Literatur und Tonkunst vom 19. Juni 1901. 2005.

Band 309 Stefan Mieth: Die Entwicklung des Denkmalrechts in Preußen 1701–1947. 2005.

Band 310 Catharina Lodemann: Die Geschichte des französischen *acte de gouvernement*. 2005.

Band 311 Christina Wicke: Kodifikationsbestrebungen und Wissenschaft in Hessen-Darmstadt im vorkonstitutionellen Zeitalter. Zu der Beteiligung der Gießener Rechtsprofessoren an den Gesetzgebungsarbeiten in Hessen-Darmstadt in der Zeit zwischen 1769 und 1820. 2005.

Band 312 Christiane Chlosta: Nur dem Gesetz unterworfen? Eine rechtsgeschichtliche Untersuchung zu Idee und Wirklichkeit richterlicher Gesetzestreue unter besonderer Berücksichtigung der Aufwertungsrechtsprechung und des richterlichen Prüfungsrechts. 2005.

Band 313 Kathrin Dirr: Hoheitsrechtliche Streitigkeiten zwischen den Kölner Erzbischöfen und der Stadt Köln auf Grundlage reichskammergerichtlicher Verfahren des 16. und 17. Jahrhunderts. 2005.

Band 314 Michael Racky: Die Diskussion über Gewaltenteilung und Gewaltentrennung im Vormärz. 2005.

Band 315 Petra Thiemrodt: Die Entstehung des Staatshaftungsgesetzes der DDR. Eine Untersuchung auf der Grundlage von Materialien der DDR-Gesetzgebungsorgane mit zeitgeschichtlichen Bezügen. 2005.

Band 316 Julius F. Reiter: Entstehung und staatsrechtliche Theorie der italienischen *Carta del Lavoro*. 2005.

Band 317 André Book: Die Justizreform in der Frühzeit der Bundesrepublik. Die Beratungen der Kommission zur Vorbereitung einer Reform der Zivilgerichtsbarkeit in den Jahren 1955 bis 1961. 2005.

Band 318 Frank Zentz: Das amerikanische Strafverfahren als Element der Besatzungspolitik in Deutschland. Erziehung zur Demokratie durch den *Court of Appeals* 1948–1955. 2005.

Band 319 Friederike Quaisser: Mietrecht im 19. Jahrhundert. Ein Vergleich der mietrechtlichen Konzeptionen im Allgemeinen Landrecht für die Preußischen Staaten von 1794 und dem gemeinen Recht. 2005.

Band 320 Stefan Burghard: Professor Dr. Wilhelm Kahl – Leben zwischen Wissenschaft und Politik. 2005.

Band 321 Günter Baranowski: Die *Russkaja Pravda* – ein mittelalterliches Rechtsdenkmal. 2005.

Band 322 Christina Schneider: Die SS und „das Recht". Eine Untersuchung anhand ausgewählter Beispiele. 2005.

Band 323 Werner Schubert (Hrsg.): Zivilprozessreform in der Weimarer Zeit. Quellen zur Emminger-Zivilprozessverordnung vom 13.2.1924 und zu den Arbeiten der Zivilprozesskommission des Reichsjustizministeriums (1922–1930). Eingeleitet und herausgegeben von Werner Schubert. 2005.

Band 324 Felix Gaul: Der Jurist Rudolf Isay (1886–1956). Ein verantwortungsbewusster Vermittler im Spannungsfeld zwischen dynamischer Rechtsschöpfung, ökonomischem Wandel und technischem Fortschritt. 2005.

Band 325 Konstanze Braun: Dr. Otto Georg Thierack (1889–1946). 2005.

Band 326 Eckart Klein / Stefan Chr. Saar / Carola Schulze (Hrsg.): Zwischen Rechtsstaat und Diktatur. Deutsche Juristen im 20. Jahrhundert. 2006.

Band 327 Stefan Botor: Das *Berliner Sühneverfahren* – Die letzte Phase der Entnazifizierung. 2006.

Band 328 Andreas Köhler: Die Sorgerechtsregelungen bei Ehescheidung seit 1945. Scheidungsstrafe und verordnete Gemeinsamkeit. 2006.

Band 329 Lars Düwel: Die Nichtigkeit und Anfechtbarkeit der Ehe in der Rechtsprechung des Reichsgerichts zwischen 1900 und 1945. 2006.

Band 330 Katalin Polgar: Das Oberappellationsgericht der vier freien Städte Deutschlands (1820–1879) und seine Richterpersönlichkeiten. 2007.

Band 331 Julia Schweitzer: Schiffer und Schiffsmann in den Rôles d'Oléron und im Llibre del Consolat de Mar. Ein Vergleich zweier mittelalterlicher Seerechtsquellen. 2007.

Band 332 Diana-Catharina Kurtz: Das Institut der Adoption im preußischen Allgemeinen Landrecht und im französischen Code civil zwischen Rezeption römisch-rechtlicher Prinzipien und verändertem Familienverständnis. 2006.

Band 333 Dino Joakim Duderstadt: Spiel, Wette und Differenzgeschäft (§§ 762–764 BGB) in der Rechtsprechung des Reichsgerichts und in der zeitgenössischen Literatur. 2007.

Band 334 Ronald Hoffmann: Die Domänenfrage in Thüringen. Über die vermögensrechtlichen Auseinandersetzungen mit den ehemaligen Landesherren in Thüringen nach dem Ersten Weltkrieg. 2006.

Band 335 Joachim Windmüller: *Ohne Zwang kann der Humanismus nicht existieren...* – „Asoziale" in der DDR. 2006.

Band 336 Sven Christian Gläser: Die Mediatisierung der Grafschaft Wertheim. Der juristische Kampf eines kleinen Reichsstandes gegen den Verlust der Landesherrschaft und seine Folgen. 2006.

Band 337 Benjamin Schleyer: Friedrich Wilhelm Bornemann (1798–1864). Eine Juristenkarriere im Preußen des 19. Jahrhunderts. 2006.

Band 338 Die Reform des Ehescheidungsrechts von 1976. Quellen zum Ersten Gesetz vom 14.6.1976 zur Reform des Ehe- und Familienrechts (Parlamentarische Ausschussprotokolle – Anglikanische Denkschrift von 1966 zur Scheidungsrechtsreform – Schlussabstimmung 1969 in der Eherechtskommission des Bundesministeriums der Justiz). Eingeleitet und herausgegeben von Werner Schubert. 2006.

Band 339 Andreas Feld: Das Bayerische Gesetz zum Schutz des Eigentums an Erzeugnissen der Literatur und Kunst gegen Nachdruck vom 15.04.1840. Vorgeschichte und Zustandekommen. 2007.

Band 340 Bernd Wörner: Adelbert Düringers Einfluß als Richter am Reichsgericht in Leipzig auf dem Gebiet des Personengesellschaftsrechts. 2007.

Band 341 Jan Jelle Kähler: Französisches Zivilrecht und französische Justizverfassung in den Hansestädten Hamburg, Lübeck und Bremen (1806–1815). 2007.

Band 342 Jörn Eckert / Pia Letto-Vanamo / Kjell Å. Modéer (Hrsg.): Juristen im Ostseeraum. Dritter Rechtshistorikertag im Ostseeraum 20.–22. Mai 2004. 2007.

Band 343 Ferdinand von Weyhe: A.E. Wassermann. Eine rechtshistorische Fallstudie zur „Arisierung" zweier Privatbanken. 2007.

Band 344 Martin Klaus Römermann: Kündigungen und Kündigungsschutz im Franquismus. 2007.

Band 345 Thomas Hoffmann: Der Landrechtsentwurf David Hilchens von 1599. Ein livländisches Rechtszeugnis polnischer Herrschaft. 2007.

Band 346 Ingo Ullmann: Die rechtliche Behandlung holsteinischer Leibeigener um die Mitte des 18. Jahrhunderts. Dargestellt unter besonderer Berücksichtigung der Schmoeler Leibeigenschaftsprozesse von 1738 bis 1743 sowie von 1767 bis 1777. 2007.

Band 347 Petra Fischer-Langosch: Die Entstehungsgeschichte des Familiengesetzbuches der DDR von 1965. 2007.

Band 348 Lasse O. Johannsen: Die rechtliche Behandlung ausreisewilliger Staatsbürger in der DDR. 2007.

www.peterlang.de

www.ingramcontent.com/pod-product-compliance
Ingram Content Group UK Ltd.
Pitfield, Milton Keynes, MK11 3LW, UK
UKHW021935290926
8980IPUK00016B/1642

9 783631 561546